叢書・ウニベルシタス　866

白熱するもの

宇宙の中の人間

ミッシェル・セール
豊田　彰 訳

法政大学出版局

Michel Serres
L'INCANDESCENT

e・マルゲリットに

白熱するもの／目次

記憶と忘却　1

〈大いなる物語〉　3

忘却の中への降下　36

自然と文化　61

白熱するもの　63

脱分化への下降　63

最後の眠りへの下降　78

白熱状態への下降　84

形而上学　103

アイデンティティー、所属　115

その文化　139

空間と時間　156

時　効　169

普遍への接近　183

その名前　185

悪　223

昔の悲劇　225
古代と現代の悲劇　239
悪と解決の普遍性　255
大数による証明　257
ブラック・ボックス　270

普　遍　281

……に向かって――〈普遍〉の根　282
自然文化　306
第二の自然文化　328
自己進化あるいは受肉　337
パノラマ　341

〈大いなる物語〉 357
クロノペディー 359
共通の知のために――大学への呼びかけ 375
大学の初年度向けの共通のプログラム 376
訳　注 377
訳者あとがき 385

記憶と忘却

〈大いなる物語〉

森を横切る道を登りきると、草に覆われた小高い丘の上に、山から落下する奔流に囲まれて、一軒の農家とそれに付属する建物があって、氷河に領された圏谷を見下ろしている。朝の陽光と静謐な大気のもとで、この眺め、この景色、この光景に接すると、万物がそのあるべき場所に静かに置かれていると感じられて、この上もなく幸せな気分になる。ここでは、透明で広大な空間が、宙づりになった時間を包み込んでいるかのようだ。

持続への下降

山地の麓に建てられた家の門の前では、三歳の小さな女児が遊んでいる。誕生日のプレゼントに、緑色のズロースをはいた、薄バラ色の人形をもらったのだ。女児の背後には、まぐさ石のついた静かな正面玄関がまだ光っている。七年前、干し草がふんだんにあった時、大金をかけて黄土色のペンキを塗ったのだ。祖父は、母屋の左側に金属製の納屋を建てた。その母屋自身が、前世紀初頭に古い水車小屋の廃墟に建てられたものだし、この小屋は古代の修道院の構内に建てられ、その修道院はかつての寺院の跡地に建てられたものだが、この寺院がローマ人のものであったのか、ガリア人のものであったのか今となっては知るよしもない。ともかく、いわゆる万年雪の下に半円状の地平線を閉ざしている山々のジュラ紀層を貫流する、このいたずらっぽく踊り回る急流の何千年もの増水が移動させた岩塊の前に建っているわけだ。

玩具は商店から来る。女児はもう片言を卒業して話し始める。ペンキは数年前の天気のよい日に塗られたもの、新しい建物は氷河が後退を開始した暑い時代より以前のもの、水車小屋は前世紀、修道院は中世初期、古い岩石はイエス・キリスト生誕以前、何千年にわたる増水、そして第三紀の山……。開いた門の前で飛び回り駆け回るか弱い子供の前にある脆い玩具、重い岩石の前にある軽い納屋、川の前にある家、まぶしい太陽、無数の星の下で何百万年も閲した黒い切り立った絶壁の前にある川、私は階段でも上るかのように、これらのものを識別する。

女の子が人形遊びをしているのはいつからか、父親が玄関にペンキを塗ったのはいつか、思い出すのは簡単だ。最初にこの土地を占有した人々が、これらの岩石を積み上げたのはいつなのか。これに答えるには、もう少し専門的知識が必要だ。いつからこの急流が流れ出したか、氷河が上端のクレバスから下降し始めたのか、山が三千メートルも持ち上がったのか、そしていつから太陽が輝きだしたのだろうか。科学は、いまや正確になった年代決定法で、私の知覚に関するこれらの問いに答えて、まずはこの知覚を豊かにしてくれるが、しまいにはこれを仰天させる。というのも、山々の奥底から、そして天の高みから私の両肩の上に落ちてくるのは、時間の梯子だからである。これが、死を間近に控えた老人である私の上に、滝のように降り注いでくるのである。

時間と空間の小さなバルコニー

数日もすると、人形の着衣は破れ、腕がとれてしまうことだろう。二年もすると、子供は毎朝、学校に行かなくてはならなくなる。家の壁はまだ立っているであろう。私の一生の間は変わらない、少なくとも持ってくれると、子供は考える。壁がはげてきたのを見て塗り直した父親は、自分が子供だった頃から、山はいつも同じだと考えている。変わらないと考える岩塊にもたれて、彼は、時間の経過とともに石がはがれてくるのを知り、近くの岩壁から取り出した切石を用いてゆるくなった裂け目を固定する。彼は、幅、高さ、奥行きを備えて穿たれた石切場から切り出した固い不変物から建物を建てる。永久に不変であるように見える農場の前で、小さな女の子は、手に持ち、時には口にもあてた人形を、もう壊してしまったことを後悔している。

子供の後ろには壁、父親の後ろには山がある。各々が二度ずつ不変なものを知覚する。二人の前には、小さな破れた着物と色あせた正面玄関がある。各々が二度ずつ動くものを知覚する。だから娘と父親は、一種のバルコニーの上で、つまり、彼らの背後、上流にある空間、彼らの前方、下流にある時間という小さな階段の上で、動き回っていると思っているのだ。

バラと庭師

それぞれの狭いテラスの上で、各々は、空間を背にして時間を眺めながら、フォントネルのように、バラの記憶からする限り庭師は決して死ぬことがないと、いうこともできたであろう(＊1)。庭師はバラが生まれ、開花し、萎み、時間が経てば消えてしまうのを知っている。だが、もしバラが見たり感じたりできたとしたなら、バラは、空間における不変で耐久的な庭師の緩慢なというも愚かな動きに感嘆することであろう。小さな女の子にとって、農場は動かないし、父親は父親で、代々の先祖と同様に、山々が持ち上がったり移動したりしないことを知っている。バラのと同様に迅速で、摩滅や衰微にさらされたこれら二つの生命の上流には、空間的な安定性がある。いわば、家と山が庭師の役割を果たしているわけである。ここにあるのは、敢えていえば空間と時間とが複合された二つの踏み段なのだ。固い岸辺に腰を下ろして、父と子は川が流れるのを見ている。萎むことのない建物の前で、バラは花弁を失っていく。家が建てられ、摩滅し、崩壊するのは、完璧な岩壁の前であるが、その岩も永遠の太陽の下では皺が寄り、腐蝕する。段々の数と同じだけの庭師の錯覚が存在するわけだ。

これらの一般的ないい方が妥当する時間規模は、彼らの家族の伝統を超え出るものではない。しかし、歴史家ならばさまざまな構築物の年代決定をすることだろう。農場、水車小屋、修道院、寺院、廃墟、痕跡、消え去った人間のしるし等々である。彼は、いくつか他の尺度も付け加える。これらの各々は、間隙の多い人間のある記憶を保存したものに過ぎない。その記憶というのは、時には記号を用いて書かれたものであるが、往々にして加工物を後に残す実践的な記憶でもある。われわれの歴史全体を庭師の錯覚と名付けることにしよう。諸文明とその事業が展開されるのは、それを受け入れた一つの世界の不変の広がりの中においてなのだと、愚かにも子供のようにわれわれは思いこんでいるのである。いいかえればローカルあるいはグローバルな空間の中で繰り広げられる地理学が、芝居の演じられる劇場の舞台装置さながらに、前史や歴史の長短さまざまの持続を条件付けると思いこんでいる。だが、地質学者はさらにこの舞台装置の年代決定を行なうのである。というのも、舞台装置といえども急流と同じく流れているからである。

急流とグランド・キャニオン

岩石、小石、土砂を引き連れて流れる急流を前にして、われわれはまたもや愚かにも、この流れは、空間の中で安定しているように見える山々からこれらの沖積土を奪っていくのだという。われわれは、まるでいつもすでにそこにある受動的な土台を能動的な流れが摩滅させているかのような、つまり、山塊をまれに貫く溝のようなイメージに基づいて、浸食作用を論じる。いや、水が流れるのは確かだが、絶壁だって崩壊して岩塊や土砂になるのだから、水や人間の歴史に負けず劣らず、段階や階段を経由して流れるのである。固体も液体と全く同様に流れるのだ。少しばかり固いし、抵抗も大きいから、もっと時間がかかるだけのことである。もし山に知覚能力があるとしたなら、自分の下流で事物が生成しては消滅していくのを見ることであろうし、自分が褶曲したり、隆起したり、浸食されたり、消滅したりする間に、上流の側でと私は敢えていいたいのだが、背にしているのは、バラの前の庭師と同じくほとんど変化することのない太陽がいる空間なのだと考えることであろう。火山の記憶からすれば、星の老化など誰も見たことがないのである。つかの間の小細工に振り回される歴史の何百という段階の背後には、全宇宙が時間の中に入ってくる何百万という階段が存在しているのだ。

赤い峡谷の底をコロラド川が流れている。だが、峡谷の断崖のさまざまな地層の中に捕らえられている結晶もまた流れるのである。あの壮大な断層の南端で、あるいは子供が遊ぶしがない農家の前で、あなたが眼にするのは、ある相似空間の中の二つの相異なる光景ではない。そうではなくて、多様なリズムを持った無数の泉の継起なのだ。確かに、その中には溝にあふれ出していくので、眼をあけていれば容易に追いかけられるものもあろうが、落下する速さがどんどん小さくなっていって、直接には知覚できないような泉もあるのだ。それらを全然動かないと見るのではなくて、動きがゆるいと見ていただきたいものである。私はガリレイをまねて、「それでも、これらの赤い断崖はみんな流れている」と、いいたいのだ。歴史家や地質学者の行なう年代決定に付け加わるのが、地球物理学者や化学者のそれであって、彼らは、たとえばウラニウムが鉛に変わる次第を明らかにして、地球の年代を四十億年と決定する。彼らに続いて天体物理学者が登場し、宇宙の年齢を、ビッグ・バンがあったとすればそれ以降百五十億年と計算し、いわゆるビッグ・クランチで全過程が終焉を迎えると推定する。崩壊して一点になるという末期的な破局のことをこう呼ぶのである。そうであれば、私が太陽や星や景色を眺める度ごとに、これらのものの時間がその壮大な流れの中に私の眼や身体を運び込んでいるのである。そう、知はわれわれのものの見方を豊かにし、かつそれをひっくり返すのだ。

コペルニクスとガリレイが彼らの力学で、太陽の周りの地球の運動に関するわれわれの古い知覚を一変させたのと同じように、持続におけるこの新たな変化に目覚めたわれわれがいまや眺めるのは、梯子上に並べられた一連の時計である。それらの歯車は、あるものは星々や山々のように恐ろしくゆっくりと、他のものは女の子や人形のようにめざましい速さで、それぞれがそのリズムというかそのテンポに合わせ、視線の愉しみに敏速に応じ視線が閉ざされれば立ち止まって、時間を計測する。

だから、あらためて眼をあけていただきたい。あなたには空間よりも時間のほうがよく見えてくるであろう。あなたは、河川、岩石、山頂や太陽といった馴染みの広がりの中に配置された対象よりも、むしろ、流れ、つかの間の労働、何百年にもなる古家、何千年にもなる岸辺、何百万年にもなる岩山、何十億年にもなる天体などの多様なリズムのほうを見ることであろう。従来、流布してきた表象は時間を空間の中に消失させ、時間を分解するというよりは、飛び回る鳩たちを白布の下に隠す手品師よろしく、時間を隠蔽してきた。表象という演劇の舞台は、聖アウグスティヌスやベルクソン、またその後裔たちに、持続に関する直接的な見方、直観あるいは思惟という難題を課してきた。いまや私の眼前で、田舎の家やグランド・キャニオンで、電撃的な速度であるいは限りなく緩慢に、無数の泉を噴出させて展開する一連の出来事が、今度は空間的な広がりのほうを、出現する多様な慢性的リズムの背後に消失させ、分解し、隠蔽するのである。

モザイク、寄せ木細工

というのも、いまや空間は、多様なリズムとテンポを備えた時間のモザイクとして立ち現れるからである。子供は駆け回り、人形を家の壁と堆積岩の間に置く。翻訳してみよう。数秒も経たないうちに、三年という歳月が二世紀と千万年の間にすべり込む。子供は父親の腕の中に飛び込んだり、母親のスカートにしがみついたりするだろうが、親たちのほうは早起きして空模様をうかがい、それから一日中、地面を耕し、石を放り出し、土地の手入れをし、鋤で土を掘り起こし、種を播き、鎌で刈り、牛の乳を搾り、鶏卵をかき集め、銃を用いてシャモアたちを追い立てる。時々刻々の、日々の、季節ごとの、年ごとの、実存的な……彼らの実践は、太古からの無機物、野生のあるいは飼い慣らされている動物、鉄や火薬などの新旧の技術の多様な時間を結び直している。これらは空間内部での問題であろうか。確かにそういってもよい。だが、緩急さまざまな動作の時間的な稜線に沿って、彼らはまた、これらの緩急さまざまなリズムの複合体を、偶然的あるいは規則的な網目に組み上げてもいるのである。つまり、家、土地と岩……、小麦、牛と鶏……、鋤、干し草用フォークと包丁……など、それぞれ相異なる年齢や年代に属するものたちが、フラクタル状に入れ子になったり、全部がごちゃ混ぜになって渦巻いていたりするのである。われわれ人間は、安定した空間の中で動き回っているように思いこんでいるが、毎日毎日、一日限りのものと千年も続くもの、動きのゆるいものと迅速なものという縦糸と横糸を織り交ぜて、何十億年という年代を持つタピストリーの上にいくつかのはかない描線を付け加えているのだ。そこで、空間は時間の寄せ木細工のように見えてくる。

ヤコブの梯子、(＊2)呑み込まれた寺院、ヘラクレイトス

虹色を帯びた私の視野は、山々や星座の背後にまで進むにつれて、広がりもするが、速度をゆるめもする。それがわれわれのところ、家、孫娘と私に戻ってくると、そのテンポは稲妻のように迅速になる。視野は無数のリズムの襞を含んでいる。先刻は時間が空間の中に消失したのだが、今度は空間のほうが、大洋に呑み込まれた伝説の寺院のように、時間の中に呑み込まれてしまった。

われわれはいまや、この流れによって、その横木が段をなして宇宙を下っていく梯子の上を運ばれていく。ヤコブの梯子さながらに。この恐るべき洪水が、空間というわれわれの脆弱な牢獄の壁を取り外してしまう。山中の高地の農家もグランド・キャニオンも時間という流れの中にある。液体は流れるが、固体も流れる。自然全体が、生まれたばかりの自然も死滅しつつある自然も、奔流の流れの中に入る。古い表象の空間は、これらの流れの抗しがたい力に引きずられて崩壊する。

万物は流転する。ヘラクレイトスのこの先駆的な発言を、われわれは今まで本当の意味で信じたことはなかったのだ。われわれはいつも、そこかしこに何かが存在すると考えてきた。渓谷には河川、家の壁の間には柱時計、緊張した筋肉と固い骨格の間には心臓と脈拍がという具合にである。要するに、表象の空間にはいくつもの時計がばらまかれていた。われわれは、ヘラクレイトスのことばが普遍的に成り立つことを認識していなかった。今日、われわれはこの普遍性を承認する。その結果、いまやわれわれの知覚は有り余る時間を見ることになった。時間がわれわれの知覚を溺れさせる。あなたの眼を信用しないことだ。いつだって盲目だったのだから。

われわれが、そしてわれわれの哲学者たちがわれわれを閉じこめてきた、小さなバルコニーという牢獄から、このように新たに解放されることにより、空間という古い洞窟からのプラトン的な脱出が、奇妙に

も補完される。かつての囚われ人が、おのれの知覚に付け加えたものはといえば、彼が以前は洞窟の奥の壁に見ていた平坦な映像に奥行きを与える第三の次元に過ぎなかった。われわれのほうはどうか。われわれが獲得するのは、宇宙の非可逆的な持続を貫く何千、何十億という段階である。宇宙の広がりの無限の沈黙を前にしたパスカルの苦悩(＊3)に取って代わるのは、ほとんど無限といってよいほどに多様化したリズムや長さを備えた持続の中に心身もろとも浮かび漂う者の驚嘆である。そして、これらのリズムや長さというのは、事物の生成に関しても瞬間の短さに関しても、直観では捉えようのないものなのである。

心臓の打ち方が非常にゆっくりした生き物を、私は想像してみる。この生き物にとっては、この山の稜線は巨大な波のように知覚され、崩れた岩塊はおのれの脇腹を流れ落ちる海水の滴のように見えるのではないかと。あるいはまた、呼吸の仕方が高速なので、一閃の稲妻の間に生成しては消滅していく多数の世界を体験できるような別の生き物を、想像してみる。

生き物の時間への下降

農家と娘の前で、私は牛が草を食べるのを見、鶏が見栄を張って歌うのを聞く。グランド・キャニオンの上空には、猛禽が舞い、干からびた岩石と草の間では、ガラガラヘビがしゅうしゅう音をたてる。このように私が記述することはすべて、私が多様な舞台の前に立っていることを前提にしている。一つは田舎という舞台、ほかは地質学者や散歩者にとってもっと貴重な舞台であるが、いずれにしても空間の中に立っており、私の視界が組み立てる統制された広がりの前にいることには変わりはない。私は相変わらず表象という場にいるのだ。

だが、私とは何か、見ている私とは。それから、植物や動物、茸や海藻、私に住みつき私の目には見えない単細胞生物などの生き物とは何だろうか。同類の間を流れる時間の泉である。私の泉は、孫娘のそれよりも古いから、おそらく彼女の泉よりも早く枯渇することだろう。私についていえば、階段がもう一段、この宇宙的なヤコブの梯子のもう一本の横木が残っているだけである。われわれの有機体には年齢があるといわれている。もう私はバラの時(*4)を過ごしてしまったが、孫娘のほうはこれからそれを始めようとしている。私の平均余命は、陶器製の人形のそれに等しい。まあそんなところだろう。

だが、一例を挙げるにとどめるが、私の脳は爬虫類的な古い部分、それからチンパンジーやボノボが発達させたのと同程度に新しい他の部分、さらに比較にもならないほどごく新しい部分から成っている。その各々の層の年代が決定可能なのは、下層に行くにつれてますます過去の中にはまりこむ断崖の場合と同様である。同様に、私のＤＮＡが出現したのは、トランプの札を切るようにそれをかき混ぜた両親の交接からであることはいうまでもないが、そういう構造が生まれたのは三十億年以上前である。私のＤＮＡや私を組み立てている原子となると、もっとずっと古く、宇宙の銀河系のエネルギーにより水素や炭素が生成された時期に遡る。

私とは何か。戸籍上の年齢からすれば、階段の一段に過ぎないかもしれないが、それだけではなくて、その長さのかなりの部分を占めるいくつもの横木でもあるのだ。私は世界の持続の上に私の時間をまき散らす。というより、私は世界の時間全体の中に身を浸しているのである。多様なリズムから成る私の身体は、一日限りのものから何百万世紀にまでわたっている。要するに、その古さたるや、私の生命や歴史でさえ足下にも寄れないほどなのだ。

われわれは、われわれの行動や思考の中で、何十億年前の細胞の形成に遡るもの、何億年前の脊髄の形成に遡るもの、ヒト化と時を同じくして生まれたもの、さらには前世紀あるいは昨日の朝にまでしか遡れないものを、やがて区別できるようになるであろうし、すでに区別できてもいる。われわれは、われわれの歴史を大きく凌駕しているのだ。われわれの挙動、感覚、欲望、直観、感情は、比較するのも難しい無数の日付を、リアル・タイムで結びつけているのであって、これは最前の分益小作人の場合と同じことである。個人としても共同体としても、この途方もなく多様な時間は、世界と同程度の古さの中にわれわれをどっぷり漬け込んでいるのだ。この降下の中に置いてみると、われわれは、辛うじて額で歴史の閾に触れ、頭髪でもって人類の出現の閾に達するだけである。こうして、われわれの身体は梯子を理解する。というのも、梯子がわれわれの身体を形成しているからである。われわれの身体は、ほとんど梯子全体を上ったり下りたりする。というのも、それを見積もるすべを心得ているからである。書記法とともに始まる歴史や、私自身の生命の持続は、結局のところ、これらの無数の横木のうちのほんの数本に過ぎないのだ。こうしてみると、いわゆる人文諸科学が、こうした貧弱な薄層しか対象にしないとしたら、いったい何を測っていることになるのだろうか。数千トンに対する数ミリグラムというところか。われわれの歴史は散髪しかしないのだろうか。

つまるところ牛も、鶏も狼も、樅の木も羊歯も斜面上に置かれていて、われわれと全く同じようにこの大きな梯子を上り下りするのである。古い生命、年を取りすぎた身体。

新生老人

再び私の身体と孫娘の身体のことを考える。私の身体の何十兆個の細胞が独り立ちして出現し、増殖し、分化し、そして分離したゾーン、独自の組織、特別の器官、多様な機能を備え、ロシア人形のように入れ子状になった多細胞体を組み立てて一緒に生き始めるのに要した際限のない時間のことを考えてみる。障碍や捕食者のただ中で限られた時間だけ可能な共生に、ついで免疫による防護という巨大な武器に、さらには、たいした間違いもなく同じくらいの大きさの類似した有機体を再現するのに必要だった長い分子の連鎖に、到達するために保持しなければならなかったさまざまなリズムを見積もってみる。このようにしてみる時、私は、このような結合の異常な難しさを、その持続の短さによって計測する。逆のいい方をすれば、この結合が遭遇した無数の障碍のことを考えると、このような集合が、たとえつかの間ではあれ、持続することに驚かざるを得ないのである。突然、われわれの一人一人にとって九カ月という懐胎期間に要約される、このめまいのするような渦巻き、この偶然の傑作が要求したのは、何十億年間の試行、誤謬と死であり、さらにこの迅速に首尾よく懐胎されたものが数十年の間だけ生き、子を産むことにより永続することであった。私はこの長い力と短い脆さを同時に計測する。三歳、あるいは七十二歳。この古さ、われわれが合成されるまでの大変な能率の悪さに比べたら、何という若さ、何という短さであろうか。

新しくも古くもあるわれわれは、今日、この巨大な時間の中で専門家になる。淘汰と変異というこの二つのオペレーターを操って、われわれはこれを畠や実験室で利用するすべを心得ている。こうして、速度に対するわれわれの陶酔をこの何十億年というゆったりした時間の上に投影することにより、われわれは、生命の自然を、というよりは身体が発生する仕方を模倣しているのである。だからいまや、生物工学が同調しているのは進化の時間であり、個体発生の時間であり、系統発生の時間である。われわれとは何か。今この瞬間に進化の時間を歴史の時間に積極的に結びつけるほど大胆な、古くて新しい生き物。この決定的な理由のために、歴史の時間は速度を変える。今までになく加速することであろう。

われわれの歴史は、かつて、生命の外に出た。いまや、生命が歴史の中に入るのである。

老年ニツイテ——時間を前にした生き物たちの平等性

古人たちが『老年ニツイテ』(*5)を著わしたり、見栄っ張りのおしゃべり屋が『おじいさんになる方法』(*6)と題したヘボ詩を書いたりしていた時、彼らが惜しみ、歌った時間は、村々の戸籍簿に記載されたり、彼らの四肢の震えのリズムを持ったりした短い時間であった。そのうえ、昔のあるいは近年の平均余命を評価してみると、計算はすぐに済んでしまうのであった。*de brevitate vitæ*［人生ノ短サニツイテ］。

ライチョウやシャモア、畠の草や葦、これらのものが生きている長さは、生命の長さに比べれば一瞬の間しか続かない。生命の長さは、分子や原子に基づいて測られるが、その流れによってわれわれすべてを貫き、私の中で輝き、燃えている。*De senectute vitæ*［生命ノ古サニツイテ］。これこそ真の古さであって、死を前にした人々に新生児に、孫娘に祖母に、動物に植物に、友人に、敵に、あるＤＮＡを持つすべての人々に共通する。あるＤＮＡの保持者というのは、個体の年齢という最小の長さと、種の出現以後生きられた間隔というずっとはるかに大きな長さとの違いをのぞけば、時間の中ですべて対等なのである。私は、偏狭で瞬時的である思想や感情にも、文化にも、もはやかかずらわない。

こうして、われわれはみんな一緒にもう一つの別の階段に整列する、というよりは、ここ数世紀以降の博物学者たちがわれがちに描き、ダーウィンが活気を与えた樹木の枝や幹の間に分散する。この分化した持続のほうが、われわれの年齢の短さを上回ることは確かである。高地の農園の土手を左から右に横切るこの普通のカラス、ルイジアナのバイユーに棲むこのアリゲイターは、そしていうまでもなく大海原でまれに見られるシーラカンスは、この木の分岐という点で、はるかに私に先立っている。つまり、彼らの泉のほうが私のよりもずっと以前に噴出したのである。だが、こうした生物の属の間の年代差は、この普遍的な古さをごくわずかだけ壊すに過ぎない。この普遍的な古さというのは、繰り返しになるが分子や原子に基づいて勘定されるから、私をあらゆる生き物と、とりわけ私のいとこの哺乳類と、ルーシーやホメロスと、それからまた私の孫娘と平等に同世代にしているからである。*De senectute omnium vivorum*［アラユル生キ物ノ古サニツイテ］。時間に対するあらゆる生き物の、少なくとも統計的なこの平等性は、新しいと同時に常に変わらないものであるが、厳粛に宣言される価値を十分持っている。

この共通の古さの傍らでは、私個人の古さは、あるいは歴史の古さでさえも、みすぼらしい余白である。われわれの日用の憎悪、肉体的な侮蔑、こざかしい知識の糧を調理する素材であるもろもろの差異は、小さくなって、気にもとまらないほどの持続に転化する。あれこれのニューロンが形成され、それが励起して個々の知覚や感情を産み出すという恐ろしく長い原因の傍らでは、歴史的影響は重みを失う。文化的あるいは個人的多様性の諸条件は、突然、縮小して零も同然な微小量になる。いまやわれわれは地球と同じくらいの古さなのだ。最新で厳密なわれわれの時間測定法は、自然を取り戻す。生命が何十億年か前に誕生したという意味においてである。いまやわれわれすべてが同一の流砂の中に埋め込まれているのだ。この自然な平等性は、普遍的な宣言に十分に値する。

瞬間への下降

逆に瞬間についてはどういえばよいだろうか。その短さについては。今という語の原義はフランス語では「手に持っている」であるが、私は何を手に持っているのか。滝の哄笑やそよ風の平手打ち、分析されない微小知覚。もっとも、それらは広大な過去が何世紀間も引きずっている、同数個のナノ単位の瞬間に減速可能なのだが。妊娠中の女性の腹は、一秒間に百万個もの生化学反応を行なっている。私がこの単語を書く間にも、私の有機体が引き起こす反応も、まず同じようなものだ。豊饒の角からのように、無数のものが瞬間から噴き出してくる。昔日のモラリストたちが称揚し、また幾人ものオウムたちが口写しにしてきたことであるが、私が話している、そして私から遠くに逃げていくこの瞬間は、物質や生命や思想にとって、無数の粒子の束を生成したり、無数の細胞を増殖させるか、アポトーシスによってそれらを死滅させたり、形而上学の体系を構築したりするのに十分なのである。瞬間は段階に依存して変わる。ガルガンチュアがくしゃみをすると、その唾の小さな舞台上で、無数のちっぽけな山場が長時間にわたって繰り広げられるのである。

結局のところ、われわれが相も変わらずわれわれの知覚の基準を短い歴史の時間に置き、その短さの上にわれわれの文化を築いている限りは、天と地、生命、われわれ自身に関して何ごとも理解できないのである。同様に、現在という瞬間も終わりのないものであることが分かる。二種類の尺度の変更が、持続の中に隠れている「大きさと小ささの、二つの無限」を暴き出す。

それればかりか、ある認識とそれに伴う経験が、内的時間意識に関するわれわれの理解を変えてしまった。いまやわれわれが知ることになったのは、われわれの身体には心臓、消化、神経を司る時計や分子的な時計など一ダースに及ぶ時計が備わっており、そのすべてが、経線を横断する長距離飛行から結果する時間差のために攪乱されるということである。この内部的、循環的、実存的な不快感に言及することなしに、どのように瞬間や持続を考えることができるであろうか。この出現は、時間あるいは上記の時計が測る持続の総和に対するわれわれの関係が組み立てられる有機的な結節点を指し示しているが、このような時計のことなど、大海原を飛行機で横断したことのないベルクソン、フッサール、あるいはハイデガーは知るよしもなかったのである。これらの時計は時間の中で、ちょうど羅針盤やオリエンテーションが空間の中で演じていた役割を果たしているのではないだろうか。時間差、すなわち時間のコンパスの逆上。

感覚的時間の内部への降下

尺度の変化は無機的な景観やその諸要素について、また生命のある身体とその諸成分について生じる。同様にして、あらゆる感覚について、つまり身体と事物との間のあらゆる関係についても、年代決定の尺度が変化するのである。高地の草原にある農家の周辺は、晩春の今、深紅や橙色、明るい黄色、それから青色であふれ返っている。マルタゴンリリー、アスター、ハマヒルガオ、オダマキ、アネモネ、リンドウ、カブラギキョウ、ホタルブクロ、アザレアが緑草の間に色のスペクトルを繰り広げている。この目眩くような景色の前でしばし物思いに耽っていると、私の頭にはピクセルがちりばめられる。それどころか、私の身体はそれらを糧にする。それで養われるというよりは、満たされるのだ。

音楽の愉しみは、われわれの祖先たちが泣き声で呼びかけあっていた何百万年前に遡るし、われわれの種を超えて、複雑な文句をさえずるシジュウカラやメロディーの発明者ハチドリのもとへ連れていく。この当時、すでにこれらの鳥たちは、言語の発生以前に意味のやりとりをしていたのである。数十億年の時代を遡って、リン・マーギュリスがあんなに愉しげに叙述しているこの『バクテリアの宇宙』(*7)に到達すると、色彩の花束は、ずっとはるかに生来的な姿で咲き乱れる。それは、われわれの眼のロドプシンを構成している最初のカロテン色素が、錆色、海藻色、藍、紫、黄色、橙色をした最初のバクテリアとともに、色のフィルターを通して光を吸収しながら出現した時である。私の視覚まで堪能させられるようだ。

それから、これらの同じ色を処理する中心であるもっと新しいニューロンは、どの年代に生まれたのであろうか。この中心というのは、専門家たちに「V4コンプレックス、別名紡錘回」と命名された脳の部分にしまい込まれていて、アカゲザルとわれわれ人間とに共通のものだそうであるが。赤から紫まで豪華に陳列され、飾り立てられた牧場は、ダーウィンにすらその長さが思い及ばなかった時代に発する官能的な快楽を私に与えてくれる。この垂直降下にめまいのするほど眩惑された私の楽しみは、何億年も後ろに私を運んでいく。これと比べて、マルセル・プルーストが呼び起こす感覚は、ごく最近失われた時間の想起を彼に与えるに過ぎない。

五感が身体を世界に対して解き放つと、人はいう。そうではなくて、五感は太古の持続の中へ、ずっと以前に失われた環境に向かってわれわれを下降させるのだ。経験論は太古の時代や失われた世界についても妥当する。われわれが現代科学の初期条件として経験論を要請すると、われわれは知らない間に何百万年という連鎖を想起しているのである。

自然と人間の喜劇

先祖代々の農場の前で、今私が孫娘に呼びかけると、彼女がまるで流れに逆らって泳いでいるかのように手足を大きく動かして、私のほうにやってくるのが見える。私は彼女のほうに漂っていきながら、つい今しがた上流に向けてその持続を探索した〈大いなる物語〉を、つまり花々、河川や氷河、山々、太陽、その他の驚異のことを、下流に向かって彼女に語る。たぶん私が死を前にして急いで話しているのが分かったのか、彼女は口をあいたまま、人形を取り落とす。ダンテとベアトリーチェ、そして彼らの信仰は、永遠の『神聖喜劇』を彼岸へと高める。バルザックと『ベアトリックス』と歴史は、短い『人間喜劇』をここ彼処、田舎やパリに設定する。孫娘、現代の科学と私は、諸時間の豊かな偶然性から生じるこの『自然的で普遍的な喜劇』を物語る。景色もわれわれも、岩壁もシャモアも、〈大いなる物語〉の中に投げ込まれているのだ。

つまりこういうわけだ。ビッグ・バンというものがあったとして、それが無機物や生物の合成要素となる最初の原子を形成し始めてこのかた。惑星たちが冷却し、地球がわれわれの筋肉や骨を形成することになるもっと重い物質の貯蔵庫になってこのかた。約四十億年前に酸という奇妙な分子が自己複製し、ついで突然変異により変化し始めてこのかた。われわれが現代人について知るよりも多くの種類の化石を残して、最初の生き物が絶えず発展しながら、地球の表面に住みつき始めてこのかた。ルーシーと呼ばれる一人の若い娘が東アフリカのサバンナで、それと意識することなく、出現した大陸全体にわたって似通ったあるいは相異なる文化や言語を持つ未来の人類の爆発的な旅行を約束しながら、立ち上がってこのかた。ブドウを植えたり、ビールを醸造したりして、酵母菌のような微小生物を初めて飼い慣らした尊敬すべき古老やインドの英雄のことも忘れてはならないが、南アメリカと中東のいくつかの部族が大麦や小麦の栽培を発明してこのかた。書記法が生まれ、いくつかの部族がギリシア語かイタリア語で詩を書き始めてこのかた……。それ以来、最も大きな物語の共通の幹がわれわれの眼前で成長し始め、ついにその名に値するようになったヒューマニズムに、現実的で共通の、思いも寄らぬ時間的厚みを与えたのだ。というのも、ほかならぬこの共通の幹から出た諸言語や諸文化の一切が、そこに参加できるからであり、この物語が、あらゆる科学の百科全書的言語で書かれているため、唯一かつ普遍的なものであり、排他主義的でも帝国主義的でもなくて、あらゆる土着言語に翻訳可能だからである。

〈大いなる物語〉の花束状の集合

しかしながら、あたかもわれわれが一切の出来事の究極目標をなしているかのように（それでは目的論や人間中心主義に逆戻りすることになってしまうが）、この幹が線形的にわれわれだけに向かってきていると考えるとすれば、われわれはこの物語について偏った、というよりは誤った観念を抱くことになるであろう。というのも、この物語が無数の偶然的な仕方で急成長し分岐する様は百花繚乱の趣であり、それが今ここに、孫娘とともにいるこの古い農場の前で、現在のわれわれに到達したのは確かだとしても、世にある限りの無数の相異なる存在にも到達しているからである。つまり、宇宙空間にある銀河、ブラック・ホールや星くず、熱帯雨林や大洋の中の生き物、この惑星上の男たちや女たちに文化や言語、グラジオラス、ブンブンいう蜜蜂、若い可愛い娘……など、宇宙におけるわれわれの同時代人たちにもである。

下降は簡単で、一本の道を辿っていくに過ぎない。というのも、各々の分岐が連れていく先は共通の枝か幹だからである。上昇するほうは、地獄から戻ってくるエウリュディケの場合と同じくらい困難で、迷宮にいるかのように無数の分岐に遭遇する。幾たびも幾たびも苦労して自分の位置を確かめ、膨張し増加するあらゆるルートの爆発的な束の中から進路を選ばなくてはならない。下降の一意性と無数の上昇の可能性との間の著しい差異は、過程のカオス的な振る舞いから説明できる。前方に向かう時には予見不可能であるが、後退する時には決定論的になるのである。あらゆる物語と同様に、それらのうちで最大で、最も正確なこの物語も、カオスの偶然的な時間を繰り広げているのだ。

使用法

私はここまでの、およびここから先の本文において、諸科学と諸神話の二重の伝統を尊重して、下降という用語を使用する。考古学者、地球物理学者、それに古生物学者たちは、地下で古い地層や化石を見つけようとして、発掘を行なう。同様に、叙事詩も先祖の亡霊に会いにいくダンテ、アエネアス、オデュッセウスを地下の地獄へ投げ込む。この麗しき世界のすべては、今ここにある光に向かって昇ってくる前に、過去に向けて下降するのである。自然史、生物学、進化論は、生物の種の系統樹を描くことにより、こういう穴の底へ向かう運動を確認する。つまり、古い幹や根に向かって下降したり、来るべき若枝に向かって上昇したりするのである。

残念なことに、水が時間のように流れる河川とその樹枝状の支流というイメージは、この運動の向きを逆転させる。流れや沖積土は、下流に、来るべきものに向かって下降し、船乗りたちは、時折、始まりの水源に向かって遡るからである。ミラボー橋の下でセーヌ川は、川上から海へ、思い出から希望へ向かって流れる。系統樹はその細枝に向かって進むが、川の流域では支流から川が作られる。だから、同じ扇形をした分岐の一角で、二つの図式はその向きを逆にしている。土地も植物も水と同じ向きに走ったり流れたりするわけではない。

この二重の隠喩においては、一方では河川の遡上が、他方では断崖の厚みに沿ったあるいは木の高さに沿った下降が、ともに過去に向かうという紛らわしい事態になっているわけであるが、これをことばで区別するのは容易ではない。さよう、私が下降すると書くとき、私は時間を遡っているのである。

自然、新生児

この巨大な束をなす多数の分岐点は、われわれの諸概念を刷新する。われわれが自然という用語を使用しなくなったのは、しかるべき理由があってのことであった。自然を大事にせよとか、自然を侵してはならないという人々がいる。まるで一人の処女のことを論じているみたいだ。擬人法か比喩か、また庭園の通路を飾るフローラやポーモーナ(*8)の像だか知らないが、真面目な顔をしてこんな古くさくて安っぽい神話的飾り物をいつまで祀り上げておくのであろうか。叢林の中に半獣神や森の精がうごめいていると信じたり、ジュピターが稲妻の中で怒鳴っているのを聞いたり、多神教を復興したりするのと同断であろう。後で私は、今日われわれの間に多神教が舞い戻ってきている次第を語るつもりである。

ところで、たぶんルネサンス以後だと思われるが、この人格化された〈自然〉が姿を消して以来、それは実体の資格を獲得した。女神から批判するのが容易な概念に変わって、自然は、ある存在あるいはある物の本質的性質全体を意味するようになった。だから、それらの本性を定義する際に、形而上学は、それらの諸性質を分析する以前に、それらの実際のありようを知悉していると主張していたのである。困ったことに、このふくれあがった自然は、再び一切の検討に先立って識別された、存在するものの全体、世界あるいは宇宙、その一般的な平衡になってしまった。こういうイメージ、幻、抽象あるいは一般化を嘲笑して、二十世紀は用心深くこの語の使用を放棄したのである。

だが、われわれは、語源的にはラテン語の動詞 *nascor* に由来し、女性形として *natura* を有する未来分詞 *naturus* が何を意味するのか忘れてしまっていたのだ。それは、これから生まれてくるもの、生まれる途中あるいは瞬間にあるもの、生誕、出現あるいは新しさの過程そのものということである。自然、すなわち新たに生まれたもの。

〈大いなる物語〉を復習してみよう。その偶然的な行程に沿って、予見不可能な無数の分岐が群がっている。各々の分岐の近傍では、ある驚くべき、時にはあり得ないような創発が出現する。まずは、あったとしての話であるが、ビッグ・バン、銀河・星・何百種もの天体物理学的宇宙の対象の内部にある大かまどの中で行なわれる物質元素の焼成、個々の惑星の冷却化に条件付けられる無数の出来事、何千もの小惑星の衝突、地球上への水の到来、プレート・テクトニックの破断、火山活動、RNAの連鎖形成、カンブリア紀の激動、五回にわたる種の絶滅、突然変異の無秩序な激流、六、七百万年前のわれわれの祖先の出現、彼らの最初の二脚歩行、火事、アフリカからの出発、航海、小麦、牛、ロバ、リンゴとワイン、南仏のトルバトゥールたちによる宮廷愛の発明……。刈り入れをしながら、私は気の向くままに方向転換をしているが、他の無数の落ち穂拾いたちは別の選択をすることであろう。

してみると、こういう分岐を積分したものという以外に、自然を何と呼べばよいのか。生誕の総和。突然、人間性（人間的自然）でさえも、跡付けるというよりは定義するのが容易になる。つまり、〈大いなる物語〉の中でサピエンス・サピエンスの形成に至る岐路の定積分というわけだ。自然のほうはどうかといえば、〈大いなる物語〉の膨張する束の中にある既知の、そして来るべき一切の分岐の不定積分と定義すればよかろう。

われわれはどこから来たのだろうか。この束から、この〈大いなる物語〉から、その分枝の部分集合、その偶然的な創発の有限の系列からである。われわれは何者なのか。この部分集合の一時的な結果。たかだか四千年を越えることのない短い物語が相対的に忘れられているといって、泣くことがあろうか。たった今、それに百五十億年の差をつけたばかりなのに。地域的な文化が失われたといって、嘆くことがあろうか。新しい文化が人間の共同体に広がっているというのに。そして、われわれが、古くて特異な人間性を、ついにその普遍的な意味に近くなったヒューマニズムに結びつけ直しているというのに。

宗教的な亡霊——神聖さと聖なるもの

ヒューマニズムといったが、自然の哲学の書である本書は、自然と生命と人間、これら定義を持たぬ三つの概念を取り上げ、イデオロギーもタブーも聖なるものもぬきにして、それらについて論じる。というのも、〈大いなる物語〉の線に沿って、この三つを定義するからである。

これとは逆向きに、たとえば今日、生物学や生物工学の周囲に漂っている不安は、それらの恐怖が増大するにつれてますます定義が曖昧になり、ますます聖なるものとなる「〈自然〉」、「〈生命〉」、「〈人間〉」といった、投げ捨てられた古くさい形象を蘇らせている。「〈人間〉」には手を触れるなとか、「〈生命〉」や「〈自然〉」を侵犯するなどと叫ばれているが、亡霊のようにそれらの神話が再び姿を現わしているのだ。ところで、諸科学は亡霊を嘲笑し、軽快にタブーや聖なるものを侵犯する。科学に対するこの新たな不信感が、内部的な濫用、遠近の差はあれ科学に関わりのある経済的・財政的スキャンダルから来ていることは間違いないが、それには、とりわけ、全く別のもう一つの源がある。これは、暴き出すことが難しいものであって、私はこれをかりに、宗教的なものの現代的な移動と呼んでいる。

　集団的なものがほとんど機械的に神々を創り出すと、ベルクソンはいっていた。人類学の教えるところによると、往時の多神教的な宗教は、昔、神々を発明し、暴力や供犠、特に人間のそれを手段にして、神々を成形していった。たとえば、神格化の仕組みは死んだ皇帝を神とすることにある。つまり、神々は死骸や殺人から生まれるのである。現代の一神教的宗教は、人間の供犠を禁止する戒律によって先行する宗教から区別される。

　ところで、今日、われわれの社会は、この種の殺戮に支配されていて、四六時中、何百万人ものテレビ視聴者の前で殺人や死骸を陳列している。メディアが暴力を陳列しているといったが、それどころか、暴力は、メディアが送り出すイメージやメッセージの本質になっているのだ。恐怖と憐憫の炎なしには、メディアは何人も引きつけられなかった。これらのスペクタクルは、驚くべきほどの正確さで、古代宗教の祭儀を取り戻している。このような事態の進行は、現代宗教がこういった供犠を断罪することによりますます大衆を遠ざけ、その支持を失っているだけに、ますます容易なのである。現代宗教、とりわけキリスト教が仲介《メディアシオン》という機能を格上げし、一般化したことは確かである。だが、今度は、われわれの市民社会が、この仲介を効率的に行なう器械や制度を発明してしまうと、件のメディアが宗教的なものを掌握することになった。しかも、非常に遠くに、つまり往古の供犠的なものにまで後退してである。突然、神々、神話、タブーを産み出すこの暴力によって文字通り回心したわれわれの社会は、自らが彫り上げる影像を破壊する一切のものを非難するのである。

われわれが多神教的な時代に生きていることに、そして古代宗教のそれに似た聖なる恐怖がわれわれの社会を覆っていることに、われわれは気付いているのであろうか。われわれの社会が科学、技術、理性の面で発達していることは確かだとしても、こうして未開時代に戻ってしまったのではなかろうか。以前には、そして最近まで、支配的な宗教としての一神教は、科学に反対する闘争に加わっていた。というのも、それが、この供犠的暴力という安っぽい衣装をいくつか保存してきたからである。その後、この供犠的暴力は社会全体に広がることになり、往時には教会に割り当てられていた仲介的役割を引き受けたメディアが、世俗的な影像やタブーを産み出している。引っ越しをした宗教的なものがいるのは、もはや告解室や寺院といった待ち望まれている場所ではない。そうではなく、メディアから噴出して、日常的に暴力や、とりわけ人間の殺害の陳列のとりこになっている市民社会にあふれ返っているのである。退行的かつ古代的な、異教的かつ多神教的な、そして小さな神々の生産者にしてタブーを舞い戻らせるこの宗教的なものが、昔のフローラやポーモーナの影像に似せて〈自然〉を再び発明する。突然、われわれはそれらを崇めだす。

さよう、宗教的なものが活動の場を変える。偉大な説教師がテレビ受像器の中で祭儀を執り行ない、われわれはその前で一日に数回平伏して、ピクセル漬けになった頭の上に、暴力と聖なるものからなる日々の塗油を受け取る。死骸に陶酔し、不安に駆られる社会は、その新たな神々の加護を求めて叫び声をあげるが、新たな神々といっても、何人にも定義することも統御することもできない古い概念に過ぎない。すなわち、〈自然〉、〈生命〉、そして〈人間〉といった彫像であり、再びこしらえ出された亡霊たちである。これらは、かつては神的なものであった星々を観測した時、かつては不可触のものであった死骸を解剖した時、かつては禁断のものであった性器や脳を研究した時にはいつも、科学が侵犯したものにほかならない。科学と哲学がこれからも種々のタブーを侵犯することを希望しておこう。

太古の宗教的なものが世俗的なものの中に舞い戻ってくる。われわれが崇めている連中、質問する権利を独占し、シンボルとドグマを掌握しているためいつも正論を吐く連中を、衣装だけ取り替えた説教師であると見破るすべを知らなくてはならない。逆に、いまや社会から剝落し、少数派となって迫害されている現代の宗教的なものがわれわれに教えるのは、暴力なしの神聖なものと、暴力を保存し、凍結し、その彫像を彫り刻む聖なるものとを区別することである。往古と同じく今日、死のスペクタルの社会、およびそれが産み出すタブーを批判できる、この現代の宗教的なものは、たぶんまだ無意識的にであろうけれども、科学や理性に合流するのである。

私は神聖なものの前ではつつましく跪くが、聖なるものの薄暗く古色蒼然たる寺院の中には、馬に跨ったまま進入し、その偶像たちをひっくり返す。大胆に乗馬のままといったのは、科学とその〈大いなる物語〉とともにという意味である。

物語の規則——枯れ葉の落下

問題になっているのは、単に今までに語られたうちで最大の物語、そのうえ研究における後悔や進展によって絶えず更新されるがゆえに真である可能性の高い物語であるだけではなくて、一切の叙述の法則を遵守する叙述でもある。この叙述の規則とは、私がかつてジュール・ヴェルヌの『チャンセラー号』を分析した際に明るみに出したものである（『青春　ジュール・ヴェルヌ論』、ミニュイ社版、一九七七年、一〇五―一二六ページ〔邦訳、法政大学出版局、一一八―一四六ページ〕）。

この小説は、チャールストンを出航した同名の船が遭遇した海難事故を扱ったもので、この難破船の乗船者たちは、喉の渇きに死ぬほど苦しんだ後、とうとうアマゾン川の河口に達することができ、この川の淡水を口にするところで終わっている。物語は一つの平衡状態から次の平衡状態へと展開していくのであるが、ほとんど傾斜のないある平坦部から次の平坦部への移行は、嵐、火災、座礁などの継起するカタストロフィーを通じて行なわれる。これらの安定状態は、それぞれが独自の法則を展開していたのだが、カタストロフィーに遭遇すると揺らぎだし、各々の断絶というか攪乱的な状況が法則の変更を可能にする。同じように枯れ葉は、秋にアポトーシスの後に、ゆっくり空中を舞う。最初はほとんど水平に落ち、その後突然、支えが外されたかのように急に落下して、再びほとんど水平で安定したもっと低いところに落ち着き、またもや支えが外されると……。『チャンセラー号』の単純さは、これらの安定性がそこでは質量、力、運動、エネルギーによって定義されており、しかも後者が、静力学、動力学、熱力学、潮汐理論、天文学あるいは気象学などいずれも平衡や運動に直接的な関心を持つ学問によって完全に統御されていることから来ている。そこに釣り合いを発見するために、われわれはいかなる比喩に頼る必要もない。これまた諸科学を随伴している普遍的な〈大いなる物語〉の場合でも同様であるが、釣り合いは黒板に描かれているように、姿を現わすのである。

動きの激しい立ち回りに続いて、この降下は、文字通りの意味でサスペンスにつぐサスペンスを経由する。それは、あたかもできる限り落下を押しとどめようとしているかのようであり、重量物とは反対に一種の最小傾斜線を辿っているかのようである。語りの行為が従うのは最大作用の「原理」であって、これは、モーペルテュイが発見したいわゆる「最小作用」の原理の裏返しに当たるといってよかろう。切断あるいは離脱が生じるごとに、段階が変化するごとに、『チャンセラー号』の場合でも〈大いなる物語〉の場合でも別のタイプの平衡を定義する新たな科学が登場するのである。切断があるごとに、分岐が始まる。

ここで問題になっているのは、一切の上出来な物語の一般的構造なのであろうか。緊張、平穏、突発事、緊張、平穏、突発事……が、ここでは力学の単純な法則に還元される。こうした平衡の点列から自由になった物語は少ない。そんなことをすれば、退屈と不満が生じ、誰も読んではくれないし、みんなが、目の見えない人も耳の聞こえない人も、劇場を立ち去ってしまうからだ。語りという技の一切、それがもたらす魅惑の一切は、突発事やサスペンスの配分と絡み合い、サスペンスの長短、奇跡の有無を問わず突発事の希少性から惹起される驚きのうちにある。巧みな語り手は直線に沿って進み、ついで突然、分岐する。ところが、秋も過ぎて、葉があまり速くは落ちなくなると、彼はサスペンスを維持するのであるが、退屈を招来するといけないから、ゆっくりしすぎてもならないのである。〈大いなる物語〉に話を戻すと、私が海難事故を種にして語っていたのは、サスペンスのことだけだったことがお分かりであろう。

世界の魔法化

諸科学が世界を魔術から解放するなどと主張する人はみんな、天体物理学や生化学に招待したいものである。天空も生き物も、驚嘆すべき奇跡で満ちあふれているように見えてくるだろうからである。私はむしろ、毎朝私を魅了し、驚かせる妙なる音楽を聴かせてくれる科学者たちに隣り合わせて生きられる運命を喜ぶものである。考え得る認識のうちで最も単純なものである素数でさえも、ゴルコンダの国を羨ましがらせるようなダイヤモンドやサファイヤで満ちあふれているのである。

だが、一個の単純な細胞の精妙な混み合いや星々の混交、ハチドリの飛行や銀河の衝突などの微細で精密な細部に負けず劣らず魅惑してくれるのは、あえぎながらも途絶えることがなく、巧みに語られるこの物語の全体である。それが、平衡からの離脱と安定期、未決定と断絶、道と分岐から精緻に組み立てられており、ビッグ・バンあるいはその量子論的対応物に始まって、今から数百万年前、アフリカの草原におけるいかなる目的性もなき人類の出現にまで及んでいるからである。比類のない突発事で区切られる発展の、長い安定期。それは、構成に秀でたあらゆる物語と同様に、川下から川上に向けて再読してみると、特定の目的を目指して一貫して進んでいるように見えるのであるが、時間の向きに沿って辿ってみると、予見不可能な状況から予想外の偶発事へと進むだけなのである。

偶然的な制作者の特殊性について

啓蒙の十八世紀の松明がまだ世界の安定性を照らしていた頃、この時代が自らに提起したのは、いかなる職人がこれほど規則的に作動する機械を製作したのかという問題であった。当時は神が宇宙の建築技師だと考えられていた。神が自らの手で最終的な傑作を組み立てていた。安定性を際だたせる秩序あるいは運動として、あらゆる構築物のモデルになっていたのは宇宙であった。制作者の特殊性に基づいて、作品の建築術的性質、さらにはこの作品を説明する諸科学の性質を推測することが可能であった。そこで、『百科全書』がこの宮殿を取り囲み、個別科学がその側面図を捉えて、その見取図ないしは立面図を描き出すのであった。この見方は、明快で完璧ではあるが、この宮殿を時間の中に投げ入れることを拒否していた。そうすれば、偶然性と進化の過程で時間が絶え間なしにそれを変動させたであろうからである。いわんや、カオス的なあるいはランダムな過程に投げ入れることなどは思ってもみなかった。

今日われわれが同じような問いを立てるとしたら、われわれはむしろ、こんなに特異なシナリオを、物語を書いたのはどんな物語作者、小説家、脚本家だろうかと問うことになろう。〈ことば〉となった神が、かくも壮大かつ繊細に進行する物語を繰り広げるわけだから、われわれは彼を〈大いなる語り手〉と呼びたくもなろうというものである。そう、〈魔術師〉と。諸科学は、この物語を糸から糸、断片から断片、幕から場へと再構成していくことにより、世界とその住民たちをサスペンスではらはらさせる。*Et enarrem universa mirabilia tua*［スベテナンヂノ奇《クス》シキ事《ミワザ》ヲノベツタヘン］（＊9）。私はおまえの驚くべきことどもの全体を語るであろう。

進化の特殊事例

たとえば生物の進化は、われわれを夢中にさせ、ある人々にとっては宗教に取って代わっている。というのも、それが物語の規則に厳密に従っているからである。断続的な均衡という理論（＊10）の主張が、「断絶によって壊されるサスペンス」といういい回しにあんなに近いのに、生物学者たちがこれを全然嘲笑しなかったのはなぜであろうか。それはたぶん、グールドが、おそらくは彼自身も全くそれと知らずに、物語のきわめて単純な諸規則をこれっぽっちも変えることなく要約していたことに、彼らが気づいていなかったからであろう。しかも、この著者はこの諸規則を実に見事に実践しているのである。何という逆説であろうか。彼は多数の先行者たちを批判する際に、彼らは循環的あるいは直線的な時間に沿って物語に没頭しているだけだといっているのである。この議論は彼自身の理論にも当てはまる。『ドン・キホーテ』や『オデュッセイア』、無数の長短編小説、戯曲やシナリオと同様に、『チャンセラー号』は断続的な平衡の法則に従っていると、先刻いったところだ。同じように、ラマルクやダーウィンやグールドは、さらに進んで生命が自らを語ることを発見する。そして後継者たちは、語り口の改良にこだわりながら、競って同じことを反復する。おお、驚くべき魔術師よ、自然史は科学と文学を合流させるのだ。逆のいい方をすれば、物語の法則が生命の法則に似ているのである。

それどころか、諸科学が一緒に文学の中に入ってくるから、〈大いなる物語〉のすべての支流はギリシア・ローマの古典のうちにそのベッドと家とを見いだす。巧みな物語がわれわれの心をときめかせる様は、あたかもアフロディーテその人が、原始スープの波の縁から生命にあふれてまっすぐに裸で立ち上がるのを、われわれが眼にする時のようである。男と女は自然から生まれるのだ。

クロノペディー

百科全書《アンシクロペディー》という用語を創り出すことにより、ラブレー(＊11)は知、教養、教育の円を描く。当時、世界に関する考え得るあらゆる観点を統合する循環的なこの計画は、建築技師のこの傑作を最もよく表現することができた。この当時、完璧な科学が世界を覆っていた様は、この同じ時期に、メルカトルが地球を取り巻く円筒の上に大陸や大洋を投影して描いた地図の場合と似ていた。見れば分かるように、これらの構想の中にあるのは、サイクルだけなのである。世界が円形をしているものだから、知もそうだし、人間が手に取る本までが円形なのである。宇宙には地球とか太陽といった中心があるが、それと同じように、権力あるいは支配は王を持ち、創造や認識は神を持つ。十九世紀の初頭になってもまだ、ヘーゲルは百科全書を諸円の円と定義する。(＊12)

爾後われわれは、しょっちゅう中心を取り替えるので、脱中心化と呼ばれることになった諸革命を笑いものにしている。問題になっているのが、地球であれ太陽であれ、主体であれ客体であれ、自我であれ非自我であれ、こんな区別はどうでもいいことである。というのも、こういう区別は、いつだって判で押したように、ある中心、たとえばそこに割り当てられたある地位、与えられた何らかの名前、制御された何らかの運動などを想定していたからである。こうして、百科全書はほとんど変化しない。その全体的な形が維持されて、その安穏を保存するからである。革命《レヴォリュシオン》〔回転〕ということば自体がそれを前提しているのである。

　われわれはすべてが同一の空間の中に生きているわけでもなければ、同一の時間の中で生きているわけでもない。少なくとも、世界もわれわれも、そしていかなる生き物も、同一の年齢を持ってはいないのである。突然、われわれは覚醒して恐ろしく年老いていることに気付く。いかなる空間ももはや中心なるものを知らないし、始まりや分岐の各瞬間が手強い問題を提起する。知の側にあっても、存在するのはもはや百科全書ではなくて、〈大いなる物語〉なのである。

　それはいかなる広がりの中で展開されているのだろうか。風景の中でである。今日、諸科学はこれらの風景の諸断片を記述し、それを縫い合わせようと試みているが、その様は、人文科学が諸文化を相互に縫い合わせるのに必死になっているのに、似ていないこともない。実際、最先端の理論がやっているのも縫い合わせである。たとえば、超弦理論は、量子論と相対論というまだ離れたままの二つの断片を接近させている。それから、宇宙や、その無数の状況、たとえば何千もの多種類のタンパク質を持つ微小な細胞の中に、あるいは奥深いプレートの縁で縫い合わされた諸大陸と海という地球の単純な地図の上から見て取れる雑多な展開の中には、ほとんど秩序というものが感じられない。今日のわれわれには、世界の秩序と円形性は、直線に還元された時間と同じく、あまりにも単純化されすぎた考え方であるように思われる。

百科全書の円い空間は、恐竜と同じく、生を終えたのだ。
われわれがこういう風景の中で読むのは、一冊のクロノペディーである。

時間と様相

それゆえ、統一あるいは普遍性が舞い戻ってくるとすれば、それは決定的に風景化した空間の側からではなくて、時間の側からであるが、それには次の条件が付く。それは、時間を一直線や測定に、とりわけ西欧人が歴史と名付けているものに還元してはならないということである。またもや逆説的なことであるが、普遍性は、われわれが文学と名付けているものを通じて戻ってくるのである。知は物語ると、私は先刻いった。知は、宇宙、生命、思想と同じように、移動する。ペダゴジー〔教育学〕という古いことばは、教師に連れられた子供たちの旅行という意味であった。願わくは、今後は、この語が、時間の中における世界、事物、生き物の遅速を問わぬこの移動、そう、われわれのものでもあり子供たちのものでもある、宇宙に関するこの新たな知覚を表わしてほしいものだ。というのも、あらゆる種類、規模、形態、色彩の、この雑多な集合が流れ出てくるのは、ある物語から、普遍的なこのクロノペディーという物語からだからである。このジグソー・パズルは噴水のように噴出する。出来のよい戯曲あるいは巧みな小説のように、〈大いなる物語〉は、その脇腹の中にカオス状に一連の出来事を抱え込んでいるとはいえ、時と所を問わず、全く偶然に始まる。その分岐の各々は、確かに可能ではあっても不可能事の近傍に属する突発事として、一種の奇跡として、きわめて低い確率しか持たない出来事として出現する。〈大いなる物語〉は繰り広げられるのではない。そうではなくて、それが現在の可能性を横断して、未来の展望から完結した過去へと移る時、予測できないものもしくは予言できないものから必然的なものへと跳躍するのである。こういうわけで、〈大いなる物語〉は偶然的なものをその肩に担いでいる。

　古い世界の形而上学は、その脱構築を行なう方法も同じだが、存在と無、虚偽と真理、善と悪という二値論理に従い、矛盾を讃えている。それらは、諍い、雑多な色をした特異性、寄せ集められる無数の輪郭、縫い合わされる風景、進行過程《プロセシュエル》にあるものの予測不能性を知らない。世界、生命、存在、歴史と知は、様相の四つのカテゴリーの間を揺れ動く。必然的な法則に矛盾することなく、一切の事物や生命は、可能性と不可能性のフィルターを通過して、偶然性へと向かう。

〈大いなる物語〉の共著者としての人間

〈大いなる物語〉は続く。その続きがわれわれの生命、それの他の生命や世界に関わるだけに、われわれがそれを知ろうとして、はらはらしながらますます文学的に生きつつあるからなおさらである。はらはらするのは単に野次馬としてではなくて、活動家、当事者としてでもあるのだ。

　というのも、客体‐世界を創り出してこのかた、われわれは舞台の上に上がって、演出の仕事に加わっており、〈大いなる物語〉の共著者としてテキストの中に身を投じているからである。われわれは単に歴史の展開に努力している（われわれは自分の事をしているだけだから、これは明らかに同義反復だが）だけではなくて、時間や、世界の運命、生き物の運命を搾取してもいるのである。われわれは、この新たな作品の普遍的な責任者である物質と生命の基本的諸条件に干渉しているのだ。〈大いなる物語〉においては、われわれは、今後、物たちと肩を並べて語ることになろう。

忘却の中への降下

昨年十二月、ある自然史博物館で化石室の監視員に巨大トカゲの年代を尋ねたところ、彼の答えは
「一億二千万年と十一カ月です。」

というものだった。

「どうしてそんなに精密な計算ができるのですか。」

と私はまた尋ねた。すると彼は答えた。

「簡単なことですよ。私がこの博物館に雇われたのは、去年の冬からなんですが、そのとき、台座に「一億二千万年」という貼り札がしてあったんですよ。計算してみてください。ぴったりでしょう。」

われわれは人間の年代を六ないし九百万年と十一週などと計算するであろうか。笑わないでいただきたい。というのも、これから計算して示すように、歴史と人文科学が自分たちの数秒間でもってそれに先行する一年全体を抹消するやり方は、これと異ならないからである。この黒い戸棚の中にはどんな化石が眠っているのであろうか。人間の時間を生き物や事物の時間の中へ、私の孫娘と彼女の両親の家を急流や山や太陽の中へ、そして私の年齢を私の爬虫類的な脳やＤＮＡの年代の中へ、どうやって投げ入れたらよいのだろうか。これらの眠れる記憶をどのようにして覚醒させたらよいのだろうか。

多数の専門分野、唯一の発見——時間測定法

二十世紀中に厳密科学が発見した新事実は非常に数多く、またきわめて多数の分野に広がっており、われわれはこの茂みの中で道に迷いかねないほどである。ところが、それらの各々は、たとえばその扱うすべての対象の年齢の問題というような年代決定の手続きに焦点を合わせれば、古い百科全書をまるごと共通のプロジェクトに再統合するのである。それでは、前世紀に厳密科学は何を発見したのであろうか。宇宙と諸原子、地球と生命、さまざまな種、人間、微生物……事物一般の年代決定である。科学的な結果や方法の複雑さを言祝ぐ声が広く聞こえてくるこの瞬間に、反対に、共通の暦法から由来する大局的なものの見方が浮上する。この時、私が先刻述べたように、クロノペディーという用語は、時間の上での〈大いなる物語〉を指示することになる。この物語が一元的に導入されたのは、数百年前の時計の発明に始まるが、その主要な幹は、諸科学の全流域、それらの増水、分流、乱流を横断しているのである。現代科学は、いにしえのクロノスをその最初の玉座に復位させる。こうして、宇宙に似た流域の中でこの新たな樹木状の発展を眺めてみる時、学問を分類するというかつての企てに抵抗できるものがいるであろうか。もっとも、分類といってもここでは扱う対象の年代による分類なのであるが。

「われわれはどこから来たのか」という古くからの哲学の問いに、今日、答えるのは、最近その知の内容が記憶に裏打ちされている諸学問ごとに多様ではあれ、ただ一つのテーマである。この記憶とはどのように定義すればよいのであろうか。初歩的に、情報の貯蔵庫、箱ないしはバンクとしてである。

三重の下降

最初の記憶は幼年時代や、長くは続かなかった初恋を思い出す。それは、脳や身体の一部に住みついて

いて、存在、意識とそれを取り巻くものに関わる。これらはある人々が心理状態と呼ぶものであるが、そこに忘却の闇という補足的な地下室を想定する人々もある。第二に、そこに集団の記憶が接ぎ木される。これは、廃墟、骸骨、映像、道具、うわさ、書物、古文書、インターネットなどの客観的な土台の上に分散していて、その情報によりわれわれを社会生活や人間の歴史に、さらには人類の進化過程にも参加させてくれるものである。これは私の文化に依存する。個人的で主観的な第一の宝庫は、数十年前に始まる。もっと集団的な第二の宝庫は、何世紀、何千年も前からのものである。バルザック、ギルガメシュ、ラスコー、ルーシーという具合に。

第三の記憶、すなわち私のＤＮＡの染色体は、部分的には私の両親のそれ、彼らの祖先のそれ等々と進んでいって、ついには私たちのも含む全体が全人類共通の貯蔵庫を形成するまでのすべてを統合している。そこに私が見いだすのは、フエゴ島人〔南米大陸南端にあるフエゴ島の住民〕やオーストラリアのアボリジニと私とを結びつける絆であり、ウオロフ族〔アフリカ西部セネガルに住む無文字の部族〕やバンツー族が私の隣人であるということである。そのうえ、あらゆる生き物に共通するものとして、私はそこから有袋類、爬虫類や他の昆虫、羊歯やバクテリアに対する私の距離を測定するのである。この遺伝子型的な記憶は、私の記憶あるいは諸集団やそれらの文化の記憶とは異なる奥行きを持ち、進化とその何十億年という時間の中に漬かっている。

その持続

基準として一年という長さを取り、その中でこれら三つの貯蔵庫が占める相対的な時間を計算してみよう。私の浮気や最初の記憶を思い起こすと、それはここ数十年間の出来事であるが、ここでは千分の一秒という薄い層に収まってしまう。私が『オデュッセイア』を学んだり、ラスコーの壁画に感嘆したりするのは第二の記憶に関わるわりだが、これが探索するのは四秒間である。進化により形成された私の眼が光を見たり、皮膚が身体組織を調整したり、水素と炭素の原子が私の細胞のタンパク質の中に集まったりするのが、第三の記憶に関わるが、これが一年の残りを占める。この第三の記憶によって、身体組織を作っている物質や、生理学の機能が確保される。第二の記憶は、世界と周囲の文化へと覚醒させる。第一の記憶が形成するのは、われわれが慣習的に意識と呼んでいるものである。われわれを活気付けている諸過程の研究において、われわれはこういう時間の配分を、したがってわれわれが蒙っている束縛の相対的な重みを忘れているのではなかろうか。われわれの個々の存在やわれわれの文化史は、この〈大いなる物語〉の重みに比べれば一片の雪ほどの重さしかないのではなかろうか。

吠えたり、食べたり、布を織ったり、巣を作ったり、交尾したりしながら、生き物たちは、これらの貯蔵庫の最後のものが持つ厳密さで、思い出しているのだ。生き物の身振りは、この貯蔵庫が教え込むことを間違いなく実行するからである。この遺伝的自動機械とは反対に、人類の進化過程はわれわれを忘却の怪物にする。われわれの自己陶酔的な天性は、穴のあいた網を用いて選別することにより、わずか数ミリグラムの最近の影響を特別扱いし、生き物のうちで最も健忘症的な私あるいはわれわれだけに関わる出来事が生じる前に経過した一年のほとんど全部を暗黒の中に投げ入れる。歴史に頼っている限り、時間のほとんど全部を省略してしまうのだ。われわれが思い出すのは十一カ月よりずっと少ないのである。

われわれは鍵をどこに置いたのかを忘れるだけではない。それにも、時には、新しい鍵を発明させてくれるという利点があるのではあるが。われわれの両親や隣人の両親の犯した犯罪を忘れるだけではない。これも道徳や許し合いにとっては大変結構なことではあるのだが。それだけではなくて、われわれは、世界を作っている岩石と同じくらい古い身体をわれわれが持っていることを、思い出すことさえしないのである。われわれは、いくつかの認識に関わる偉業をニュートンのごとき天才あるいはわが文化的集団の天才の手柄にして、悦に入っているが、われわれがしばしば認識し、ほとんど常に心を動かすのは、先史時代や私の誕生日以前から不変な、何百万年にもなるニューロンによってであることに気がつかないのである。騒々しく、饒舌で、せっかちで、人を欺く私の意識は歴史を隠蔽するが、歴史のほうは歴史のほうで、もっと嘘つきで騒動を好み、際限なく準備された無機的なスープの中でゆるやかに生じた誠実で無言の進化を秘匿するのである。健忘症的な意識、言語、そしてそれらの偉業を誇る傲慢さは、身体とその年代、宇宙とその古さを沈黙させる。われわれは、肉体と地球の数え切れないほどの古さを考慮することなく、歴史的なあるいは家族的な決定論を夢見ている。われわれは身体、生命、事物を忘れているのだ。

自然の忘却

この健忘症がわれわれを世界に対して盲目にしているのだろうか。人類の進化過程はわれわれを健忘症にしたが、この忘却そのものがわれわれを進化させたのであろうか。われわれはあまりにも歴史的、文化的、ついで個人的になったために、個人や集団の持つ偏狭で、あまり信頼できず、騒々しい記憶に先行する巨大な持続の多様なコードを抹消してしまう始末なのだ。われわれは、われわれの自然を勝手に引き回し、自然は服従し、沈黙する。時折、自然が吠えたりうなったりすると、言語、技術、それに知がこれを鞭打ち、服従させ、なだめてしまう。だが、いつもそうなるとは限らない。宣伝ポスターが風景の沈黙を抹消してしまうのと同じように、意味のあることばが、何百万年もの肉体の歳月を消滅させる。書記法を所有する部族が口承しか知らない部族を滅ぼすのと同じように、諸文化はいずれ劣らず自然を鈍磨させる。自然に従わないように、われわれに仕向けさえする。大部分の生き物は、他のことは何もしないといっていいほど、プログラムに忠実に従う。われわれに近い種の中には、幾分、忠実さに欠けるものがある。われわれはといえば、プログラムをなくしてしまったかのように、振る舞っているのである。そこから発生するのが自己保持サイクルである。われわれが自然に従わなければ従わないほど、それだけいっそう諸文化が創造されて発展し、ますますわれわれは自然を忘却するからである。すぐ後で議論するわれわれの非専門化というのも、この基本的な忘却に端を発しているのではなかろうか。

ある文化が、一旦生まれるとそれに従わず、それを忘却し、批判し、裏切り、転覆させるこの科学と呼ばれるものを偶然にも発明したからこそ、この科学が、突然、自然そのものと仲直りして、失っていた自然の時間計の探索を開始し、とうとう自然の古さを解読することができたのである。まるで自然が諸文化におけるある種の知られざるもの（insu）の役割を演じているかのようであり、諸文化がとうとう自然の意識（escient）に語らせるために沈黙せねばならなくなったかのようである。ほとんど使われることがないだけに、いっそう貴重なこの語（escient）についは、自然の知の最善の部分と解していただきたい。諸文化が自然のゆったりした持続をせき止めるのは、時間に対してもっと急速な別の出口を出現しやすくしてやるためである。諸文化は、自然の進路を変える目的で、自然から別れ出る。科学は、自分を条件付けている文化に遅れてくると同時に、それに対立してもいるから、この仕組みの裏をかく。知は、われわれの穴だらけの記憶の背後にある何十億年間を再発見する。知とは、この思い起こしなのである。

口承、文書

ところで、上述の科学が年代を定めるのは、情報が保存されている貯蔵庫の中で痕跡を探すことによってである。口承の段階では、記憶はまだかなり忠実であって、個人的な、つまり表現型的《フェノティピック》な身体から切り離されていない。われわれの脳は記憶を司る帯域を含んでいるし、身振り、運動、姿勢は、われわれがそのダイナミズムを保持しているシェマの中に書き込まれているからである。家庭内や公共の広場で繰り返される極り文句は、別の種類の蓄積を形成する。祝祭、踊り、歌と朗誦、スカートの襞や盾型紋地の色は、周期的に集団的伝統を再生させる。それに、記念日や記念祭がやってくるのは、人に祝いながら思い出させるためだからである。

歴史は書記法とともに始まると勝手に考えられたことがあった。その後、歴史家の仕事は新たな貯蔵庫である写本や羊皮紙の解読から、書物に書かれたしるしを保存するコレクションを蔵する図書館へ、さらにそこから、碑銘が刻まれていることもあるが何も書かれていない沈黙の石片が出る発掘現場へと歩を進める。もう記憶は身体から外に出て、客観化される。繰り返していうが、これらのすべての蓄積に忘却が穴を穿っている。記憶喪失はわれわれの過去を軽減し、作り直す。――もしわれわれが一切合切を思い出したとするならば、個々人や集団としてのわれわれはどうなることであろうか。――図書館の火災は、われわれの古代をぼろぼろに引き裂いてしまった。いくつもの野蛮な軍隊が、ここ彼処に残したのは、フン族の通過の後に、あるいはわれわれの最新鋭兵器による爆撃の後に再解読しなければならない廃墟であった。戦争とか火災とかいった現実態における歴史は、歴史がテキストとして再構成しようとするものを破壊してしまう。われわれは一方の手で織り上げているものを、他方の手でほどいてしまうのである。

普遍的で長い、生き物たちの記憶

これとは違ってもっと強力で、もっと抵抗力のある第三の記憶が、われわれの身体を産み出した。われわれの身体は、程度の差はあれ、そのゲノムを発展させる。われわれも含めてすべての生き物にあっては、遺伝子が種の記憶として、もっと一般的には生き物の記憶として機能する。この記憶は、われわれの嘆きの的であるわれわれの記憶とは異なり、滅多に失敗しない。この記憶が誤りを犯す時、われわれはこれを場合に応じて致命的な突然変異あるいは有利な突然変異と呼ぶのであるが、後の場合には選択的突然変異ということもある。ゾウリムシ、ホタルブクロ、タコなどと同様に、われわれも自らのうちにDNAの形で、生命と種のこの受動的な蓄積を担っているのである。個人はこのDNAの仲介者として振る舞うわけだが、DNA自身は、そのうえ、そのコードを解読したり、空間内にある可視的で移動性のある建物の中にこの富を投資したりするに足るエネルギーまで備えている。

ある記憶から別の記憶に移る時、われわれは個人的で特異な存在から、あるいはさまざまな地方的な文化から、時にはそれらの歴史から、普遍的なものへと進んでいく。普遍的なものといっても、種や族のそれにだけではなく、既知の、未知の、そして考え得る一切の界のそれへと向かうのである。第一の場合には、われわれは多かれ少なかれ記憶を持っている。第二の場合には、われわれは記憶として生きている。ここ半世紀間に発見された遺伝情報の普遍性は、人間を相互に、そして最も基本的なバクテリアにまで結びつける。あらゆる生き物は、今から三十億年以上前に生じた生命の誕生の痕跡を、その体内に持っている。したがって、われわれは想像を絶するような年代を思い出すのである。

記憶の蹉跌

同一種に属する雄と雌の二つのDNAの邂逅は、そのエネルギーによって、情報の受動的な蓄積を活性化する。こうして記憶は想起する。ゲノムは、あらゆる生き物の、そして特定の種の記憶として機能するが、生き物が想起するのは個体としてである。同様にこの記憶も、不妊症、流産、中絶といった、これまた自然淘汰の損益として勘定すべき事態をのぞけば、滅多に間違えることはない。

たとえば、牧場で雌牛が二本脚で立ち上がり、踊り、メーメー鳴くのとは違った歌い方をするようなこと、要するに雌牛とは違った挙動をするようなことは、誰も今までに見たことがない。動物、植物、海藻ほど記憶力のよいものはない。生き物ほど忠実なものはない。生き物はあまりにも完璧に記憶しているから、われわれはこれを、時折、遺伝的自動機械と呼ぶのである。突然変異と淘汰というダーウィンの二つのオペレーターは、この完全な記憶の例外的な蹉跌として定義できる。われわれのニューロンは短期の記憶を持っている。われわれの書き物はつかの間で間欠的な記憶を持っている。DNAの記憶はもっと長期的である。生きている種は記憶の場所であるが、人間はこの場所を後にするのである。

第四の記憶——寒冷層

ところで、生命のない埋蔵物の発見は、近年の染色体の発見よりも数世紀先立っている。その場合でも沈積物や堆積物を探し出し、それらを開いて、その秘密を解読しなければならなかった。断崖や切り通しは、地表の下で、あるいは時によっては露天で最初の記憶の貯蔵庫を見せてくれた。博物学者たちは化石を発見した。この下降は、中世のアルベルトゥス・マグヌスに始まり、アグリコラ、パリシ(*13)、レオナルド・ダ・ヴィンチの著書で続けられた。ミシュレは、その歴史研究を四巻の博物誌的著作で補完するという、西欧文化では希有の偉業を果たした人であるが、『山』の中で、多様な色彩や組成を持つ地層をページと呼んでいる。そして、それらが集まって作り上げている区画を本と、高い山並みを図書館と呼んでいるのだ。このイメージを用いて、彼は、人間の歴史を地球や生命に関する客観的諸科学から隔てている浅瀬を越えるのであるが、この横断を行ないながら、彼は他方に向かう岸辺を導入してもいるのだ。ともに聖書が数え上げる世代によって地球の年代を計算したニュートンやカンタベリー大司教のように、またあの自然史博物館の監視員のように、彼は地球が言語のリズムで生きていると考えているのである。われわれが書物の中で読むのは、世界が書物のようにページを幾層にも積み上げるということなのだ。

私も子供の頃、ジュール・ヴェルヌの著書の中で、魚類の分類を行ないながら海底に潜航するネモ船長の話に夢中になったものである。ヴェルヌは海面下に潜ったことはなかったので、あの分類は魚類学の参考書を引き写したものであったのだが。それから、デンマークの若い洞穴探検家は、叔父と一緒に、アイスランドの火山の底から地球の中心を目指して出発し、しまいにはストロンボリ山から爆弾のように跳び出してくる。揺らめく松明の灯りを頼りに進む途中で、彼らはいろいろな地層を次々に経巡っていくわけだが、これらもおそらくライエルやブシェ・ド・ペルト(*14)からの引き写しであろう。

この探検家たちはこの想起の過程で何を見るのであろうか。この新たな *facilis descensus Averni*［アヴェルヌスノ下降ハ容易ナリ(*15)］、つまりアヴェルヌ湖の地獄へのこの容易な下降は、彼らに何を見せるであろうか。

死者の対話、壁の沈黙

奈落に入ったオデュッセウス、『パイドン』におけるプラトン、アエネイアス、それにルキアノスの『死者たちの対話』に登場するおしゃべり屋たちは、思い出や復讐を求めて背後世界を下降する。彼らはまだ、これらの場所を人間の記憶だと見なしているのである。ハルツ鉱山の所長にして『プロトガエア』という著書の最初の著者であったライプニッツ、それに啓蒙時代の地質学者や十九世紀初頭の地質学者たちが明かるみに出したのは、失われた時代の大地の記憶の墓である。（化石（fossiles）は墓穴（fosses）から出てくるのだ。）ある驚くべき発見が彼らを待ち受ける。つまり、人間が持っていたのは短い記憶だということである。人間が長期の記憶を把持できなかったのは、地球を最近の葬儀の入れ物だと考えていたからである。地球が何億万年前の先祖の骨を、その前にも人間や生き物の存在しなかった時代の痕跡を保存しているというのにである。われわれは葬儀を営むのは自分たちだけだと考えていたのであるが、地球だってその固有の要素を自ら埋葬しているのである。

海に沈んだアトランティス大陸のことを語りながら、サイスの神殿を守るエジプトの神官たちは、『ティマイオス』で語られる彼らの自慢話にもかかわらず、きわめて近い過去にしか遡ってはいかなかった。ホメロスにしろ、ウェルギリウスにしろ、ルキアノスにしろ、そんなに深くまで、またそんなに遠くまで冒険を重ねたわけではない。地下に行っても、彼らは相変わらず口承の、あるいは記された歴史の中に、つまり言語の中にとどまっているからだ。いつもアルヌ・サクヌッセムや彼が記した碑文に先を越されたリーデンブロックとその甥にしても、奈落の底で見いだすのは、ウェルギリウスを引用するヴェルヌによれば、奇怪なトカゲの群れを飼い慣らす *immanior ipse*［ソレ自身イッソウ恐ロシキ］(*16) 人間の先祖なのだ。誰も彼も、多数の段を持つ階段の二、三段しか下ってはいないのである。人間の存在が世界の存在を妨げるのである。こういう奈落の探検者たちは見覚えのある亡霊に出会うと、立ち止まっておしゃべりをする。彼らはいつでも際限もなくしゃべり続ける。背後世界の奥底にあってさえ、言説が途絶えることはなく、書物は書物だけしか探そうとせず、人間たちは相互に戯れ合い、ことばは相互に響き合い、歴史と人文科学は内輪話に余念がない。われわれは、認識を妨げるという廉で聖書を非難したものであるが、書物一般を非難したほうがもっとよかったであろう。聖書は、書物を象徴するもの、つまり文書、言語、人間相互の関係をうちに含んでいるからである。生身の訪問者と青白い亡霊は対話し、現世での争いについて話し合い、恐ろしい責め苦を眺めるが、地獄の沈黙の壁は目に入らない。復讐と地方史に熱中しているとはいえ、ひとりダンテだけが背後世界の世界的構造を少しばかり記述している。ほかの降下者たちは、地上でと同じように、自分たちの間だけで生き続けるのである。地上での振る舞いを保存して、彼らはライヴァルを見るのであるが、決して流れやその両岸を見ることはしない。政治が地獄をも動かすのである。怨恨という傷を負った彼らが思い出すのは、ここ十五分のことであって、決して沈黙の壁が保存している何百万年のことではない。この壁が彼らの耳に差し向けるのは、彼らを結びつけるはずの長い沈黙に耳を貸さない彼らを切り離している歴史の最近の反響なのだ。この短い歴史しか目に入らないライヴァルたちには、想像を絶するほど長い、共通の世界が彼らの骨、肉、四肢、そしてたぶんことばを形成したのだということは思いも寄らないのである。レテの流れの背後には、もっと暗い忘却が待っている。彼らには全く思いも寄らないというのは、今までに思い出として活性化したことのない記憶の場所である壁であれ、土地であれ、語りはしないからである。これらを解読して、それらの沈黙を言語に翻訳することが必要である。

というのも、生き物が記憶と思い出の恩恵に同時に浴しているのに対し、生命のない物体は受け身の前者しか持っていないからである。生命のない物体は宝を保存しているが、それについて語りはしないのである。われわれに想起という活動が与えられているのは、これらの物体のお陰である。むしろ、この沈黙の記憶が非生命体を定義しているというべきであろう。物とは何か。思い出さない記憶、記憶を助ける受動性。物質（matière）とは母（mère）という意味である。饒舌な亡霊たちが長々と論じる短い世代の背後には、われわれの沈黙の母、地球の果てしない系図が存在するのである。諸科学は地球の胎内の沈黙を解読する。どのようにしてか。

熱は……を数える

これらの降下者たちが通り過ぎていく、積み重なった層位は、時間の痕跡を保存しているとしても、悪しき時計である冷たさという弱点を持っている。層位は持続を表わしはするが、厚薄さまざまな地層の相対的な配置や地層を構成する岩石の緩慢な摩滅によってしか、持続の流れを見せてくれない。これより優れた時間計である熱は、冷却しながら、もっと速やかに計算をする。ビュフォンは、鉄を混ぜた土の塊を白熱状態になるまで加熱し、ついでこれを冷却して、この縮尺模型により惑星の年代を計算しようとした。ニュートンも力に基づく彼の宇宙も記憶を持たないが、ビュフォンの熱い塊は熱の形でエネルギーを蓄積しており、冷却する際に、小金の引き出せる銀行口座のような働きをする。これは新しい時計なのだ。この時計が測るのは、私の時計が示すニュートン流の可逆的な時間ではなくて、非可逆的な時間、時計の歯車の摩滅、したがって時計の老化というエントロピー的な時間である。

同様にダンテやウェルギリウスの想像力よりもっと深く下降して、つまり、目に見える冷たい地層から熱いマグマの上をゆっくり漂うプレート・テクトニックまで下降して、地球物理学者たちは、火山爆発や地震が、これまた時計のように、地球の冷却にリズムを与えていることを発見する。だが、この時計の文字盤はさしあたり、解読できないほど不規則的である。程度の差はあれ灼熱した天体という銀行口座からの小金の引き出しは、もっと規則的である。われわれは、これらの天体の色からその熱を推定し、この特徴を利用してその年齢を計算する。そして、各々のスペクトル上で赤方への偏移が突き止められるから、われわれは宇宙が膨張していると考え、膨張の度合い、つまりハッブル定数を計算するのだ。

放射能ほどよくはない……

もっと後になると、熱時計は放射能に基づく時間計にバトンを渡す。真の道が下っていくのは、ナポリの近くの地獄のようなアヴェルヌ湖でもなければ、ジュール・ヴェルヌの探検家たちが辿る、アイスランドはスネッフェル山の火道の中でもなくて、結晶から分子と原子へ、そこから粒子へと向かう極小化の階段である。放射性元素は、恒久的な放射によって、はっきり目に見えるような形で粒子を消費する。だから、ウラニウムと鉛の同位元素を勘定するだけでよいのである。

ニュートン的な時計の時間は、事物の年代を定めてくれなかった。だから、ダーウィンに対する反対者が、最初多く見られたのは、宗教家の間よりもむしろニュートン主義者たちの間であった。非可逆的な時間に到達し、それを量的に測定できるようになるためには、ビュフォン、フーリエ、ケルヴィン卿、ハッブル、そしてこのほかの多数の人々が熱を研究し、ベックレルが放射能を発見し、ついでウラニウム二三五とプルトニウムが出現し、マンハッタン計画の後、原子爆弾が炸裂し、人々が小惑星の落下を真面目に受け取るようになり、パターソン(*17)がアリゾナのキャニオン・ディアボロ隕石も含む隕石五個の年代決定に成功するのを待たなければならなかった。ウラニウムはどのようにして普通の鉛に変わるのか。四十五億五千万年という惑星の年齢が、この問いに対する答えから出てくるのである。

原理的には、万物が記憶のように振る舞う。宇宙という銀行には口座がある。万物は数であり、世界という記憶がその痕跡を保存しているのだ。

実在論の擁護と解説

物がこのように振る舞うということは、われわれの思考方法を強く挑発する。主体が、つまり人間の専門家が、人間によって命名され、発見され、発掘され、純化され、測定された物の年代決定を行なっているると、われわれは考えるからである。知性や記憶の能力、読み、書き、識別し、計算するという行為が属しているのは人間にであって、決して彼らが研究する物にではないことは明らかである。

これとは逆の反科学的な考え方は、アニミズムに舞い戻ってしまうことになるであろう。しかしながら、私は今しがた、地層中の片岩や化石、それに鉛やウラニウムの同位元素を記憶と呼んだばかりである。人間の忘却の無数の襤褸切れと比べてみる時、これらの物質の塊以上に、忠実かつ正確であり、信頼できるものがあるであろうか。ある種の放射性物質は粒子を一個一個数えることさえできるのである。だから、世界の物の中には、われわれ人間の悟性の専有物だと考えられている機能が存在するのではなかろうか。私は魂などという曖昧な呼称は使わないが、認識する要素が存在するのではなかろうか。

観念論の考え方によると、物が存在するのは、個人的で主観的、あるいは集団的、同業組合的、あるいは科学的、あるいは政治的なわれわれの表象の中に、そしてその表象によってでしかない。実在論が信じるのは、物がわれわれとは独立に存在するということである。私は信じるという動詞を故意に用いた。というのも、観念論の場合には、推論そのものが位置しているのは悟性の側であって、耳も聞こえず口もきけない物の側ではないから、自らを証明できるのであるが、実在論が、きわめて弱々しくではあれ、擁護できるとしたら、感覚、生の経験に由来する信念に頼るしかないからである。さらには宗教的信念にさえ頼らざるを得ないと主張する人々もいる始末なのだ。実際、実在論者は、神秘主義者が神の存在を信じるのと同じように、体験したからという理由で物の実在を信じるのである。この弱さにもかかわらず、私はいまだかつてこの固い実在論から離れることができなかった。というのも、柔和な観念論者たちは、このあるがままの世界に傷付けられたことがあるようには見えないからである。綿にくるまれて育てられ、軟弱で、後ろ盾のある富裕者、権力者、そして彼らの子供たちは、世界中の万物が彼らの使用人と同じように彼らのいいなりになると信じているのだ。

だが、信念の問題が露わになるこの論争を脇に置くと、私に先刻、着想を与えてくれた層位学、熱力学、放射能、さらには生化学などから示唆される別の議論が現れてくる。この世界の物の中には、われわれの表象の中でもっと巧みに、もっと完全に、あるいは時によるともっと不規則的に利用されている基本的な機能が隠れ、たどたどしく語り、働き始めているのである。たとえば、もう一つ例を挙げると、時々きわめて「知能が高い」といわれる多くの生き物の種の間には、われわれの言語活動がもっと完全に結合し、組み合わせている多数の伝達方法が分散している。われわれは多くの生き物たちのノーハウを統合しているのだ。われわれは無生物に対しても同じことをしている。認識を担うものが、生命と物質の中を徘徊しているのである。

実在論と観念論とを対立させる議論が試みるのは、現象を、つまり仮象、出現（顕現であれ、隠れたものであれ）を、お望みとあれば隠れた神をすら解釈することである。したがって、この種の議論は、そのただ中で表象の場面が演じられるある曖昧な空間を想定しているのであるが、宇宙と同程度に普遍的であり、世界の万物より抵抗的な時間を、ほとんど考慮に入れないのである。ところで、まさにこの一切の物が記憶し、思い出すのである。それに私自身が思い出すのも部分的には、私の身体と脳が、物を作っている物質や形態に類似した物質や形態から作られていて、時間を充電し、ついで放電するすべを心得ているからである。そして、われわれが集団として思い出すのも、大理石の上の刻み目や、白い紙の上のインクの染み、あるいは電子チップ回路などのように、お互いの上に書くすべを心得ているこれらの物の性質を利用することができるからこそである。記憶として、私は物の仲間になる。物として、それらは記憶を持つ。だから、この関係のもとで、物と世界は、私や私の所属する集団と全く同様に存在するのである。観念論は、われわれがそこから勝者として立ち現れるような戦闘を想定する。私がそこに見るのは伯仲戦か、引き分けである。それどころか、人間と世界を分離し、対立させる境界が私にはもう見えないのだ。

早合点してもらっては困るのだが、決して私は悪名高いアニミズムに戻ろうというのではない。物には魂があるとも、悪しきあるいは良き意図があるなどとも私はいっていない。しかしながら、一見不毛に見えるかもしれないがストア学派もライプニッツもベルクソンも軽蔑することのなかったこの方角に、金鉱があるように見えるのである。認識という行為は、能動的な主体という極を受動的な客体というもう一つの極に関与させるのではない。そうではなくて、両者が一緒に活動を分け合うこの行為に参加するのである。その場合、後者が控えめな役割しか演じないとしてもである。しかし、先手を取るのは後者であり、ゲームが再開されるごとに、これがいつも先手を取るのである。われわれが世代、断崖の厚さ、熱放射などによって世界の寿命を計算する際に、同じ方法にこだわり続けていたとしたら、正しい解は得られなかったであろう。必要なのは、隕石に含まれるある元素のように、良い記憶を蓄えている別の対象が現れることであった。物は、少なくとも方法と同程度に決定するのである。実在が認識行為を目覚めさせ、それがまた実在を目覚めさせるのである。実在の諸能力が、自己保持サイクルの中でわれわれの能力に結びつく。

この結論が大胆に見えるとしても、それは見せかけだけのことに過ぎない。これは至る所で見いだされていることだからである。おそらく、能動的な主体、受動的な客体というこの対を用いる時、これまた受動的であるわれわれは *libido dominandi*［支配シヨウトイウ欲望］(*18) に、つまり常に真っ先に奉仕されることを求める支配欲というわれわれの強烈な情念に、服従しているのである。こうしてわれわれは、ディンゴ〔オーストラリアに棲む野生の犬〕やワピチ〔北米に棲む大型の鹿〕、つまりわれわれと同様に勝者に屈服する動物たちの血統を受け継いでいる。観念論は寄生的な支配の一形式に還元できる。実在論は共生を実践し、物の中に飛び込み、それらと協働する。認識（connaissance）という語の接頭辞は、語源的には、主体を客体の奥深い性質に関与させる。この認識の占める場所は、われわれの共生的な行為の中である。自然の哲学は、われわれがいつも忘却しているこれらの物－記憶の尊厳を復権させる。

忘却の場所

Hommo sapiens obliviosus［忘レッポイホモ・サピエンス］。あなたや私が、うっかり者として、忘れるだけではない。われわれの文化や歴史が嘘を積み重ねて過去を組み立てるだけではない。それのみならず、われわれの種のＤＮＡにプログラムが組み込まれているのも、それが解除されるためであるかのようなのである。自分や歴史を思い出さないこと、種の記憶さえも失うこと、このことが学習、迅速な適応、不服従、それに発明の条件をなしている。私は、穴だらけの思い出、隙間の多い記憶を持つ生き物のように考える。〈大いなる物語〉が進行するにつれて、忘却は少しずつ、人類のではないにしても思考の本性になっていった。その結果、数百万年にもわたってわれわれは世界をすら忘れてしまうという始末だった。われわれが世界の壮大な過去を思い出しているのは、ここ一、二世代前からのことに過ぎないのである。

　われわれは忘却の場所で生きてきたし、現に生きており、考えている。それは高原の農園においてであれ、グランド・キャニオンの前であれ、変わりはしない。この弱さも、過去の蒸発も嘆かないことにしよう。こうした欠陥がなかったならば、われわれは雌牛やパラゴムノキの記憶過剰状態に戻ってしまうことであろう。

流れる水は記憶を持たないと主張する逆の伝統に対して、忘却の川というギリシア神話に対して抗議の声をあげようではないか。それどころか、あらゆる川は、その不安定性に身を委ねて眠るべき場所を確保するために、川底を穿っているのである。だから、その流れを逸れさせて、この巨大な記憶を取り出すことを試みたまえ。すると、川は、たとえどんなに時間がかかるにしても、必ず谷線に戻ってくるであろう。シャンソンの歌詞[*19]とは違って、ガロンヌ川が北極を再び暖めに行くのを見た者は、いまだかつて誰もいないのである。川は、草地に憩う雌牛と同じく、長い河床で休んでおり、その小さな襞の外側にはみ出すとしても、別のもっと大きな河床、つまり氾濫平原にあふれるだけである。ヘラクレイトスが何といおうと、いかなる川もこの二つの曲がりくねった襞や水のことを忘れはしなかった。川の水は蒸発したり、時には岩や野の花の下に流れ込む。雨が降れば、また同じ波が戻ってくるわけで、これは統計的なサイクルである。世界全体は常に、安定した水路、柔らかな岸、回帰する流れから成る同一の川に漬かっている。川は普遍的なレーズ（rhèse）、つまり流れの中にあって生じやすい大きなリズムを示す。川は流れるというよりはむしろ濾過する。川は、すべての物と同じように、思い出す。

万物は記憶であり、流れる水でさえ例外ではない。われわれだけが、同じ川の流れに身を浸していることを忘れるのである。ヘラクレイトスのことばが証だてるのは、われわれの放心状態である。うっかりしているわれわれは、別の川がわれわれを浸しているのだといつも考えるのだ。われわれの思い出とは往々にして、いくつかの記憶喪失、怠慢、不注意を性急に束ね直したものにほかならない。さまざまな物質の形成や生き物の進化は、堅固な忠実性を持つ記憶の積み重ねから生じる。だからこそ、これらは一般的かつ合理的な法則に従うのである。忘却を知らない世界にあって、法則を知らないのは、襤褸にくるまれ、隙間だらけで、気まぐれで、穴だらけのわれわれの生命と歴史だけである。物は忠実であるから、真理を語る。いかさま師であったり、うかつであったりするわれわれは嘘をつく。だが、われわれの認識が怠慢から始まったとしたらどうか。われわれの知能が絶えず骨を折っていたのは、引き裂かれた襤褸切れを繕うことでしかなかったとすれば。

われわれの生き方は無生物とは異なる。無生物には思い出はないが、記憶を備えており、したがって法則の支配下にあるからである。そうかといって、他の生き物とも同じではない。生き物たちは、個体としては思い出を、種としては記憶を備えているからである。人間という種は、多数の他の機能や特性ばかりでなく、この二つも失ってしまった。われわれはこれらを取り戻すために、この点でわれわれよりも才能に恵まれた生き物や物の上に、これらを外在化させる。逆のいい方をすれば、われわれは思い出を持たないことにおいて無生物と同じ生き方をしてもいるし、いくらか記憶があることにおいて生き物と同じ生き方もしているのである。つまり、われわれは無生物や生き物とは異なるが、彼らの仲間でもあるのだ。

主体の問題

しかし、もう一度尋ねるが、誰《ヽ》が《ヽ》記憶を持っているのだろうか。伝統は答える。人間たち、彼らの認識、彼らの記憶力、彼らが書いたり刻んだり描いたりした痕跡、彼らが解読するところのものであると。いや、そうではないのだ。というのも、物自身が独力で直接に記憶するからである。過去は物の中に刻み込まれていて、それを解読すれば足りるからである。埃や空気の粒子は毎年、雪と一緒に降ってきて、それを氷が保存するから、グリーンランドの氷河から標本を採取してやれば、何十万年も前の大気の状態を一カ月くらいの誤差範囲内で知ることができる。氷河の厚さが、記憶の役割を果たしているわけだ。

ここにおいても、われわれは中心から去っていく。われわれが自分自身について、言語、痕跡、シンボル、記号と意味、書き物と記憶、認識行為とコギトについて語っていたことは、すべての物がこれを何らかの仕方で引き受け、示しているのである。巨大な諸時間を語る〈大いなる物語〉は、言語活動による記憶という中間物を分岐させる。そこから、諸言語やわれわれの知能の地位が明らかになる。世界と世界の間、諸物と諸物の間の仲介者、要するに一種の寄生的な雑音。

サラへの賛歌

余談として、ある小さな場面を考える。実験者が、有名な雌チンパンジーのサラに、動物たちの形を一方に、人間の形を他方に置くように求める。これに答えて、雌チンパンジーは、犬や猫の写真、それに自分の兄弟や父母の写真までも左側に、ついで人間の女子供の写真を右側に置く。自分自身の写真を置く段になると、彼女はそれを人間たちの写真の間に投げ出す。サラを祝福しようではないか。彼女は間違えることなく、人間を、分離・選別・分類する動物であると定義し、自分自身も分類に没頭しているという理由でこの種の中に含めているからである。

だが、サラはわれわれにもう一つの道を、われわれを彼女から分離する進化の道を指し示す。彼女よりもっとサルに、もっと動物に、もっと物になって、私は持続を下降し、犬たちがその鼻でもって、食物の香りや敏感な雌犬の臭いを識別することに気がつく。タンパク質がその位置や立体的な襞によって、ある種のタンパク質を選び出すが、別のタンパク質を排除することに。あるアルコールがこの酸にしか作用しないことに。マクスウェルのデモンが冷たい分子と熱い分子、遅い分子と速い分子をより分けることに……。してみると、分離を行なわない人や物があるだろうか。分岐が分類の問題を解決する。分岐が始まるのは、あれこれの性質が出現する時である。主体や客体を産み出すことにより、時間が組み立てるのは、論理が解体するものである。あの動物に限らず、この植物、ある海藻、任意の自然のままの物体あるいはその構成成分の一つなどのうち、われわれと共有していないような何らかの活動をするものがあるであろうか。人間の本性は何かという馬鹿げた問いを提起したり、解体したりするよりも、その解決を時間に任せておこうではないか。〈大いなる物語〉は、いかなる時期にこのような活動を創出するのであろうか。

物、コード、原因——認識への下降

鉄筆は蠟板を削り、インクはパピルスや紙に染みを付け、へらはカンバスに色を塗り、鑿は大理石を彫る。こうした客観的というよりはむしろ間客観的な事実が、人間の書き物、芸術、われわれの象徴的な行動までも条件付けている。同一の動作で、われわれは図書館やコンピューター・ファームで人工的な情報を作り出しもすれば、結晶や分子、花粉や星の内部で、時によると巨大な過去のしるしや痕跡を発見しもするのである。自然に従いながらそれを支配せよということは、われわれの認識能力についても同じように妥当する。

下ってくる氷塊はその前面にモレーンを形成し、前方に押し出す。モレーンはこの力学の結果であると同時に、その証人でもある。力が働く時、高いエネルギーの領域ではわれわれはそれらを原因と呼んでいる。しかし、低いエネルギーの領域では、これらの力が残すのはしるしである。あなたはモレーンを結果と見たり、化石の跡と見たりする。物は決して原因に還元されることはなく、コードをも提出するのである。物が相互に働きかけ合うことは確かだが、それだけでなく相互に合図を交わし合っているのだ。物理学の中には物理学だけがあるわけではない。そこで二つの物理学を区別する必要があるのかもしれない。一つは数学的な物理学、つまり『ティマイオス』、ガリレイ、ディラックの物理学である。もう一つは、はるか以前から権威を失墜している『クリティアス』の物理学である。機能する物理学と物の歴史を物語る物理学。要するに、実験室で実験する物理学とわれわれに世界を返却する物理学である。第二の物理学が、今後は厳密になって戻ってくるから、二つの物理学は補い合うことになる。第一の物理学は、当然、原因の結果を探求するが、第二の物理学はコードのしるしを探索するからだ。日付の付いた物語が、精密な操作や理論的な方程式の傍らに位置を占める。硬い物でも軟らかい側面を示すものである。物はハードウェアであっても、ソフトウェアと同じように脳に痕跡を残しもすれば、プログラム化も可能なのである。ハードウェアの中にはソフトウェアが存在するのだ。

われわれの脳の中だけではなくて、宇宙の中でも同じである。「自然」にはプログラムが植え付けられている。物は二重性を持っていて、原因とコードを明示する。力を扱う物理学の傍らで、欠けているのは、世界のように世界について思い出すことを教え、世界のように世界の上に書かせてくれるような、マーク、痕跡、信号の一般論である。物はまたシンボルでもあるからだ。化学の中には化学だけがあるのではない。ある元素が別の元素の存在のもとでしか反応したりしなかったりするのはどうしてなのか。したがって、元素はどうやってそれを選択するのだろうか。元素の中にあるいかなる「能力」がそれを選別するのだろうか。大きな物質塊は書くし、分子は読むのである。そして、無生物よりずっと確かに生き物は書き、読み、決断し、働きかけるし、長い間、生き物には意志があるとさえ信じられてきたのである。生化学の講義を一時間ほど聴きさえすれば、たちまちタンパク質の洗練された要領に納得がいくであろう。

物にも知能が存在するのだろうか。生き物の場合はどうか。睡眠状態にあるかのような自然なものが、分娩状態あるいは発光状態にある文化的なものを準備するのであろうか。世界の暗騒音がプラエ－コーギタト (*prœ-cogitat*)[*20] としてつぶやいている。

グノーモンと先験的なもの

この発見は古代的な教養を持っている。ギリシア語で日時計の軸を表わすグノーモンという中性の語は、「理解し、決定し、判断し、区別し、解釈する者」、そう、要するに「認識する者」を意味するからである。まるで物がすでに認識していたかのようなのだ。その影は、太陽の光を遮って、文字盤上に天と地に関わるいくつかの出来事、たとえば夏至や冬至、春分や秋分、それにその地の緯度などを書き記す。影は自動的に動く。自動的にといったのは、主観的で認識的な意図の介入なしにという意味である。ところで、インド-ヨーロッパ語の *men* は、記憶という語の（精神的なという意味の）この語根のもとに、次のような語を取り集めている。すなわち、dément〔錯乱した〕、commentaire〔注釈〕、mention〔言及〕、mensonge〔嘘〕、monument〔記念碑〕、démonstration〔証明〕、montre〔腕時計〕、monnaie〔貨幣〕……であるが、まるで明らかな意味の背後でことばそのものも私が書いてきた諸ページの記憶として振る舞っているかのようなのである。

グノーモンについては、雨が降るというのと同じ〔非人称〕表現で、「それが認識する」ということができる。グノーモンは鉄筆のような様子をしているが、何人の手にも握られているわけではない。世界の諸物は、ある一つの客体に見えるように身を差し出し、それに表現してもらうのである。完全に客観的であるこの理論は主体を必要としない。グノーモンという一つの物が世界に介入し、世界は自らの上にグノーモンが書き記す書き物を読むのである。この種の間物質的なソフトウェアが、われわれの認識活動を一種の先験的に客観的なものとして条件付けている。

認識にせよ意識にせよ、サピエンスを形成するために突然出現してくるわけではない。これらの活動を組み立てている無数の要素は、書くことであれば無生物とともに、読み、選択し、決定する……ことであればともに出現しているのである。世界の中に投げ込まれているわれわれは、どのようにして意味がゆっくりとそこに現れてくるのかということを、絶えず忘れている。ある種の認識の条件は、時間上の先験的なものとして、何億年前に遡るのである。

われわれの〈大いなる物語〉が、それらを復権させる。

自然と文化

白熱するもの

脱分化への下降

われわれの短さという貧しさ

もっと長くかかるはずだとわれわれが考えていた解読の作業が早めに終わって、われわれのゲノムの短さに驚いた人々がいる。何たることか、塩基対の数がこんなに少ないとは。熱帯の淡水に棲む小さな魚、肺魚亜綱のエチオピアハイギョの約五分の一だなんて。研究と技術によってわれわれは生き物たちを支配しているのだから、豊かさにおいて彼らすべてを凌いでよかったはずなのに、惨めな様になったものだというわけである。幸いなことに、一九七〇年頃からこのかた、ゲノムの複雑さと個体の複雑さとの間にはいかなる相関も存在しないことを、われわれは知っている。だが、われわれが貧しいことには変わりがない。

専門化と非専門化

進化の進み方は、枝がいつもずっと環境に適応した小枝に分かれていく一本の木に似ている。この新ダーウィニズム的図式に従って、ますます専門化した種が分岐する。そのような種は、自分が持っている特殊な機能を助長し、もっとよく生かしてくれるような環境を発見するからである。熱平衡を目的にして皮膚に生じたように思われる襞が、爬虫類に飛翔能力を与え、その翼は、風騒ぐ空気中で、無数の大きさ、外形、色彩をもって形成される。渡り鳥は、移動に必要な貯蔵物質を入れるために肝臓を、他の鳥たちは、驚くべきほどその食性に適した無数の嘴を発達させる。同様に、発情期に発せられるメロディーも多種多様である。分岐が可能な限りの最大にまで到達するとしたら、この極端な専門化は袋小路に入り込むのであろうか。

われわれがこのタイプの持続から抜け出た理由、こういう図式から解放された理由は私には分からないが、たぶんいつの日にか誰かに分かる日が来ることであろう。これとは逆の向きに噴出しているように見える進化があって、私は愛というテーマのもとでそれについて論じた[*21]ものであるが、この進化のほうはわれわれを非専門化させ、非分化させ、脱プログラム化の中にわれわれをプログラムした。あたかもわれわれが樹木の主要な枝に向かって、さらには幹に向かって戻っているかのようなのだ。われわれは種形成を忘れたのだろうか。きわめて広義な意味でのこの無関心、この非分化は先刻の忘却の結果として生じたのであろうか。われわれは世界や時間を忘却するが、われわれのプログラムも忘れるのであろうか。私はわれわれの種を *Homo negligens*［忘却スル人］と呼んでもいいのではなかろうか。この種は自然から解き放たれるのであろうか。時折、自分自身のコードを読み取ることを怠るのだろうか。あるコードの問題かどうかということさえ、今日われわれは確信が持てないのである。他の生き物たちはコードをもっと上手に読み取って、遺伝的自動機械よろしくそれに従っている。

ところで、長らくの間、有機組織のうちで役に立たなかったものあるいは能力の劣っていたものが、あらゆる仕事をこなせる遣り手であることを明らかにした。たとえば、手は専門化していなくて、叩いたり、切ったり、彫ったり、より分けたり……するから、エントロピー的なレベルで普遍的な道具と呼ぶことができるが、指し示したり、勘定したりもするから、情報的なレベルでもそう呼ぶことができる。ハミングをしたり、ばりばりとかみ砕いたり、おしゃべりをしたりする口についても同様である。とりわけ、脳がそうであって、抽象作用を獲得して以降は、優れて普遍的な道具となった。手や身体の、実用的あるいは体育的な、発明や新たな動作は、私には名付けられないある忘却を証だてているのではないだろうか。

先端において、進化は分化する。ところが、境界を消去して非専門化するので、後退するようにも見える。進化は、前進しながら、色彩やニュアンスを増大させ、後退しながら、青白くなり、白熱状態の萌芽を作り出すように見える。非分化され、忘却することにより、われわれは貧しくなった。われわれは生き物のうちで最も徒手空拳になった。またもや貧しさである。

白熱する無差別

そう、われわれはこの白熱状態が潜在的にすべての色彩を混ぜ合わせ、含んでいることを発見した。その次第についていては、やがて明らかになるであろう。現実的な結合可能性、あるいは能力などの無数の特殊性を失うことにより、零‐価で無‐能な人間は、たぶんそのことを望まないまま、潜在的に全価で全能になり、グローバルで無限なものになった。これらの貧困化のために、人間は細かく明確に規定されたどんなローカルな環境にも適応できなくなり、いかなる限界、いかなる定義にも甘んじなくなった。可能性のみならず、いくつかの器官において無限定であるわれわれは、不適応のチャンピオンになった。われわれは自らを定義するすべすら知らないのである。

われわれは、脱分化により通常の進化の時間を引き返して、敢えていえば後ろに戻り、種（特殊化しているのだから適切な名称であるが）から一種の共通の属に移行していたのである。特殊化していないがゆえに、人間は、敢えていえば、反-種になった。文字通り、一般化したわけだ。[*22] 特殊化させる特徴を失うことにより、人間は自分のプログラムを削り取り、一般性になった。人間、この未知なるもの。値がないゆえにすべての値を取る x。

人間になるということは、この白い非決定性に向かうことである。零-価にして全価、無-能にして全能、役立たずだが、何でもできる。あらゆる進歩、天才の閃き、発明発見は、この後退に端を発し、このようにして開かれた扇状の全体の中から選択することにより前進する。それゆえ、人間の本性は、あるいはお望みなら人間の誕生は、定義ぬきに、この忘却、この脱プログラム化、この脱分化を目指す傾向であると定義できる。われわれとは誰か。無関心者。私の関心を引くものが何もない地点に、私は存在し考える。

有限性

適応しているあらゆる種は、その生態的役割を完璧に果たしている。完璧であって、定義されている。有限であって、満たされている。何百万年もの自然淘汰が刻み込まれている野獣やオウムやガラガラヘビなどの、野生の身体美に感嘆しないものがいるであろうか。これ以上の時間を自由にできる芸術家がいるであろうか。したがって、われわれはこういう定義の完璧さ、こういう正確な有限性から抜け出したのだ。

有限でないので、われわれは無限になった。縄張りも揺籃もなく、家も道もなく、縁や境界もない。なるほど不出来ではあるし、不完全であるのは確かだが、われわれは予見不可能な時間と空間の中に、開かれた宇宙の中に投げ込まれているのである。

哲学者の多くはわれわれの有限性を嘆いている。そういうポーズを取れば、哀感に満ちた美しいページがいくらでも書けるからだ。いや、有限ではないのだ。われわれ自身の黎明以降、限界を持たなかったわれわれは自らを予見できないような環境の中に置かれているのだ。この環境の異様さときたら、われわれの開放性と決して折り合いをつけることができないほどのものなのである。この無限性は恐怖を呼び起こすが、それには根拠がある。われわれはどこから来たのか。〈大いなる物語〉に沿って偶発的に生じる分岐を定積分したものからである。われわれとは誰か。未完成なもの。不定なもの、あるいは定義のないもの。われわれはどこに行くのか。この脱分化の中で、予言不可能な、ありそうにもない歴史が始まる。

自然の無差別から出航する文化的な差異

この一般性から出発した人間的時間は、尋常にそして新たに、さまざまな種へと向かう進化を引き継ぎ、それに取って代わり、補足したが、それは白熱状態にとどまる身体の外部においてのことであった。後で詳論する出航すなわち脱ダーウィニズムの過程で、進化は外面化することにより道具と文化を促進する。鳥類の場合には、進化の、直接的で積極的な持続が、さまざまな爪と嘴、色彩、翼、大きさや鳴き声を備えたシジュウカラ、ウソ、アトリ、ハチドリ、それにオウムを産み出すのに対し、われわれのもとで、後退の後に脱分化の歩を再び進めて、進化の持続が発明するのは、棍棒と投げ槍、鍬と鎚……インド－ヨーロッパ語族だのドラヴィダ語族だのの諸言語……クワキウトル〔アメリカ大陸北西部の先住部族〕とかベリー地方〔フランスの旧州で、パリ盆地南部から中央山塊に及ぶ〕とかの諸文化、要するに道具や慣習である。有機体的な脱分化が技術的、言語的、それに文化的な差異を条件付け、それらがわれわれに固有の外部的な種になるのである。

諸文化の相対性の背後から、身体的自然の普遍性が現れてくる。そう、自然。われわれはこのように生まれたのだ。というのも、このような一般性になった人間が種を産み出すのは、その言語や習俗においてでしかないからである。つまり、気候、距離、動植物環境が彼をマオリ人ないしは低地ブルトン人にするのである。ほかのすべての生き物が種によって肉体的に分化するのに対し、われわれは語族によって文化的に分化するのだ。われわれは脱分化した同一の身体を持っているがゆえに、われわれは神々や意味によって違いを表わすのである。われわれは、アダムとルーシー以来、ほとんど変わらなかったが、再び、神話や技術、流行や化粧品において分化し、知と職業によって、つまり農夫であるか砂利採取人であるかに応じて、再び種になった。私は、安定している人間の身体にも失っていくものがあると、先に述べた。私の身体や涙腺にしても、四十巻になんなんとする染みやインクを失ってしまった。こういうわけで、モザイク模様をなした習俗は、われわれの身体の未分化に端を発している。なぜわれわれは自然と文化を切り離したのであろうか。ねじれたメビウスの帯がこの二つをつないでいるのに、これらを直接に結びつけようとしたからである。自然が後退する時、文化が急成長する。文化は、自然が貧しくなるほど、富裕になる。

さらに、この移行の年代を決定することが必要である。われわれの文化受容は、途方もなく古い進化の中で、ごく最近引き継がれたものなのだ。社会科学あるいは人文科学の対象である諸文化は、生物科学、ついで認知科学の対象である身体の持続の恐ろしい厚みの上で、極細の時間的薄層をなしているに過ぎない。母胎を離れたばかりの、皺くちゃの、赤裸のこの新生児を、われわれは、キクラデス諸島の彫刻やラスコーの素描よりも何百万倍も古いと考えるようになっている。新しい諸文化の大群が数ミリメートル下に、厚い時間の中に碇を降ろした自然の普遍性を覆い隠している。習俗や慣習の相対性は、やはりそれらの新しさから来ているが、身体の安定性は、やはりこの古さに根ざしているのである。

諸文化によって向きを変えられ、立て直された進化を歴史と呼ぶことにしよう。この立て直し、このアドレス指定のやり直しについては、もっと先のほうで論じることにする。われわれが進化の向きを変えたのは、おそらくわれわれを保護するためだったのであろう。われわれが進化から身を守れば守るほど、われわれは、時間の経過につれて、さらにいっそう、進化から身を守るために、新たな人工物を作り出さねばならなかった。というのも、人工物のせいでいっそう進化しにくくなったわれわれの身体は、進化という点から見て、ますます脆弱になったからである。このことは今日も続いているが、われわれの始まり以降、生じていたに違いない。この輪が歴史の流れを維持している。歴史が絶えずまとっているのは、われわれの共通の祖先としてとどまっているがゆえに、それだけいっそう進化しなかった身体であるが、この共通の祖先は、いつもきわめてわずかしか進化しないから、常に現代的であると同時に先祖的でもあるのだ。先刻の『老年ニツイテ』にはこの章を追加しなくてはならない。われわれはすべて、つい最近ヒト化したばかりであるが、原始的なイヴとアダムとして生きているのである。

粉々の身体と疑似－対象

「これは私の身体である」(*23)という一つのことばが、この歴史を要約し、開始する。これ、この対象が私の身体の代理をし、そこから生まれて、その外に出る。この鎚、私の拳。この袖、私の前腕。この車輪、私の踝、腰、そして膝。この弓と矢、私の張筋と腱……。あらゆる言語、あらゆる慣習、世界中のあらゆる文化の中に存在するこの祖先の身体を分割せよ。諸文化はこの身体を諸部分に切り分け、それを再び産み出し、それを貪り食い、無数の形でそれから栄養を取る。全く粗野な技術から生まれ、四散した粉々の身体の化身である諸文化は、してみると、われわれがならなかった種を提示しているわけだ。

この明白な事実をこの上なく正確に表わしているのが、ディアスパラグモス、つまり粉々の身体という古風で野蛮な祭儀であり、妹のイシスが地中海沿岸にわたって四散した兄の手足を探し歩くというエジプトのオシリス崇拝であり、またわれわれの生産方法に関する深遠な哲学であるトーテミズムである。もしわれわれが今ここで、少なくともわれわれの頭の中で、生物学者が種を分類するようにあらゆる文化を、それに加えてあらゆる言語とあらゆる土着的な慣用語法を一つにまとめることができたなら、われわれは、漸近和あるいは仮想的な和として、われわれの固有の身体を見いだすことであろう。各人や万人に関する観念や概念ではさらさらなくて、その身体をである。いかほど異なっていようとも、これらすべてが、パンとワイン、米とビール、石と青銅、鍬と車輪が私の身体の中に、あなたの、そして万人の身体の中に凝縮しているのである。この身体からすべては生じ、準備を整え、切り離されて、特殊化していくのである。すべてはそこから、永遠に若い泉からのように噴出する。そこ、つまり文化という細枝が生え出す枝を持たないわれわれわれという幹から。

整形外科

問題は整形外科である。道具が器官の外部にすべり落ちるために必要なのは、この器官が小さくなっていって、消失のおそれが生じ、その結果、有機体全体を衰弱させ、その死を招きかねなくなることである。そこから代替作用の必要が生じる。

われわれには人間としての定義というものがない。私がやむを得ない場合にしか使わない特殊な哲学用語を使っていえば、次のようにいってよいのかもしれない。実体《シュブスタンス》をもたないわれわれの身体は代用品《シュブスティテュ》を産み出すと。この二つの類似した語のうち、代用品のほうは、事実を過程的《プロセシュエル》なものの中に延長しつつ記述するが、実体は、誤謬を固定して、虚偽を助長する。整形外科的な代替作用。退化した四肢しかなければ、誰も攻撃も防御もできない。鎚や投げ槍があれば話は別だが。口の中にあるこの柔らかな穴からは、役に立つものは何も出てこない。音声、叫び、音楽と言語、哀願と美のほかには。

あらゆる生き物は、適応したその諸器官のお陰で生き延びる。生き物は、その鋏や吐き出す墨、速度や毒を固く信頼しているから、この重要な勝利した解決法を洗練、あるいは強化するように進化が働いて、槍はますます鋭く、毒はますます強くなり、嘴は長く、固くなり、うまい具合にねじれてきたりする。これに反して、失敗は死をもたらす。例外的に死を免れたのは、失敗をよき助言者として、動物が自らの皮膚の外在化にほかならない皮革で身を覆ったり、脆い背骨がわら屋根に取って代わられた場合である。この巨大な迂回が実を結ぶ以前にいかに多くのものが死んでしまったか、われわれは知っているであろうか。始めにはわれわれの大勢が死ななければならなかった。弱さと貧しさの子供であるわれわれは、絶えず滅亡の途上にあった。時間の中に止められて、われわれは死と戯れる。あるいは死がわれわれを利用する。そこからわれわれの残虐さが生まれる。

整形外科のような働きをするわれわれの技術が、繰り返される刷新のもとに隠しているのは、この防護的なメルトンにくるまれて変形し、絶えず脱分化する器官である。われわれは、爪や角や嘴がないために発明された槍や鎧の下で、ますます試験管ベビーに似てくることであろう。

脱ダーウィニズムから見た技術——死……

生き物は、突然変異と淘汰によって諸器官を洗練していって、いわば目標なしに辿り着いた新たな挙動を獲得する。このようにして、鳥になった爬虫類は飛翔し、昔の水生動物が歩行し、オウムは金属から切り取ったように非常に鋭く、どっしりした嘴を獲得する。新たな生態的地位を享受するこの新しい生き物たちには、途方もない長さの時間と、これまた途方もない数の淘汰された有機体や適応できなかった突然変異体が必要である。この両者は、進化の二つの基本的なオペレーターにより死刑を科せられるのである。硬い嘴が軟らかい嘴を除去するのだ。

技術に到達する時、われわれは、目的因の不在に取って代わる一つの意図を創出する。技術とは何か。合目的性を知らない進化の中に合目的性が生起することである。どのように生起したのか誰も知らぬ最初の石ではないにしても、少なくとも第二の石であって、誰かが狩猟や漁労のため、獲物に銛を打ち込むため、突き刺すため、切り裂くため、つまりある目的のための新たな手段を求めて、それを切り出したのである。要するに、何百万年にわたる目的なき進化を要した新しさと、これに加えるに、突然変異や淘汰により死んで、排除されたものの膨大な群れ。珪石を切り出して、先を尖らせたり、青銅を精錬したりして、鶴嘴や槍や短剣を製作することにより、われわれは、爪や歯がこれほどの切れ味には到達し得なかったはずの人間たちを、少なくとも潜在的には、生かしておいたのである。それゆえ、われわれはまず、諸器官のこの終わりなき変化を節約したのであるが、そのほかにもこの短絡によってこの冷酷な淘汰をも節約したのである。至高の恩恵である技術的な発明は、武器の発明であってさえも、進化がその背後に残す死の作業をなしで済ます。技術を蔑視する人々には、技術のお陰でわれわれが免れている死体の山について思いを巡らしてほしいものだ。われわれは、適応できないものを殺す代わりに、役に立たなくなった器具をゴミ処理場に投げ捨てるのである。技術とは何か。死の節約。倹約された死骸。死肉を貪る進化の挫折。あらゆる技術的発明がリスクを含んでいることは確かであるが、それによる死者の数は、技術のお陰でわれわれが免れ得る死骸の山に比べれば、ごくわずかなのだ。

それゆえ、非適応による死に立ち向かわなければならなかったために、われわれは整形外科的な文化を発明したのであり、そのお陰で、緊急の場合にも、種全体の絶滅を招来しかねない、長期的で問題の多い適応を遺伝子バンクに期待することなく、あわてずに変化することができたのだった。直ちに現代的なパラドックスが立ち現れる。われわれの技術上の傑作はわれわれを絶滅から保護してくれるものであるのに、どうしてわれわれは、逆に最新の技術がわれわれを絶滅に瀕せしめていると考えるのであろうか。われわれがこの問いに答えることができるのは、これをこのような深みにおいて、また進化の法則と比較して考えるという条件のもとにおいてだけであろう。

……と加速

われわれは技術を外在化させることによりこれを加速するから、技術は新たな速度勾配を持ったこの人間の歴史になる。技術とは何か。生き物の時間の恐るべきほどの加速である。この「出航《アパレヤージュ》」は、われわれのリズムを大きく変えてしまうので、われわれがいったん纜を解いてしまうと、これに先立つ時間のきわめてゆるやかな長さを見積もることをできなくする。それらの時間をわれわれに忘却させるのである。その結果、歴史の極端に薄い部分が、何百万年という進化の時間と何とか比較できることになる。われわれは速度を変えてしまったからである。思うに、ダーウィンに対する反対は、なかんずく、これほど巨大な持続を想像する能力を欠いていたことから生じた。今日でもなお、われわれはこのような持続を容易に想像できるのだろうかと、私は自問している始末である。われわれの短い歴史が、われわれに進化を理解し、思い出すのを妨害している。というのも、この歴史の効果は、部分的には進化の法則を凍結することにあるからである。

しかしまた、この歴史の電撃的な加速が、ある意味で、歴史を進化と同等なものにするからでもあるのだ。これとは逆に、われわれのよく犯す誤謬であるが、われわれ人間の歴史は、多かれ少なかれ、進化の法則に従っているといってしまうことがある。比較を絶する時間の正しい評価ができれば、この罠に落ち込まないで済む。われわれの祖先の幾人かが小麦を栽培していた旧石器時代とわれわれの間にある何千年という時間と、体質的な変化に要した何百万年という時間との関係は、千ページの書物の結びのことばがその書物全体に対して持つ比に過ぎないのである。こんなに大きな尺度の変更がある場合には、別の法則が必要になる。ところで、技術はまさに、時間の尺度を変更する。技術による加速がこの巨大な遅れを、電撃的な仕方で取り戻すからである。われわれのとてつもない古さは、われわれの理解を凌駕していた。われわれは知によってそれを見積もり、技術によってそれを模倣する。あらゆるものが尺度の変更によって姿を変える。例外は、不変で身軽に垣根の間を飛び回る認識である。かつては空間がわれわれを押しつぶしていたし、今日では時間がわれわれを押しつぶしているが、われわれは思惟によって空間と時間を理解するのである。

ヒト化とは何か。合目的性によって、緩慢さや死から脱出することである。進化の法則からの段階的な解放。進化からの脱出だって？ われわれにはほとんど理解できず、したがって軽蔑しがちな、素朴な宗教書の多くが、実際は、この解放あるいはこの生成の立場を、無意識的にであるにせよ、語っているのである。それゆえ、人間はこの加速から、そして意図的ではないが現実的な憐憫から生まれるのである。われわれの系統発生は、徳とわれわれが呼ぶものを盲目的に実践したのであろうか。われわれは、この反－進化が道徳を産み出したと考えていいのだろうか。それとも、この道徳がこの脱出に有利に作用したのだと考えるべきなのであろうか。ダーウィンその人もこの仮説を軽蔑はしなかった。際限のない進化のリズムからわれわれを解放する、時間のこの電撃的な加速、この尺度の変更、この巨大な死骸の山の節約は、われわれが技術をその実践的合目的性に還元することを妨げる。技術は、技術を彫刻した人間だけでなく、その時間、その居住環境、その慣習、その道徳をも彫刻した。技術はその身に歴史を担っていたのである。

技術には、そのうえ、認識的あるいは少なくとも記憶術的な力能がある。ひとたび陽の目を見ると、自らを永続させたり変化させたりするのに、全く遺伝子などというものを必要としないからである。個別的であれ、集団的であれ、ソフトウェアであれ、ハードウェアであれ、器具のほうが今度は記憶として振舞うのである。有機的な生成は、そこで、人工的な再生産に取って代わられるが、この再生産という語は生命の分娩と人工物の模倣とを同時に表わしているのである。伝達が行なわれるのは、もはや分子バンクによってではなく、パントマイムによってである。われわれは親方から道具の使い方や、それが要求する動作を学ぶ。こうしてわれわれは、アリストテレスがいったように、生き物のうちで最も模倣的になった(*24)。最も学習に依存するものになった。認識が始まる。だが時折、われわれは忘れたり反抗したりすることがある。われわれは、われわれの記憶に反抗や怠慢という種を播く。こうして発明が始まる。

貧しさへの回帰

言語的あるいは客観的な記憶は、忠実度では劣るとしても、遺伝子の中に横たわる記憶よりもずっと迅速に機能する。この極端な速度に対してわれわれが支払う代価が、忘却という襤褸なのだ。われわれが生き延びるのは、いわば過剰適応した文化的な種としてである。というのも、われわれは有機的あるいは自然的に不適応な種として生きているからである。

それゆえ、ほかの領域と同様に生命に関しても、貧しさが、数字で勘定される富裕に打ち勝ち、脆さが強さに、弱さが力に、白くて空っぽな状態が多少なりとも満たされた状態に打ち勝つ。われわれの貧乏を愉しみ、貧しさを讃えようではないか。安逸よりは危険ではあっても、それより適応力に富むのだから。われわれは無数のそのような例を知っている。自分の子供たちの教育よりも泥だらけの犬の世話に熱心な、満ち足りた人々の将来を勇敢に準備しているのは、移民たちではないか。厳しい訓練は、貧窮や欠乏よりましであるが、それだけでなく、ふくれあがった飽満よりもよいのである。

このような身体の状況が道徳に跳ね返る。ある数から次の数を得ようとして付け加えられる一という数と同じくらい反復的で愚かな吝嗇は札束を積み上げ、大食は酒瓶を、怠惰あるいは色欲は夜具を積み上げる。これらの悪すべての根源は、比較し、傲慢と憤怒によって勝とうとする羨望にある。私はおまえより大きくなった。私はおまえの家より大きな家を建てた。そこからこの追加が生じるわけだが、その無限の繰り返しが蛙を牛の前で、そしてとりわけ自分の妹の前でふくれあがらせるのである。これらの大罪が押しやっていく先は、非業の死である。

幹細胞、幹身体、そして幹文化

この議論全体が発してくる源は、生命の源泉そのもの、実のところ生命の起源である。胚の一番最初の状態にある、脱分化した幹細胞は、その発展の過程で、血や肝臓や神経組織の、あれこれの別の細胞を産み出すであろう。だから、この幹細胞は全能であるといってもよい。というのも、後で実際に身体を形成することになる一切の細胞の特殊性が、この細胞に含まれているからである。幹細胞が表わすのは白い状態であり、他のすべての細胞が表わすのは、多かれ少なかれ満たされた状態である。

脱ダーウィン的な歴史の舳先にあるわれわれの身体は、文化的な幹の役割を果たしている。われわれの身体は全能であって、一切の文化的多様性を潜在的に含んでいる。諸文化の各々は居住地の気候に適応するが、これは、生き物の種が環境によって、環境の中で適応するのと同じことである。私は、私の同時代人にして私の相続人でもある人々に、イヴ、ルーシー、さらにはアダムという名を与えた。これこそ、昔日の、そして明日の幹身体なのだ。始まり、中間、終わりを備えた線形的な時間という意味では、決して本当に原初的ではないのだが、可能性が存在に転化する過程を通じて来るべき文化的活動を潜在的に含む、いわば種の幹なのである。

たぶんわれわれの身体は、無数の身体的可能性を潜在的に含んでいるのである。われわれが今日、慣習や思惟を変化させていることは、その具体的な証拠の一つである。保存しかしようとしない文化、その固有の枠組みの中でさえ、変化に必要とされることをもはや創り出そうとはしない文化、こんな文化をどうしたらよいであろうか。私が私の文化を愛するのは、それを拒否し、変化させ、創り直す手段と自由をそれが私に与えてくれるからである。私の文化や他の文化から私は可能な限りのものを受け取り、それらの助けを借りて、一つの作品を組み立てようと試みる。それが不可欠なものになるか、不可能なものになるかは偶然の決めるところだ。生き物と同様に偶発的であり、これまた幹でもある文化が広範な可能性を開くと、さまざまな営みがそこで運試しをし、その大部分は不可能性というフィルターに引っかかって除去されるのであるが、ごくごく珍しい成功例が必然的なものになる。生命と同じく、文化は様相の正方形の中で展開される。幹としての身体がこれらの様態を開くのである。

最後の眠りへの下降

眠りのスペクトル

レールの上を走る車輪の鈍くて単調な音に飽きた私の聴覚は眠り込む。ばらばらになって通り過ぎる景色に酔って、私の視覚はかすんでくる。衣服の生地の下で、私の皮膚は分解する。ブリーフの襞の中に隠れて、私の萎えた性器は不在になる。椅子の下に折り曲げられて、私の脚は無意識の中に溺れる。歯の間に、口蓋の下に、唇の後ろにとぐろを巻いて、私の舌は感覚を失う。私の筋肉は隠れ、私の骨は無感覚になる。私は眠っていないのに、私の呼吸や、霧の中に溶け込んだ私の身体の中で宙づりになって眠っているものを何と呼んだらいいのだろうか。生命はある種の睡眠の中で繰り広げられるのだろうか。幹身体は、その機能を抑制する。白い状態の中で、身体はほかの満たされた状態を眠り込ませる。

根は土の中で、幹は樹皮の下で、葉も芽も持たない小枝は風の中で冬眠する。干渉するRNAに抑制されて遺伝子は眠る。抑制とは睡眠の一種なのであろうか。うっとりした動物たちは本能の中で、命のない土や岩、それに山は暴風雨のもとで、氷河は緩慢というも愚かな下降の中で、大洋は凪の中で、ガロンヌ川は渇水位のもとで、アイスランドの湖は火山の火の上で眠っている。何十億年も前から膨張し続けている原子核の光は、暗い宇宙の中で眠っている。

原始スープの中でまどろみながら、生命はまだ眠っている。生命は子宮の空洞の中にうずくまって、うとうとしている。子供は自分を甘やかし、若者は薬に手を出すが、老人は石や死骸の中に何を投げ出すのであろうか。おじいさん、死ぬのを怖がらないで。ますます不器用な眠りがあなたをこの恐怖から守ってくれるだろうから。対称的になるが、あなたの幼年時代を成長の苦悶から救ってくれたのと同じように。諸制度は、行政というモグラたちの陰鬱な迷路の中で眠っている。政治はわれわれの服従を麻痺させる。社会、大衆、群衆が包まれているのは、愚行や反復が眠る諸集団の中である。暴力と愛は常に眠っている。

歴史と物理学は、世界の暗騒音の中で眠っている。すべてが眠っている。地球と空。胞子と精子、無垢の卵子とまだ播かれていない種子、航行中の船の碇とホーサー、そしてこれとは逆に港に停泊するか係留されている船。窓枠の不動部分と綱の固定部、われわれの知能、沈黙、われわれの無分別、われわれの言語全体が、われわれの数少ない発言の中に眠っている。意味は深遠な事物の中に、生命と美は愚劣さが積み上げた甲羅の中に眠っている。暗闇は眠る。潜っていくにつれてますます暗くなる、暗緑色の眠そうな海の中から、時折、あちらこちらにいくつかの島が出現する。

宇宙を包む睡眠を見渡しながら、思惟は寝ずの番をしている。これからどれだけの間、私は思惟の窓にしがみついていることであろうか。

ことばの段階

別のいい方をしよう。私は沈黙する。差し向かいで、女友達と話し合いをし、何か秘密を打ち明ける。食事の間、食卓の周囲で、私は家族に話しかける。三十人の生徒に授業をする。あるいは階段教室で六百人の学生に。パレ・デ・コングレでは、三千人の専門家が私の講演に出席する……。これらは言語と覚醒のいくつかの「速度」であって、当然のことながら、その各段階は、聴衆の数だけでなく質にも、そして後で提出される質問の適切さにも依存する。一般大衆か、専門家か、学識があるか、無関心か、敵対的か、批判的かなどと。

吠える仔犬あるいはリヴァイアサンともいうべき聴衆に合わせて、私が声量、話し方の緩急、文節の「律動」、声調、さらには語彙、意味の明晰さと判明さ、要するにいわゆる雄弁術の全要素を変動させる時、私は、私の身体が、ひかがみの緊張から注意の極度の絶頂にわたる、数種類の異なった興奮状態をよじ登り、時には、後で眠りにつくのに数時間も要するような極端な興奮状態に陥るのを感じる。周到な鋭敏さというものは、それほどまでに、植物的なものの前に張り出していき、後でゆっくりそれと合体するのである。逆にいって、ことばが無頓着な状態から唖の状態にすべりながら、ささやいたり成り行きに任せたりして、自らを産み出すのは、睡眠のどの段階であろうか。各段階は、覚醒と睡眠が一定の割合で混じり合った特定の挙動を必要としており、この混じり方の二つの極端な場合では一方が他方を消滅させることになる。すなわち白色の睡眠と、繊細で多彩な注意である。

この階段は先端が非常に高く、深さにおいても非常に低いところまで行っているので、われわれが通常、利用しているのは、そのごく狭い部分に過ぎないのではないかと思われる。上方に向かうこの進行には、技量、才能、名人芸があれこれの踏み段をさらに付け加えてくれるが、下降すればさまざまな無気力状態に投げ込まれる。われわれの緊張した身体、細部に向けられたわれわれの注意は常に、追加的な一段をさらによじ登ることもできるが、もっと低く虚無の甘美な静寂の中に落ち込むこともできるのである。

非常に鋭い理解力から全くの愚かさにわたって、天才は全階段を包含している。というのも、少なくとも思惟は覚醒の最先端と決して一つにはならないからである。われわれがある種の光やその収束の仕方を往々にして過大評価しがちなのは、光の先端が説明に明晰さを、叙述に判明性と透明性を与えてくれるからであるが、睡眠の無数の襞の中にうずくまってまどろんでいる思惟も蛇行するし、散漫なうねうねした潜在性に包まれていても、有用なのである。無言で、耳も聞こえず、目も見えない、暗黒のこの思惟は、直観の明かりの中へいつでも跳び出していける野獣のように、うずくまっているのだ。教師は説明し、思想家は身体や世界の暗騒音に耳を傾ける。重くて軽い思惟は下方にのしかかったり、上方に飛翔したりして、階段全体を理解する。だが、頂上にいることばは、時間を忘却したために、ほかのすべてに麻薬を飲ませてしまうのである。

身体の中への下降

器官や機能、それに行動などのうちで、多数の審級や広がった踊り場をつなぐこのような階段を作っていないようなものがあるであろうか。身体全体が自らこのような階段を通過しているのである。折れていない時の骨、機能を中断している時の肝臓、胆嚢、腸、腎臓は、そのリズムが生きた感情に支配される心臓や、テンポが意志や無気力にほしいままに左右される肺に比べれば、覚醒の度合いが低い。男たちに勃起について聞いてみるがよい。この「反対意志《ノロンテ》」は、きわめて多様な仕方で硬軟自在に折りたたまれたり繰り広げられたりするから、その一つ一つが、現前するあるいは潜在的な相手を示しているかのようなのだ。

たぶん、われわれの身体を形成している細胞、DNA、水の分子、炭素の原子をわれわれが意識することは決してないであろう。これらのハードウェアは、それらを組み立て、その機能を制御しているすべてのソフトウェアとともに、眠っているのである。壮大な生体の活動のほとんどすべては至福の夜の中に隠れていて、ごくまれに聴取可能な覚醒の先端を垣間見させるに過ぎない。多数の襞が眠っており、その影や数を生化学的研究が説明しようと試みる。時には、痛みが先触れとなって、意識の出現を告げ知らせ、これまたいつでも跳び出そうと待ちかまえている野獣よろしく、階段から階段へとうろつき回る。諸器官の睡眠の中で眠っているのは、健康である。

前述の無意識なるものは、もしそれが存在するとしての話であるが、そしてその抑えきれない言語は、この何百という身体的レベルへのこの長い下降におけるある特殊事例、一段階を形成するに過ぎない。身体のさまざまなレベルが、機能不全に由来する苦痛の声を時折発する。身体と同じく、無意識も苦しい時にしか叫ばないのである。

同一性への下降

こうして、同一性そのものが、これまた長くて細々した同じ階段の中で繰り広げられる。苦しむのは、うめくのは、話したり黙ったりするのは、抜け目なく眠ったり興奮したりするのは、軽快に遊んだり歌ったりするのは、だらだらしたり活発に跳ねたりするのは、どのようにか知らないが考えるのは誰なのだろうか。どの私が苦しんでいるのだろうか。また目覚めているのだろうか。彼は、繰り返したり発見したりする人、あるいはあれこれのレベルの明晰さで話したり考えたりする人と同じ「自己同一性」を持っているのだろうか。あらゆる場合に同じ自己同一性が問題になっているのだと、われわれがいったり信じたりすれば、それは嘘になる。そこにあるのはむしろ、さまざまな平衡の踊り場、相異なる「静止状態」、時間的な変動を貫くいくつかの一時的不変性であり、そしてそれらをつなぐ変換演算子、つまり情動、感情、それに思惟であろう。もう少し、あるいは非常に情熱的に……。多数である私は十の多様な目覚めを、千のもつれた眠りを、百の比べようのない昼寝を生きているが、ついにはいくつの死を迎えることであろうか。何人かの偉大な発見者たちは、たった一夜のうちに、一週間のうちに、驚嘆すべき一年のうちに決定的な直観を授かったと告白している。残りの時間には、彼らは何を考えていたのだろうか。われわれの一生は、どれだけの微小な死、極限的な試練、克服された苦痛、拒まれた愛にわれわれをさらすことであろうか。これほどの苦悶の後で、われわれはいかなる永遠に入っていくのであろうか。

さまざまな聴衆の前で話したり、旅行中に列車の中でくつろいでいたりする時、性欲や、歩行、運搬、登攀のための筋肉活動は眠っている。マッターホルンの南西山稜をよじ登る時、推論的思惟や言語の思弁的機能は眠っているが、他方、わずかばかりのとっかかりを探す眼力や精妙に分化した筋肉繊維の緊張はこの上なく高まる。身体は薄片化し、感覚やことばはスペクトルをなして広がり、自我は層状化して踊り場を作り、自己に対する存在と不在、注意と忘却は変形して無数の襞を作る。

いずれにせよ、こういった自我の微小部分やその絶えざる揺らぎについて私より巧みに語っている人の名は、相も変わらずミッシェル・モンテーニュなのである。だが、彼の研ぎすまされた意識は、生き生きと目覚めている時であれ、眠っている時であれ、世界の色彩、音声、時間、そして睡眠の中に沈潜することを忘れてしまった。それをもっと上手にやってのけたのは、わが国民、デュ・バルタス(*25)、パリシ、ラスペド(*26)、モンテスキューである。

記憶と忘却の飛翔

身体、ことば、意識、自己同一性にとって、こういった多数の段階の中への下降や上昇は、テラスやバルコニー、人形、家、急流、山、天空……などが引き続く普遍的時間の中への感覚の旅に似ているし、われわれ自身の年代の計算にさえ似ている。身体は組み立てられて七十年、種は何百万年、ＤＮＡは四十億年、原子は百五十億年というあれである。

あの睡眠もまた、この時間の忘却に似ており、覚醒へのゆっくりとした上昇は、その明確な計算に似ている。すべては白紙の状態から、混雑した別の状態に進んでいく。知識は感覚を目覚めさせ、高原の農場あるいはグランド・キャニオンを前にした私の周囲や私の内部では、物や世界や生き物の普遍的な持続の巨大な階段が繰り広げられる。しかし、全体的な記憶喪失あるいは普遍的な睡眠という、その驚くべき忘却も進行する。

われわれは時間を見失うから、世界を、われわれの身体を、苦悩を、ことばを、階層的な自己同一性を見失う。私の身体は幹のように眠る。

白熱状態への下降

零であり無限大であるわれわれの身体は、その無限大の状態から取り出してきた器官あるいは機能を、技術の中に外在化する。その零の状態あるいは白紙の状態も、そのまま外在化することができるのであろうか。

農耕と放牧

どうして何千年も前から農夫は土地を掘り返し、開墾し、耕作するのであろうか。脆弱な栽培植物を、その旺盛な繁殖力で滅ぼしかねない一切の種を除去するためである。これらの雑草はその強さを自然淘汰に負っているが、小麦の弱さは人工淘汰に由来し、これはダーウィンのモデルにもなったし、また栽培者たちが利用するころである。どうしてこれらの連中は牧場を柵で、納屋を壁で、あるいは羊小屋を板で囲むのであろうか。どうして高い鶏舎や鳩舎を建てるのであろうか。同様な人為的な原因のために脆弱な羊や鶏を、何百万年も前からの経験により狩猟に熟達し手強くもある狼や狐の襲撃から守るためである。開墾と耕作。ここには何も残ってはならない。牧畜。そこからは一切のほかの動物を放逐しようではないか。

　こうして、最初のタブラ・ラサである耕耘と、うまい名前が付いたものだが農園《フェルム》の建設が終わると、収穫が豊かに稔り、よく肥えた牛が繁殖する。これら二つの空っぽの、白い、零‐価の空間に、われわれの作物が繁茂し、次第に分化していく。周囲の環境の制約次第で、小麦、トウモロコシ、エン麦、ライ麦、ソバ、そして緑藻、クローバー、それから馬、雌牛、豚、七面鳥、ホロホロチョウ……。あらゆる農耕の前提になっているのが、蹂躙、すなわち荒廃化あるいは無化という同一の動作である。耕耘と耕作。もう一度いうが、多様な文化や耕作のすべてが、ある自然から、ここではわざわざ積極的に真っ白にされた自然から始まるのである。真っ白にされたというのは、文字通りの意味で、ほかのものは何もそこにやってこないし、そこで生まれることができないだろうということである。全くの無垢で、無菌の状態に、つまり外部の物体を含まなくなったこれらの場所は、人間が恣意的に選んだあらゆる作物を生産する。零‐価であるわれわれの身体が、無数の技術と文化を用意するのと同じように、この白い畠から一切の農業が出現するのである。

　われわれの冒頭の質問に対する最初の解答はこうなる。万事のありようは、結局のところ、われわれの脱分化の白色状態を、つまり零度をわれわれが外在化していたかのようなのだ。客体化されると、脱分化は分化したものを産み出すのである。

白い家

あなたは生産あるいは発明することをお望みであろうか。耕し、掘り起こし、手間暇をかけることだ。雌馬と仔馬のためには厩舎を、雌羊と仔羊のためには羊小屋を、そして鶏小屋を、豚舎を、鳩舎を作りたまえ。そうすればたくさんの収穫と家畜の子が約束されるであろう。今度は、あなたの家の掃除を念入りにしたまえ。ネズミ、蜘蛛、ハエ、ウジ虫の痕跡などが残らないように。この方法の命じるところに従えば、あなたの住居は滑らかになる。畠であれ、部屋であれ、白い身体がここにもまた白い場所を輸出してほしいものだ。彼はそこに住みつき、そこを住居とすることだろう。

もし彼がそこをわずかばかりでも汚したとしたら、彼はそこを自分の専用の場所とすることだろう。ちょうど動物がその排出物で自分の縄張りにしるし付けるようにである。逆に、そこを清潔に、無菌にするために真っ白にすることにより、彼はそこを万人が受け入れられてくつろぐことができるホテルに変える。この清潔さ、この白、この零、この無が普遍的な歓待の空間になる。風の中の穀物のように、あるいは鶏小屋の鶏のように、この新たな場所では万人が安らぎを感じる。これをどういう名で呼べばよいだろうか。すべての外に引き出されたもの、抽出物……抽象？　読者は生産したり発明したりすることをお望みであろうか。抽象は、畠においてもホテルにおいても、われわれの身体から生まれてくるのではないのか。

一般的等価物

農夫が現に労役に服しており、年老いた父親を埋葬することになる *pagus*《パグス》〔畠〕から、彼の富は発生する。いかなる富か。家畜——ラテン語では *pecus*、英語では *cattle* ——の頭数で勘定した富だ。capital〔資本〕とか pécuniaire〔金銭の〕という語はそこから来ているのである。かつてはこれが富であったが、今は違う。

重くてのろい牛は交易するのが容易ではないからだ。フィレンツェのフローリン、ビザンティウムのベザン、あるいは総督の肖像が打ち出されたデュカで勘定された富はどうか。かつて使われたのは確かだが、今日ではそうではない。こういった貨幣は盗むことができるし、相変わらず重すぎるし、貴金属で出来ているからである。その後、銀が身軽で抽象的な外観を謳歌しているのはなぜだろうか。

一切の具体的属性を脱ぎ捨てることによって、この金属片が万物と等価になるからである。というのも、それがそれ自体としては何の価値も持たないからである。もし価値というものが、どれだけの欲求や欲望を満たせるかということにあるのであれば、われわれはこのシンボルを食べることも飲むこともできないし、それが屋根を差し出してくれるわけでもないから、その下に避難することもできない。というのも、価値はわれわれのうちに、われわれの欲望の中にあるのであって、決してこの金属片の中にあるわけではないからだ。この金属片は、こうして、われわれ自らの決断によって、一般的等価物、一種の物の根幹になってしまった。そして、脱分化したこの白い貨幣からは、新たに、大麦や牡牛といった動産、家や農園といった不動産、社会的絆、分化した諸価値の一切の残余、さらには耕作地や自分の家、それから悲しいことに他人の身体までが出てくるのである。この世の万物に等価であるこの宝が畠、住居、肉体に取って代わる。

匂いも味もなく、汚れなくかつ豊饒であって、契約的であれ係争中であれ、悪魔のであれ神々のであれ、欲求や欲望の限界を越えて増殖する白い銀。銀はあらゆる属性を備えている。全く相反する属性まで抱え込んでいるから、一つも属性がないといってもいいくらいだ。金のある愚か者は金持ちだが、貧しい愚か者は愚か者である。白くて、透明で、責任を取らない行政がすべての権力を掌握する。というのも、管理する者は、何の価値も持たないがゆえに始終、至る所に姿を現わして、すべてを知っており、すべてに関心を持ち、橋や道路を建設し、科学者たちよりも知識があり、政治的および文化的な要職を占拠し、すべてを支配するからである。白い銀はすべての価値を持ち、すべてを行なうことができ、すべてを支配し、全能である。われわれの社会の中でそれを管理する行政官は、それに寄生しているがゆえに、社会の中で巨大な権力を獲得する。銀と行政は一切の社会的紐帯を貪り食らう。

憂鬱な日々のための小休止。オーギュスト・コントは、ジャン＝バプティスト・セーの経済学の向こうを張って、名実ともに社会学を創始した。この実証主義者は、金銭が社会的紐帯を分解すること、そしてこの紐帯を再び作り出さなければならないことを理解した最初の人である。われわれは今日、彼の哲学が始めた時代の終焉に立ち会っている。西洋では、金銭が、すべてをおのれの尺度に合わせて取り返すことにより、すべてを侵略し、すべてを破壊してしまった。それ以後、伝統的な社会は、破壊されたりほぐされたりするおそれのある絆を防衛しようと試みている。自らをつなぎ直そうとしているのである。だが、われわれは、いかなる絆がわれわれを結びつけているのか知っているのであろうか。実践の場にある政治にしろ、理論の場にある社会科学にしろ、この目に見えない接着剤を知ってもいなければ教えてもいないのである。

新しいのにまずい名前が付いたものだが、現代の戦争なるものが双子を対立させる。テロリズムの見えざる手に対するは、資本主義の見えざる手である。実際、無責任な個人を雇用する世界企業の白い資本に対する効果的な打撃を、これまた幽霊のようで所在不明な地域的個人に頼らずに与えるにはどうしたらよいのか。だが、もっと深刻なことに、ここで衝突しているのは、半透明になったとはいえ今なお存在している社会的な絆そのものと、これを分解しながらそれに取って代わろうとする白くて透明な、抽象的金銭なのである。見えざる手を持つテロリストがアダム・スミスの見えざる手と(*27)、真っ向から（*mano a* *mano*）戦っているのは確かであるが、それだけではなくて、コントが絶えずセーと戦っているのである。つまり、社会学が経済学に対抗して持ちこたえようとしているのである。どちらが勝つのだろうか。そして、目に見えないものだけを対立させる戦闘を何と呼んだらよいのであろうか。小休止はこれで終わる。後でまた、再論することにするが。

要約。白い土地や家を外在化することにより、諸関係も漂白されると、身体は抽象の中に、あるいはシンボルの世界の中に入る。そうなると、身体は種というよりは属に、一般性に所属することになる。

シンボルと金属札──タブラ・ラサ

こうして、われわれの象徴的と呼ばれる行動は、このような漂白化から始まる。先刻の金属片は、その商品価値を超え出して、まさに最大の一般性に到達する。音や記号にある意味を付与するということは、さまざまな白い信号と自由な関係を前提にしている。発信、通過、受信が想定しているのは、まず始めに、鉋が掛けられて最初の混沌的な大混乱の幾重ものとげが念入りに削り取られていることである。言語の砂利で一杯のデモステネスの雄弁は、海辺の轟々たる波音の上に響きわたる。それがまず直面するのは、波のカオスと世界の暗騒音なのだ。一方での風のうなり、地震の大音響、われわれのわめき声、嘆き声やすすり泣き、他方での音楽の間にあって、ある種の音響学が波を滑らかにしている。そして、音声は雑音を漂白する。このようにあらかじめ鉋を掛けた後でなければ、誰も話せないのと同じように、誰も汚れなき蠟、滑らかな羊皮紙、あるいは白い紙の上にしか書くことはできない。つまり、*pagus* から来ているページの上にしか書けないのである。この *pagus*、つまり畠という同一の語から出ている平和を欲するものは、ページのように白い旗を掲げる。誰もメッセージを取り違えるようなことにならないためだ。このようにあらかじめ漂白された信号を、後から、文化、言語、尖筆、ことばが再び分化する。そして、記号と意味との間の関係も平らになる。書板と信号、そしてそれらを組み合わせる絆の三者に対して、このような鉋掛けを行なわなければ、われわれは相互に理解し合えないことであろう。だから、再び、白い身体が自らを外在化してタブラ・ラサになるわけである。

この過程を記述しているのがシンボルということばである。昔、主人と客が別れる時、彼らは、授受された歓待を証するしるしとしての割り符を分け持ったものである。分割する際にこの陶器片に生じた偶然的な割れ目は、細かく、危なっかしく、複雑で、模倣しがたい、独特な鋸歯状の線をしている。次に二人が出会った時、鍵が錠に合うように二つのギザギザの縁がぴったり合うならば、相互の認識が成立するのであった。シンボル（σuv—βoλv）は、この取り決め（con-vention）を表わしているのだ。継ぎ目が鉋の役割を果たしているので、全体として再び組み立てられた陶器片には、とげも稜角も歯もない。滑らかな陶器片は、雑音の裏切りの裏をかく。それは再び白くなったわけだ。これは私の身体である。私を記念して、このことをしなさい(*28)。

鋭い歯やとげ、骨や爪を備え、特殊化して、さまざまな種は、惑星の上にフラクタル状に分散した明確な生態環境に適応する。それらは無生物および生命の暗騒音の中に入っていく。脱特殊化したわれわれの身体は、われわれが維持している絆のお陰で、白いページあるいは完全な割り符を作り出す。われわれとは誰なのだろうか。シンボルに近いが、われわれが諸関係を増大させればさせるほどわれわれに接近してくる生き物。この白くなった身体からわれわれの行動が発しているのは確かであるが、逆に今度はその行動が、自己維持サイクルさながらに、われわれの活動や身体を白くするのである。われわれとは誰なのだろうか。タブラ・ラサという種、シンボル的な属。二度にわたって一般性がわれわれを襲ったのだ。

身体という娼婦の仕事

それゆえ、われわれは身体に戻ってくる。もはや遺伝的ではなくて、個人的なものになった身体は、体操《ジムナスティック》に精を出す。この古いギリシア語は裸のという意味らしいのであるが、私にはこの裸身が白くなっていくのが見える。ストレッチング、跳躍、柔軟体操、回転は、訓練を受ける者に無数の体位や運動の可能性を開く。さらにこれらの体操は、このように捏ね回された彼の身体を潜在性、一般性へと変化させる。体育の教師が彼に対して行なう仕事は、農夫が畠で、書記が白い紙に対して行なう仕事に似ている。これらの人々はすべて、やがてさまざまに分化した特殊性の花束が現れるべき白いページを作り出しているのである。だから、体操選手やその兄弟である舞踊家たちは、一切の動作や表現とは手を切って、彼らの身体をシンボルに、さらには信号機にしているのだ。客観的なものであれ、集団的なものであれ、身体に発する先ほどの一切の実践は、身体の特異性に戻ってきて、それをさらに脱分化する。

その結果、身体はこの世のあらゆる職業を営むことができる。というのも、それは最古の職業に秀でているからである。最古の職業とは娼婦であるが、この名称にはいわれがある。売笑婦（pro-stitué）が意味するのは、前置詞ということばが意味するのと同じで、前に置かれたということだからである。先行する位置として、前置詞が指示するのは基本的な関係であり、売笑婦が指示するのは最初の光景である。こびへつらう、いわゆる職業的な身体性。柔軟で、あらゆる職業に適している。その畝にあらゆる栽培種を受け入れる白い土地。あらゆる客をそのベッドに寝かせる白い家。一般的等価物としての身体、金と引き替えに身を任せるあらゆる女性の夫にして、あらゆる男性の妻。われわれの実践はそこから発しているのではなかろうか。何も彼も受け入れる体操選手、舞踊家、それゆえ、公演の度ごとに仮面を付け替える俳優でもある身体。言語から文化に移動する通訳者にして、風俗から慣習へと駆け巡る旅行者。小麦を牛と交換し、どんなものでも金と交換する商人。あるものは何でも利用し、避けられないことは進んで行なう抜け目のない器用人。目につくものは何でもくすねる盗人。自分の属する集団の各個人を代表する政治家……クロノペディーの流れに棹さし……代用（substitution）に頼るあまり一切の実体を取り逃がす哲学者。

プラトンの描くソクラテスよりは素朴であるがゆえにいっそう本物らしい、クセノフォンの『饗宴』のソクラテスは哲学を定義するに *μαστροπεια*、つまり売春斡旋をもってする。無菌であり、純化されており、一切の排出物から清められているがゆえに、あらゆるよそ者に開かれているポン引き、宿屋の主人あるいは普遍的なインターチェンジである哲学者は、白い体操選手のようなその身体を、手練手管の父ヘルメスの天使的なしるしのもとに置いているのである。

広場、神殿、法廷

争いや異議申し立て、憎悪や張り合いによって、われわれは自発的に絶えず地上に地獄を敷き詰めている。こうしたエネルギーがすべて鎮静化するような天国を想像することは、われわれには苦手である。ライプニッツは全く正当にも、もっぱら新奇なものだけの集まりとして天国を描き出している。またもや、矛盾した――全体がそこにある時に、何か新しいものをどうやって想像したらよいのであろうか――白い全体性である。とはいうものの、戦争と同じくらいに根絶しがたいこの希望がいくらかでも抱ける場所を、われわれはあちらこちらに作り出す。アゴラ、つまり市の立つ場所が存在し得るのは、価格を巡るやりとり以外のいかなる争いもなしに一般的等価物を流通させる暗黙の契約がある場合だけであろう。スークではどんないざこざもあってはならないのだ。この暴力の零度のもとで、一切の物の売買が可能になる。

同じようにして、神殿では一区画の閉じた空間が表示され、その内部では神聖さが外部におけるとは正反対の行動を命じる。殺すのはおまえの息子ではなくて、近くの茂みの枝に角を絡ませている雄山羊だけでよい(*29)。おまえの捧げものをここに持ってくる前に、おまえの兄弟と仲直りするがよい。争いが収まるだけではなく、非‐権利と称されるものがそこを支配する。警察がそこには入れないのだ。聖なるもの、あるいはタブーは白い空間を切り出すが、この空間の定義は、定義（définition）ということばの文字通りの意味に帰着する。すなわち、境界（*finis*）に囲まれた場所である。古代ローマにおいて、汚れなき純潔な巫女たちが聖なる火を守っていた円形の神殿では、彼女らが掃き出した汚物は糞便門から運び出さなければならなかった。農地や滑らかなページよりも白く、掃除された家よりもきれいで、神に仕えるこれら娘のどれと比べても同じくらい無垢の、清潔な広がり。祭儀の場所を、そして司祭や無辜の魂を求める信者たちの身体を浄めないような宗教があるであろうか。*Lavabo inter innocentes manus meas*［ワレ手ヲアラヒテ罪ナキヲアラハス(*30)］。

最後に、法廷には各人が訴訟と告発を持ち込む。そこでは対立する力が釣り合いにもたらされる。そこではことばが傷や瘤や血に取って代わる。市場で一般的等価物について駆け引きが行なわれるのと同じように、そこでは行為を巡って駆け引きが行なわれる。そこで結ばれる契約のシンボルとしてここにあるのは、釣り合った天秤の平らで平穏な公平なのだ。

そこにあるのは白い諸空間と一つの白い物体であるが、これらがなければいかなる社会的実践も出現し得ないことであろう。

認識の起源としてのアペイロン

われわれの条件のこの一般性は、単に労働の、もしくは社会的な実践の地平にとどまらず、これまた限りなく開かれているわれわれの認識の地平にも広げられる。われわれの本性に共通する零‐価性が、諸文化の多彩な全価性を条件付けているのと同じように、われわれの身体に共通する無‐能性が、それらの活動の潜在的な全能性を条件付けているのと同じように、畠の白い空間があらゆる耕作物に開かれているのと同じように、白い場所と物体が一切の社会生活を条件付けているのと同じように、金が一切の物と一切の社会的な絆に取って代わろうとしているのと同じように……、われわれの多様な認識は、この白熱する空白の中で誕生する。われわれの言語やその特殊な統辞法を部族や母親から受け取る前に、われわれは話すということの分化全能的な能力を身につけているのである。これと同じように、認識の面でも白い対象が存在するのであろうか。

幾何学の起源を、おそらく哲学の起源も、そしてたぶん一切の認識の起源をも、アナクシマンドロスの一断片が暴き出しており、彼はこれに名付くるにアペイロン、つまり限界を持たない不定なものをもってしている。厳密かつ抽象的な知は、まさにこの定義もプログラムも与えることができないようなものから出発して、原理や証明や定理に分化していく。数学のように形式的であれ、力学のように応用的であれ、諸科学が誕生し得るためには、いかなる規定も持たないこの潜在的な全体性にまで後退することが必要であった。『幾何学の起源』（七一―一一〇ページ〔邦訳八三―一三七ページ〕）は、後には定義され計測されることになり、ギリシア人たち以降、われわれが心身もろとも住みついているこの形式的空間を白いと呼んでいる。この空間は、いち早く地球から名前を受け取ったが、その地球を土地測量術＝幾何学（Géo-métrie）が測定し支配するのである。プラトン、テオドロス、エウクレイデス、エウドクソスなどがわれがちに発見し記述したこの空間は、耕された土地、人間たちの家、神々の神殿、広場、法廷を、宇宙、世界、背後世界に拡大する。géométrie（幾何学）という語の中に出てくる *géo* のグローバルな意味が、アペイロン、つまり開かれて白い、限りないわれわれの住居、われわれの世界-内-存在の定義なき世界の意味に合体する。ある定義のできない生き物がこの白い空間をさまよい、そこに出没すること、これこそ認識の過程なのだ。

代数学の創成期には、x と呼ばれるあるもの（初期のイタリアの代数学者たちは *cosa*［物、事］といっていたのだが）が、それに固有のものとしてはいかなる値も取らないがゆえに、あらゆる値を取るのであった。またもやシンボル、またもや白い札、あるいは一般的等価物の出番というわけだ。われわれはすでにわれわれの白熱状態のうちに、われわれの認識の潜在的な起源を備えているのである。というのも、われわれ先刻、人間についてこの未知なるもの＝x といったではないか。

同じようなやり方で、われわれの探求の最初の地平を描き出そうとして、オーギュスト・コントが評価するのは、一方では最初からわれわれが自らに提起する諸問題の一般性と、他方ではその時それらを解決するわれわれの無能力とからなる駆動偶力である。つまり、最大の可能性を備えた最小の貧しさというわけである。パスカルと同じように、コントは、無と全体、零と無限大、最小と最大といった、われわれの条件の二つの極限に触れるわけだが、パスカルよりは優れて、それらを結び合わせ、そこから動力学の力量を取り出してくる。実際、われわれの分化全能性とは、最初はいかなる特定のあるいは個別の専門能力も持たないが、すでに細部を展開すべく始動している普遍性であるということができる。アナクシマンドロスは限界を持たない広がりを記述するが、コントが示すのは、われわれの無限定な時間がそこから生じる現実的な動力学である。

発見術について

こうしてわれわれは発見術に行き着くのであろうか。すべてが前進する。ここでは生物学的、人間的、文化的なものが、あそこでは認識的、科学的、技術的なものが、またよそでは芸術あるいは宗教的なものが。至る所で万物は、その始まりにおいて、そしてそのモーターとして、何か根こそぎの絶滅を伴う全体性のようなものを必要とするのであろうか。

モンテーニュにあっては宙づりになった判断の平らな天秤、デカルトにあっては誇張懐疑。他の耕地に行っても、その絶滅後には何も残さない新たな純化がある。ジャン゠ジャック・ルソーが『孤独な散歩者の夢想』の中で探索し、湖の真ん中のボートに横たわって恍惚感に包まれる時、彼が発見するように見える「感情」。十八世紀が往々にして唱道する無関心、怠惰、あるいは絶対的な無軌道。イマヌエル・カントが命名するところの先験的なもの。現象学者にあってはエポケー、つまり万物と自我を括弧に入れること……。これらはいずれも白い抹消の変種である。『ティマイオス』の中でプラトンがコーラ（χωρα）と呼んでいるのは、汚れなき広がり、刻印を受け入れる蠟、われわれがいかなるトポロジーでもその上に設定できる空間、万物を産み出す可能性のある原初的な子宮である。この女性的な母胎については、免疫系がいつでもそれを外部から保護してくれるとは限らないから、他のすべての器官に対して例外をなしていると、現代生物学の研究がまさに語っていることを、やがて指摘することになるであろう。だからこそ、この非‐侵略から結果する開かれた受容から豊饒性が生まれるのである。母胎としてのパグスとページ、白い家、普遍的な接客係、私の身体はすべて、この空間の中で始まるのである。そしてプラトンは『饗宴』の中で、ポロスつまり〈方便〉とペニアつまり〈貧窮〉とを讃えているが、それは両者の結合が〈愛〉を、したがってすべての人間を産み出すからである。われわれが生まれてくる母胎は無防備であり、極度に貧しいから、さまざまな方策に訴え、これらを促進し、強化する。

われわれは白くなればなるほど、ますます多く発見する。われわれは出航すればするほど、ますます外在化し、ますます白くなる。生産すればするほど、われわれはますます潔白になる。この聖性によって、発見者をそれと認めることができるであろう。発明は、脱分化した身体から、技術的、文化的、認識的な差異の流れを取り出すのであるが、この脱ダーウィニズムが機能するにつれて、われわれは自らを脱分化し、さらにまたその機能が昂進するのに任せる。革新は絶えず自己補給を行ないながら、指数関数的に湧き上がる。この動力学によって、その多重で垂直的な湧出が説明できる。

その特定の機能が身体から出航するだけではなくて、身体もまた、その脱分化した全体的な身分を自らの外に外在化させる。われわれを取り巻いているのは、それと同じくらい白くて汚れなき空間や対象なのだ。そして、順次に主観的、客観的、集団的、認識的になるこの非限定な身体的なもののお陰で、われわれは発明を行なうのである。

哲学は、それが発見し記述するこの白さの助けを借りて、自らが専門とするこの一般性によって、道具にしろ定理にしろ、独自のものを何も発明するわけではないが、われわれが明日、この地平を前にして、これらの行動と思索の道具を携えて住むことになる全世界の先取りを行なう。それゆえ哲学は、分化した発明の脱分化した居住様式を発見するという関心を持ち、それを自らの使命にする。

白い関係

われわれはアペイロンとも、これらの場所や「対象」とも、いかなる明確な関係は持っていない。ただ、一種の対称性というか対面を通じて、それらのほうが、いかなる種類の制限もなく、仕事や専門のプログラムもなく、特別に切り出された器官や「能力」もなしにわれわれを丸ごと要求するのである。われわれは、浮動する無限定なわれわれの注意を集中してそれらのことを考える。われわれの曖昧な記憶の限りを尽くしてそれらを思い出す。イメージを持たずにそれらのことを想像する。われわれの理性を理由もなくそこに結びつける。われわれの七感によって、それらを恐れる。われわれの身体は、骨も筋肉も性器も皮膚も丸ごとそこに漬かっている。われわれはそれらを熱望し、心の底から愛し、誠心誠意待ち望む……。突然、われわれの中でさまざまな焦点を、ただ一つのこれまた不定な焦点に融合する焔が燃え上がる。われわれはわれわれに固有な白熱状態に向かって遡っているのだ。「主体」と同様に、対象はアペイロンになる。その「対象」と同様に、「主体」さえもアペイロンになる。半透明なものの上に半透明なものが重なっているのだから、何もこれらを分離できない。このように白い関係を構築する生き物がほかにあるであろうか。

だがなかんずく、われわれはこの大きな浜辺から出発して、われわれの出会いを発見する。ここ半世紀の間、私はわれわれに欠けている関係の哲学を建設しようとして、〈ヘルメス〉、〈天使〉、〈寄生者〉、〈両性具有者〉といった飽和した諸模型から翻訳、コミュニケーション、前置詞の束といった、この哲学が要求する一般性へと赴いた。いずれの場合でも、人間の自由は、各人のうちに他人と関係を取り結ぶ能力を作り出すが、それらの関係はそれが結びつけている諸個人よりもはるかにずっと独特なのである。隷属状態がこれらの関係を、予備的な模型の上に折りたたんでいる。

白い諸概念の組——自由

それゆえ、白い概念のうちに、諸科学が自らを反証可能で実用的なものにするために定義し精錬する概念とは区別される無限定さを持つ組があるとすれば、〈自由〉はその一部をなしている。自由に生きている男女はどれだけいるだろうか。政治が問題であれば政党やイデオロギーの奴隷であり、ほかにも社会における慣習、美容あるいは知的な流行、クローン人間が邪悪な首領の周りを取り巻いている何らかの圧力集団、他者に対する貪欲で卑劣な欲望、必ずどこかへ通じている道が織りなす網の目などの奴隷である彼らは、開かれた関係を自由に取り結べる生活に対して代価を支払うことに同意するであろうか。むしろ指図された生存や関係に突進していかない人がいるであろうか。たとえば、党員証、車や衣類のブランドのような分類の痕跡であったり、あらゆる所属関係を表わしたりする記章を身につけることに夢中になるといった類いである。魚群の中にいる各々の魚は、何か社会的な磁場に誘導されるかのように、ほかの魚たちと平行に進む。この魚は自らの関係を作り出すことはしない。

ところで、限定されていない人間がほかならぬ動物から分岐するのは、既成のプログラム、やむを得ない種形成や専門化、固定した方向、あらゆる既成の関係を最小に切り詰めることによってである。こうして、人間の自然な生誕は自由の中で生じる。人間は、自由が白い組に入る時と同じくらいに透明に、かつ白熱的に生まれるのである。自由はわれわれに関係するだけにとどまらず、われわれを同定するものでもある。人間は生まれながらに自由であると人権宣言が謳い上げた時、生物学的な、また遺伝学的な真理に言及していたことを意識していたであろうか。自由は、女と男の進化の揺籃の色を帯びているし、彼らの骨、肉、手、口、皮膚、脳と血に、彼らの細胞の無数の集合に、要するに彼らの受肉《アンカルナシオン》に結びついている。それから、他人に向かって話し、叫ぶ舌、連結器としての性、表現し受容する身体全体にも結びついているのである。内包と外延において、つまり無限定な内容すなわち意味と異文化に跨がる応用において、二重に普遍的である自由は、それゆえ、自然なものであるということができるし、まさにいうべきである。

自然なものといったのは、生誕（naissance）ということばの文字通りの意味、脱プログラム化という遺伝的な意味においてである。われわれは専門を持たずに、したがって自由な者として生まれる。これはまさに厳粛な宣言に値することである。

自由を断念する者は、その幹身体を見失い、他の生物界に漂っていく。この最小化を放棄し、この貧しさを失って、豊かになり、寄生者のようにある関係の中で、牧草地の雌牛のようにある圧力集団の中で、政党、権力に対する動物的な情熱、貪欲あるいは羨望という悪徳、臆見の中で専門化し、サメ、カラス、毒蛇、木蔦、あるいはマイコバクテリウムになる。捕食者となるのはまれで、たいていは宿主になる。われわれは、動物化の途中、変身の最中にある仲間たちに囲まれて生きている。ちょうど、魔女キルケのもとで豚になるオデュッセウスの船乗りたちと同様にである。呪物を崇拝したわれわれの祖先はこれを彫刻にし、イソップとカフカはこれを物語り、オウィディウスとラ・フォンテーヌはこれに涙した。自由に向けての日常的な努力は、脱ダーウィニズムからの距離で測られる。われわれに必要なのは、あるがままの生活、その流れの強力な牽引から絶えず抜け出すことであり、他の生物たちが選んだ分岐からわれわれを隔てている時間的距離を見失わないことである。植物、動物、茸、単細胞生物はそれらのプログラムか、その環境、あるいは同時にその二つに従っている。われわれはこの自動性を放棄した。われわれは忘却の中に入った。白熱状態のこの透明な変転がわれわれを自由にしたのである。

白熱する男と女

地上の楽園にいた時からすでにイヴとアダムは従わない。彼らは自らの創造主よりもむしろ自由のほうを選ぶ。創造主が彼らに、すべてをふんだんに享受できる甘美な場所を与えてくれたのにもかかわらずである。彼らは幸福よりも自由を選ぶ。情熱に駆られてというのではなくて、そのように生まれついているのだ。というよりも、彼らはこの時、そしてこの時にだけ自由を定義しているのである。楽園からの出立こそが、享受し命名した動植物たちの間にもはやとどまれない人間を分娩する。彼らはこの肥え太った富よりも貧窮を選ぶ。それゆえ、苦しみ、働かなければならないとしても自由に生きるほうがよいのだ。自由の代価は労働の苦しみによって支払われる。

プログラムを熟知していた蛇はいう。認識はあなたがたを神のようにし、神のように目に見えず、透明にするであろうと。エピナル版画や宗教画に見られる彼らは白熱の光を放っている。少なくとも、火の剣で彼らを追い立てる、輝く天使たちと同程度にではあるが。苦痛と、貧しさと、過ちを犯した不安とで白熱している。憤怒と反抗で白熱している。期待と見当もつかぬ未来のために白熱している。これから生じ得る孤独や罪、不幸、認識や聖性のために白熱している。オミネサンス(*31)のために白熱している。

Ecce mulier et homo［コノ女ト男ヲ見ヨ］。裸の。

形而上学

白い諸概念の組ではなくて群《ぐん》

自由という白い概念は、他の白い概念から生まれてくる。一つにはわれわれの分化全能性からであることは確かであるが、神からであることも間違いがない。というのも、神はその弱さに対してわれわれが背くことを限りなく赦すからである。どんなものであれこの世の権力と向き合うと、いかなる思惟も、もはや息をする自由以外の自由には関心が持てなくなる。もし神が存在するとしても、この玉座の上、このクッションの中、黄金の光に包まれてではないことは確かである。この天蓋の下に君臨するのは、人間以外の生き物で、虎あるいはサメ、樫あるいは葦、野菜、野獣のようなものである。換言すれば、この思惟もこの行動と同じく発見を目指すのである。あなたは発見したいとお望みか。それならば、いつまでも自由でいられるように目を覚ましていることだ。白い諸概念は、単純な組というよりはむしろ群を形成している。つまり、これらの概念はそれぞれが別の概念から互いに発し合っているのである。自由を求めよ、そうすれば認識することになるであろう。認識を求めれば、発見することになるであろうし、知と発見とを同時に求めるならば、あなたは愛さずにはいられなくなるであろう。

白い諸概念の群を扱う学問分野を形而上学と呼ぶことにしよう。白い諸概念といったのは普遍性を持つものという意味である。プログラムから解放された身体から出てくるのはパグスとか家とかいった客観的なものである。続いて、金銭とか記号といった関係的なものが出てくるが、輪を描くように主観的なものに戻っていく。一方、個別的で訓練された身体は身体で、他の外在化をまた開始し、神殿、広場、法廷といった集団的なもの、あらゆる職業あるいは労働という客観的なもの、シンボル、アペイロン……といった認識的なものに向かって進み、ついには〈自由〉に行き着くのであるが、これが輪を締めくくると同時に再開するのである。だから、この集合は群の構造を備えているのである。

労働と形而上学

一切の労働、一切の実践、一切の発明は、身体の模倣であるこれらの脱分化、そして中立的なこれらの関係から出発して、分化あるいは再分化を始める。さあ、仕事を始めよう。この世のすべての物がそれから出来ている母なる質料、つまりいかなる加工も受けていないヒュレーが木、石、金属、分子、原子、素粒子、クォークになると、われわれは無用になった質料という概念を屑籠に投げ捨ててしまう。この世のすべてのものの透明で素朴な入れ物である空間が、ユークリッド的、相対論的、射影的、トポロジー的になり、次元を増加させると、われわれはもはや空間について何も語らなくなり、空間はわれわれの関心の外に消えてしまう。実験室で研究されているのはもはや生命ではなくて、タンパク質やその折れ目であり、キネシン〔運び屋タンパク質〕であると生物学者たちが主張する時、彼らがいっているのは、脱分化した生命がその分化の先端に到達したということである。生気論は幻か何かのように消失する。

形而上学が活動の最後に享受している評判は、最悪であるが、最初は最善であった。というのも、もう何ごとも語らないところに行き着く形而上学の諸概念がなければ、われわれはそもそも始めることができなかったであろうからである。われわれは条件や前提を抹消し、絶えずわれわれの祖先を殺害し、われわれの始まりを忘却している。もはや認知科学は人間の悟性、つまりタブラ・ラサについてほとんど語ることがない。神学は相変わらず神の悟性、つまり永遠の真理の総和について論じているのであろうか。しかしながら、それなくしてはいかなる科学も前進できない定数が生まれる以前に、どうしたら諸真理の不変項をなしで済ますことができるであろうか。ある普遍的な認知機能、つまり存在しないとしかわれわれにはいうことができない、定義しようのない神をなしで済ませるであろうか。われわれはただおしゃべりだけして、これらの白い前提をぬきにして認識を構想しようというのであろうか。これらの普遍的なものをぬきにしてわれわれは思惟を始めることができるのであろうか。これらを虚偽であると決めつけたり、再び脱分化したりする以外に、何をすべきであろうか。繰り返しになるが悪評嘖嘖の、これらの白い諸概念のリストを制限する閉鎖公理を、われわれは持ち合わせているのであろうか。われわれは、将来とも、形而上学をなしで済ますことができるであろうか。科学そのものにしても、人間の営みである限り、進化と同じように専門化の果ての袋小路に辿り着く時、元気を取り戻すために、使い易くはないとしても、新たな大概念を再び作り出さないわけにはいかないのではなかろうか。

〈形而上学〉とは何か

閉鎖公理について尋ねた後で、いまや私が提起するのは、脱分化には限界が、最小極限が存在するかという決定的な問いである。身体がそこを越えたら生き続けられないような、致命的な最小限の脱分化の閾を定めることができるであろうか。畠からそのバクテリアを取り去っていくだけでそこから先、その畠が不毛になるような。ページが記入可能性を、そして一般的等価物が価値を失ってしまうような。もごもごと口ごもる言語が統語法や意味を失い、ざわめくとげの茂みに落ち込んでいくような。絆のゆるんだ社会がもはやまとまりを保てず、絶滅のおそれがある戦争に血道を上げだすような。認識が弾力や内容をもはや持たなくなるような……。さよう、この境界は存在しており、〈形而上学〉そのものの全体がそれを素描しているのだ。ただし、われわれが今までに列挙したすべての白さを含むように形而上学を一般化し、拡張するという条件のもとにおいてであるのだが。メタ（meta）という接頭辞が件の閾を指示している。この接頭辞が意味するのは、通常いわれているように、向こう側にではなくて、こちら側にということなのだ。形而上学の手前では、基本的生命が欠乏しているために、小麦は生長せず、牛や馬は繁殖することなく死に、一切の交換が閉ざされ、言語はもはや骨組みも意味も持たず、認識や自由は蒸発し、集団は崩壊し、身体すらもう生きることができない。

〈形而上学〉とは何か。それは、われわれの身体的な、もしくは外在化された脱分化の最小限の閾を記述するものである。白さ、抽象、シンボルの閾、われわれが死の危険を冒さずには下っていけない下方限界。それは何の役に立つのだろうか。こういった危険な臨界点を監視することにである。それは監視する。われわれの口と手を、われわれの白い諸器官を、象徴的な身体を持つ種を、体操選手や舞踊家を、耕地を、鳩舎を、市の立つ広場を、銀行家の口座を、神殿を、教会を、法廷の偏りのない均衡を、売春婦やそれを取り巻く職業の無数のベッドを、俳優たちの舞台を、政治集会を。それはまた、社会的紐帯の最小化や、われわれの家の清潔さを見張っている。それはタブラ・ラサを、アナクシマンドロスの無限定なものを、幾何学の土地を、代数学の未知数を、物質を、空間と生命を監視する。それは宇宙を監視する。生き物たちやそれらの場所の全体が、その最小限の貴重な白さのこちら側で、動植物はおろかバクテリアすら見あたらないような虚無と無－意味の深淵に退行していかないようにするためである。それはガード・レールを設置する。その向こう側にあるのはわれわれのヒト化《オミニザシオン》、こちら側にあるのは深淵とその混沌である。それが監視しているのは人間の源なのだ。

プログラム、統語法、白くて黒い書板

コンピューターを使用する時、文書を作成するのか、家計の整理をするのか、移動中の道案内が必要なのかに応じて、私はソフトウェアを取り替える。これとは逆に、私の言語は唯一の最小限の統語法を備えていて、私が書き物をしようが、計算をしようが、旅行を計画しようが、どの場合にもすべて役に立つ。これと同じく、形而上学は最大限に脱分化されているので、言語の統語法や農耕のパグス、それに家の清潔さと同程度にまっさらな最小の書板を提供してくれる。形而上学は、プラトンがテーブルの、あるいは「ベッドのイデア」を区別する以前にすら、観念というものを提案する。要するに、諸観念が作る別の世界を想像するのである。形而上学が語るのは、結晶や分子などよりずっと以前の、特定化されていない物質である。ピエールやポール以前の個人である。「あるものの意識」になる以前の意識である。形而上学は、生活の諸行為に報償を与える正義を平等化する根拠になる背後世界を想像する。要するに形而上学は、存在と認識、運命と意味、行為と関係に関する零-価のタブラ・ラサを組み立てるのであるが、その際、これらの企てのもとに絶えず存在するわれわれの白い身体のまねをしているのである。そして、もう一度繰り返していうが、この零-価性こそが、われわれの行動や知によって繰り広げられる一切の差異の全価性へと開いていくのである。こうしてこの零-価性は認識の条件となり、古い世界の土台となったし、来るべき世界の土台となるであろうし、私や隣人の身体を作り直すのである。

その手前にあっては、諸物の状態は蒸発し、社会的紐帯は崩れ落ち、諸社会は相互に殺し合う。これら

の企てのもとには、絶えず死が姿を現わしている。これ以上に単純なものは誰にも組み立てられないほどに単純きわまる書板、普遍的な道具。聖アウグスティヌス流の神学、あるいはハイデガー流の存在論の成功は、とりわけ諸科学が昔のさまざまな普遍性をゴミ箱に投げ捨ててしまった時に、彼らがさらに脱分化の道を後退して、神の名や、存在するという動詞とその現在分詞とがあらゆる叙法で反復されるような、いっそうまっさらな書板を組み立てようとしたことにあるのではなかろうか。

クープランやブラッサンスを偏愛するあまり、バロックの名ピアニストやシャンソンの伴奏者たちは、どんな音楽でも演奏し、さらにほかにも新たな目に見えない音楽を作曲するのに適した普遍的な盤として組み立てられたピアノそのものを無視しがちではなかろうか。このような盤よりも単純なものがあるだろうか。他の多くの技術とは異なり、これらは時間の影響をほとんど蒙らないのだから。いうまでもないことであるが、白と黒の鍵盤の陳腐な継起、前もって音楽を与えられていないこの盤が役に立つのは、音階やアルペッジョ、練習や運指法、無調か有調かの決定、調子はずれの音で限られるハーモニー、名演奏家や作曲家などがあっての話である。だがこれらの人材も鍵盤がなければどうしようもないではないか。ここにあるのは白い統語法であって、これは耕地、無地のページ、清潔な家、処女の胎盤、ウェスタの神殿、ペニアの結婚式などと同じく目で見ることができる。形而上学が抽象的に、つまり白いやり方で表現しているのは、すべてのこうしたタブラ・ラサである。形而上学は、その手前ではそもそも書板というものがもはやあり得ないような、全く空白の書板を組み立てるのである。

〈形而上学〉は誰の、何の役に立つのか。その受肉

してみると、脱専門化した形而上学ほど「有用な」ものはほかにない。形而上学の不在が将来いかなる窮乏状態をもたらすか知らないよう見える専門家たちの嘲笑にもかかわらずである。形而上学は、どこまで人間的であっても、そのために死ななくて済むようにするのに役立つ。形而上学は、主観的なもの、集団的なもの、客観的なもの、認識的なものが生き残ることを可能にする。目に見えない者たちが目に見えない者たちを死刑に処するこの新たな戦争の時代に、形而上学は新たな平和を打ち立てるのに役立つはずである。それは誰の役に立つのか。まずは暴君であれ導師であれ誰の役にも立たない。

では何の役に立つのか。日に見えるもの、具体的なものの中でも、形而上学ほど有用なもの、不可欠なものはない。というのも、形而上学はわれわれの身体を模倣し、そこから出て、そこに帰るものであり、この二つともが脱分化しており、ともに人間に固有のものだからである。形而上学は身体から生まれ、死とともに停止する。この華々しい結果の新しさがわれわれを魅了する。この見かけ上の抽象の最たるものほど、肉体的なもの、受肉しているものはなく、手、口、母胎、裸体に近いものはない。あらゆる種類の運動を練習する体操選手、神経系、どんな合図でも送る身振り、音楽や舞踊、歌ったり話したりする声、土地の耕作、そして生き物たちとの関係に近いものはない。肉体を持ち、農夫や体操選手のようでもあり、生気に満ちた形而上学は、その手前ではわれわれの身体が死の危険を冒すことなしにはそれ以上脱分化し得ない閾を画定する。きわめて物理学的である形而上学は境界（メタ）に位置している。そのこちら側にあるのは墓石、騎士の彫像というよりは、〈彫像〉の山である。

白熱状態への回帰

われわれの自然は白熱的に息づき、流れ、燃えている。われわれの分化全能性は次のような白い概念の組を可能にする。私の沈黙の心が万物の心の沈黙を祈願する、一切の認識と一切の経験のかなた。時間の中の永遠。われわれの紐帯が溶融して、戦いと憎悪のかなたにある静謐な平和。これらの概念は、知が明確に定義されかつ反証可能な定式しか信用しなくなって以来、そしてわれわれが無声の音楽で語られるこの訴えに耳を傾けなくなって以来、すべて追放の憂き目にあっているのだ。それでも、われわれが小鳥たちのさえずりやアフリカの地溝に埋まっていたわれわれの祖先たちの叫びを受け取って以来、そして喉の渇き、飢え、寒さ、貧困、孤独や雑踏に苦しんだ時以来、また貧しい子供としてわれわれが欠乏の前で呆然とした時以来、科学者たちが手探りで認識し始め、失恋した恋人たちが嘆き始めた不在について預言者たちが歌って以来、この訴えは聞こえていたのである。この訴えにわれわれは耳を傾けないが、それでも、大地を取り囲み、打ち叩き、大地を壊すかもしれない大気や海や火と同じように、それはざわめいているのだ。自然科学のように、明確に境界を定められ、厳密で正確であり、認知科学のように、条件的かつ創始的であり、経験のように堅固な大地よ。さまざまな生物種と、それらの足跡、争いおよび労働の土台にして、住処、生態環境であると同時に、常に不死の海洋のざわめきに取り巻かれ、狂暴で騒々しい、あるいは穏やかで澄んだ大気に包まれ、火によって荒廃させられ、養われ、穴を穿たれ、全滅させられ、再生する大地よ、白熱する基本要素の三位一体で限られた堅実な正確さよ。

われわれは大地を捨てて、大気、水、火を選んでしまった。土に由来する名を持つ、しがない人間であるわれわれは、大地の上で生き、大地に依存し、格子模様、モザイク、風景、無数の形態と多様な状況の網の目から成る、そこに内在する多彩さに頼っている。われわれは慎重に、そして夢見ることもなく、二本の脚を地球の上に置き、事物の上に手を掛け、目を伏せている。われわれは大地の上から白いパグスを切り取るが、それがわれわれに思い出させるのは、われわれのうちに、そして周囲にある、青緑色の海、透明な大気、そして純真な火の大いなる帯なのだ。

基本要素の内在性と超越性

いうまでもないことであるが、われわれが働いたり書いたりできるのは、十分に分化した大地の結晶のような堅さの上にであって、ふわっとした水の上でもなければ、気ままな大気の中でもなく、われわれがその中を通り抜けようとすれば死んでしまう不可触の火の中でもない。だが、充実して黒い大地は、書かれた文字が読み取れるように空白を、あるいは果実が実るように透明な液体を待ち望む。われわれが土台に彫りを入れるだけでは不十分であって、読解や理解を招来するためにはその彫り込みにさらに光を当てなくてはならないのである。われわれが耕して畝を作るだけでは足りず、果実や収穫をもたらすためには、好気性の植物や種子に水をやらなくてはならない。それゆえ、大地には、水と海洋から出てくる涙が、風とその絶え間ないすすり泣きが、電撃的な火とやけどが必要なのだ。それほどまでに光輝と豊饒は情念の喜びと苦痛とに由来しているのである。

労働や感覚の形や境界が、大地と、それに内在する乾いた、厳密な、この上もなく精確な堅さに由来することは確かであるが、形も境界も持たない白熱する超越性が存在しないのであれば、そこにいかなる形も、いかなる境界も読み取ることはできないことであろう。もし光と熱と運動と流れのこの始まりがなかったならば、われわれは一切の認識の最初のことば、一切の労働の最初の恩恵を理解できないことであろう。大地がその境界を大洋という衣装の中に、大気というスカーフの下に、太陽と星々から発するオーラの中に提示しているのと同じように、内在性の平面は、それなくしては自らが存在することも思考することもできないある体積の中に漬かっている。他の基本要素がなければ、大地はない。宇宙がなければ、世界はない。白い状態がなければ、色の付いた状態もない。労働、言語、そして感覚は、この最初のかけがえのない微光がなければ、暗闇にとどまっていることだろう。冷たくて黒い、有用な内在性。条件付きであるが、燃え上がって輝く超越性。若く、複雑で、冷却した地球が現れたのは、熱い液体と、原始的な単体、そして基本要素の白熱状態からである。そして感覚は神的なアペイロンに、色彩のパレットは白さに始まる。あらゆる栽培植物が個体株から始まるように、一切のわれわれの思惟、一切のわれわれの感情は白色から出てくるのである。

誰を愛すべきか

欲望についても同じである。われわれが恋に落ちるのはあれこれの個人であるのは確かだが、無限は、何よりもまず、また結局、幹的な種というわれわれの条件の分化全能性を誘惑する。プログラムが壊れているというわれわれの状態は、いかなる方位決定も許さず、われわれを可能性の全体に直面させる。ドン・ファンは愛しては捨てた千三人の女性を数え上げた後、ある修道院で、無数の人々が住む虚空を見上げて祈禱に耽る。よく知られた病理的な症例を別にすれば、神秘主義が性的な欲求不満に解消されることはない。というよりはむしろ、無限で象徴的なわれわれという白い種は、欲求不満という日用の糧を避けるわけにいかないのである。われわれの欲望を満たすことができるのは、誰であろうか、あるいは何であろうか。たとえ豊かさにあふれていたとしても、人間というものは往々にして満足よりは欠乏を糧として成長するものであることを、いつの日にか生身で体験させられなかったような人がいるであろうか。自分がした最善の仕事は、この汲めども尽きぬ泉から取り出したものであるということを。何十万年という年月が、不足、飢餓、欠乏、欠如、希少性によってわれわれの代謝作用を鍛え上げてきたのだということを。肥満はわれわれを押しつぶし、殺すものであるということを。われわれは欲望においてさえ専門化を放棄するのである。貧窮、すなわちわれわれの条件。

積極的には、恋愛が純粋で無垢のエロティスムにおいて素晴らしい天上的な結合を、時折、体験させてくれるとしても、この瞬間的あるいは長期的な満足がいかに完全なものであったとしてもそれだけでは、われわれの無限性と結びついた到達不能の全体性の、無限であるがゆえの根本的な欠如を決して満たせないのである。神のやもめとなったわれわれは、すべての女と世界を、隣人と遠くの他人を、植物と動物を、風景と生命を、白紙状態の世界を、砂漠を、海洋を、白い山々を、存在と死を、善と悪を、存在するものと存在しないものを、宇宙と再び女たちを愛する。愛というものがあるとすれば、私より賢い人々が〈神そのもの〉と命名した愛の諸行為の、この到達不能の積分に向かう普遍的な愛だけであろう。

そしてもし私がおまえを愛しているとすれば、この全体性がおまえのもとを訪れ、おまえの中に集中し、かけがえのないおまえに住みつくのだということを私は知っている。われわれが生きているのは虚無か無限の中であり、他の種たちが生息するこの有限の環境の中に、時折入り込むのである。多数ということは、零にとっても全体にとっても重要ではない。誰それと命名された人に対する愛が到来するのは、〈全体〉が彼もしくは彼女の中に凝縮される時である。われわれが理解できないために欲求不満と呼ぶところの、虚空をショートさせる電撃的な経験、そしてプレローマ(*32)で充満した無限。常に普遍的であるわれわれのすべての愛の周りを、神秘主義が徘徊しているのだ。

聖性、貧しさ

それゆえ、ギリシアの抽象なるものの創始者たちはアペイロンを想定する。ここではそれを、分化全能性を持ち、進化とは逆向きの引き潮から生まれ、そこから一切の文化が生まれてくる幹的な種《しゅ》という概念のもとに人間化したわけだ。神秘家たちはこれを欲望と認識の総和として、彼らには陽否陰述的《アポファティック》なやり方でしか語れない神として体験する。陽否陰述的というのは、否定的かつ後退的に、つまりそれについて語れないことを語るにとどめながらということである。それは限定されないままである。復活祭の火。

それについて証言するのは誰だろうか。網目状の組織になり、職業化した現代の諸科学は、集団的な知能に基づいて機能するから、われわれは以前ほど天才を必要としなくなった。原子爆弾による絶滅、あるいは相互の不可視性という脅威のもとで戦争が不可能になったので、われわれは英雄に警戒の眼を向ける。今日、われわれは聖者が大いに不足していることを痛感するのであるが、聖者たちにしても透明な無関心を目指して、同一の脱プログラム化に戻ってくるのだ。この透明な無関心が聖者たちを漂白するので、彼らは神さながらに見えなくなる始末である。控えめで、人目につかず、栄光の後光も持たないのだ。だから証人たちである。

ことばが貧弱な者たち。つまり無言で、透明で、この世にいないのと同然なのだから、誰にもその所在が突き止められない者たち。意図が貧弱な者たち。無垢で純朴であり、ノーとはいわず、際限もなくイエスを繰り返すだけの者たち。人に与えること、人を赦すこと、人に身を委ねることで貧しくなった者たち。過剰な奢侈や欲求が抑制できず、ただもう貧しい者たち。精神が貧しく、衒学的に無知をさらけ出し、肉体の形而上学だけにこだわっている者たち。地球、生命、思惟、多様な文化、他者を前にして、いかなる条件も付かぬ全くの恭順を求める哀れな人々。私というもの、自我、主体のない惨めな人々。彼らは野外を放浪してばかりいたので、その過程で遭遇した差異によって、彼らの内なる一切の示差的なとげは音もなく削り取られてしまったのだ。人間たちの遭遇、時間に関する〈大いなる物語〉、それに世界一周旅行が、彼らの内部で形式、光、影、色を混ぜ合わせてしまったのである。

もしわれわれすべてが、個人としても集団としても、遺伝的にそうであったように、このような貧者たちになる決心をしない限り、われわれは死ぬのである。貧しさ、すなわち人間たちの希望にして、世界の未来。

アイデンティティー、所属

われわれ、私

文化が多孔的なものであるにもかかわらず、今なお国家間の境界という全く古くさい馬鹿げたものが存在しているから、あなたはその壁のところで見張っている係員の一人にパスポートか身分証明書を提示しなければならない。彼がまず確認するのは、誰にもまねのできない顔の写真が、彼の前を通り過ぎるあなたの両肩の間にある顔に一致するということである。続いて、疑わしいところがあれば、彼はいずれかの書類に記載してあるあなたの名字、名前、年齢、性別を読む。彼はあなたの身許確認をするわけだ。だが、これで本当の身許確認になっているのであろうか。

否である。実際、あなたは誰それと呼ばれるわけだが、あなたの名字を持つ人が世界中には十人あるいは千人もいるわけだから、その名字であなたを特定するわけにはいかない。あなたは、マルタン、チャン、あるいはゴンザレスと呼ばれた時にそれに応答する男女の部分集合に属しているに過ぎないからだ。同様に、あなたはサラとかブルーノとか呼ばれる男女の部分集合にも属している。時によると、あなたは旅の途中で、あなたと同じ名字と名前を持つ気取り屋に出会うこともある。少なくともこの同名異人という理由だけからしても、名字と名前をたとえ組み合わせたところであなたの身許を精確に決定するわけにはいかず、決まるのはあなたの二つの所属関係の交差部分に過ぎない。それから、性別によって、あなたは男あるいは女という部分集合のいずれかに属しているし、さらには、しかじかの場所でしかじかの時間に生まれた人々という部分集合にも属しているわけだ。あの場所で、あの週のあの時間に呱々の声をあげたのは私だけだといって、自慢できる人がいるだろうか。あなたが主張する私なるものは、多様なわれわれの中に漬かっているのである。

所属と身許の混同

こういうわけで、われわれはしょっちゅう所属と身許を混同している。あなたは誰ですか。この問いを聞くと、あなたは氏名を名乗り、時によると出生の場所と日時を付け加えることもある。あるいはむしろ、あなたはフランス人、スペイン人、日本人だなどという。だが、それは違う。あなたは恒等的にあれこれのものであるのではなくて、繰り返しになるのだが、あなたはさまざまな集団、国家、言語、文化などのどれかに所属しているのである。同様に、あなたは自分が神道信者、カトリック信者、民主主義者、あるいは共和主義者だとおっしゃる。だが、そんなことは全くあり得ないのだ。もう一度いうが、あなたはただこの宗教、あの政党、あるいはあの偏屈者たちのセクトに属しているに過ぎないのである。

それではあなたはいったい誰なのか。この表現は非常に曖昧な意味への道を開くから、しばらく棚上げしておいたほうがよい。後でまた論じ直すことにしよう。ではあなたの正体を明らかにしたまえ。ただ一つ真実な答えは、あなた自身にしてあなた自身だけというものである。というのも、同一律は次のようにいい表わされるからだ。Pが恒等的にPに等しいというのであって、論理学者や数学者たちは習慣的に、これを表わすのに短い三本の水平な棒線を用いて、二本しか用いない等号の場合と区別するのである。所属についていえば、彼らがこれを表わすのに用いるのは、ギリシア文字のイプシロンまたはユーロの記号に似た棒のついた小さな半円形であって、それが表わすのは、あなたがポルトガル人、マホメット教徒、あるいはあるサッカー・チームの一員であるのと同じように、ある要素がある集合の一部をなしているということである。したがって、所属と同一性を混同することは、初等教育の教師に叱責されてもおかしくない重大な論理の誤りなのである。

税関、警察、総合情報局、関税……

もちろん、たいていの場合には、あなたの氏名だけで憲兵隊はあなたを同定できる。今からわずか数十年前、政府が身分証明書類を、娼婦の場合と同じように、カード化しようとした時、これを拒否して立ち上がった人々の、この制度に対する憤激の抗議行動を、残念ながらわれわれがもう思い起こすことはない。ナチス国家は、ユダヤ人にこのような書類を携帯し、命令があれば提示するように強制して、彼らを同じように侮辱した。いわゆる自由な男女はこのような措置を免れたが、この措置の被害者になった女や娘たちはすべて区別なしにサラと名乗らねばならなかった。見て取られるように、このような決定は、所属だけをはっきりさせるために同一性を排除する。警察が行なう身許の割り出しから分かるように、所属は一種の住所の役割を果たすのである。もし憲兵があなたを逮捕したいのであれば、彼は、県、市、街、番地の分かっているあなたの家の玄関で呼び鈴を鳴らすだけでよいからである。あなたが「私は誰でしょうか」と問うたとしても、総合情報局がするのは、あなたをどのように探し出したらよいのかという全く別の問いにそれを変えてしまうことである。論理の誤りは、相異なる二つの専門分野に関わりがある。あなたは存在論と人体測定学を混同しているのだ。たぶんあなたは、ある種の匿名性が与えてくれる自由を忘れてしまってさえいるのかもしれない。逆に、このカードの携帯が殺人から保護してくれることもある。私は十人ものアフリカの友人たちが、これを羨むのを聞いたものである。少なくとも彼らの国家は、白人の数は勘定していて、一人でも欠ける者があれば、それを探すのだそうだ。だから、白人を殺害することは難しくなるというのだ。

生と死

だが、パスポート、身分証明書、それにあらゆる行政、銀行、病院関係の書類、さらには電話、ガス、電気関係の書類を加えたところで、それらの上に記載されているリストだけで一人の男や一人の女の所属を網羅することは、まずあり得ないことである。彼らが外国語と称される言語を学習すれば、隣人や家族も聞くことのできない新たな共同体の中に投げ入れられる。職を持っていれば、彼らは企業、公共機関、行政機関などの中にあって、競争までさせられる。スポーツならば、あるチームに所属していて、次の土曜日には別のチームと対戦するかもしれない。彼らがある分野の専門家になれば、ある学問、学部、学会に参加することになる。彼らがオペラ、ダンス、ピアノの愛好家であれば、アマチュアの同好会を作ることであろう。こうした所属の列は、あなたが生への関心に恵まれていればいるほど、それだけ長くなる。それはあなたが他人と経験を分かち合うことを可能にし、それが開かれていくことによりあなたの達成感は高まる。だから、躊躇することなく、あなたの所属を増加させていくことだ。そうすれば、あなたの絆はそれだけ豊かになることだろう。この所属の列が閉じることはない。というのも、あなたがこの網目を織り終わるのは、あなたが生を終える日のことでしかないからである。

もう一度尋ねるが、あなたの素性とは何だろうか。それが、これらの部分集合すべての共通部分の和集合として、あるいはあなたのすべての所属の列の総和として決まると仮定すれば、あなたにしろ、ほかの誰にしろ、それを知るのは、あなたの臨終という、あなたにとっては厳粛ではあっても、陳腐な時でしかない。あなたの素性というものが存在するとしたら、そして存在する時には、それはたぶん所属の総和に還元されることであろうが、決してそのうちの一つ、あるいは別の一つにはならないであろう。この数列あるいはこの総和の極限に、それらの展開から外れた集積点が存在するのであろうか。あなたの素性なるものは、あなたが生存中に通過した環境、押し破った門を積分したものであるか、さもなければ、(別のものになるかもしれないが) どんなにしてもこの総和の内部には取り込むことのできないある場所に始終存在しているのである。「私は恒等的に私に等しい」という同語反復だけが、この藪のように繁茂する内在性やこの到達不可能な超越性を厳密に閉じさせる。だが、白い透明性、この反復の白熱は何も教えてくれない。

こうして描き出されるのは、相互に他方を目指す二枚の地図である。一方の所属の地図は、数において も交差した重なり合いにおいても増大する複雑さに向かって走る。無言で滑らかな白い恒等性の地図のほうは輝く。

人種主義とその二つの単純化

ところで、かなり久しきにわたって学者、政治家、ジャーナリスト、地方分立主義者、そしてつまりは誰も彼もが、この純粋な論理の誤謬を意に介さずにアイデンティティーという用語を反吐が出るまで使用しているため、この語は漂流してもっと重大な過ちに辿り着いている。実際、文化的、民族的、宗教的、男性的あるいは女性的、アフリカ的、ヨーロッパ的あるいはイスラム的なアイデンティティーなどという表現が覆い隠していることを検討してみよう。

ひどい不正行為や耐えられないような苦痛が、このようないい方や考え方から生まれてくる可能性がある。人種主義者は何というのだろうか。彼があなたを取り扱う仕方は、まるであなたのアイデンティティーがあなたの所属の一つで尽きているかのようなのだ。彼にとって、あなたは黒人か、男か、カトリック信者か、赤毛なのである。彼は、曖昧でもあるし単純でもある être《エートル》〔……である〕という動詞を熱愛する。人種主義はその力を一つの存在論から汲み出してくるのであり、その最初の発話行為が、この場合には、人格をあるカテゴリーに、あるいは個人をある集団に単純化するのである。彼があなたをある仕切りの中に釘付けにするやり方は、昆虫学者がそのコレクションの中のある昆虫に針を刺すのと同様である。追われ、殺され、鋼で貫かれて、昆虫はその属の化身となる。いや、違う。あなたはイスラム教徒、娘、プロテスタントあるいは金髪ではない。あなたは、さまざまな国とその春のありよう、この宗教とその儀式、ある性別と浮動的なその役割などの部分をなしているに過ぎないのである。論理的なアイデンティティーが厳密さを規定すればするほど、ますます所属関係は消滅し、時間や偶然性や必然性と同じように浮遊する。そのために、こんなに多くの不幸が世界に襲いかかってくるわけだから、犯罪に転じかねないこの誤謬は正したほうがよいのである。

人種主義とは、所属関係と同一律の間でそれが行なう還元によって定義できる。文化、言語、あるいは性の問題を論じる時にこんなに普及しているこの語は、もはや使用しないことだ。というのも、論理の誤謬がそこでは政治的、社会的な犯罪になるからである。人種主義者は、私をあるわれわれに還元する。この単純な言語の誤りを試みただけの人でも、死刑執行の企てを隠しているのではなかろうか。それゆえ、今日かくも頻繁に見られる文化的、性的、宗教的、民族的アイデンティティーという表現は、はっきり人種主義的であると見なすべきである。

倫理——包含と排除

こういった論理的あるいは社会政治的領域の諸要素に、いまや応答するのは倫理におけるこれまた最も単純なことどもである。あまりいわれないことであるが、所属は、実のところ、特異なリビドーと、身体や精神の場合よりももっと強烈な欲動を巻き込むのである。この欲動は、戦争まがいの激しい討論の中で侮蔑的な態度への執着となって昂揚するのだが、そこで各人が防衛しているのはそれぞれのアイデンティティー、さらには理念ではなくて、その属する集団、セクト、団体をまとめる絆なのである。この病的な悦楽は、時折、サッカーの試合が行なわれる競技場のスタンドで一働きすることもある（学者先生はこれを「カタルシス」と称する）。いうまでもなく、私の国と君の国の戦闘が終わった晩に何十万人という死者を埋葬するよりは、標的にたくさん命中させて緑チームを負かした青チームの勝利に大声をあげて喝采するほうがよいに決まっている。こちらのほうは、誰も殺さないし、ブリキ製のカップを争う次回のコンペでは、結果が逆になるかもしれないからだ。この恐るべき所属への欲望から、たぶん世界の一切の悪が由来するのであるが、それは明言されていないとはいえ、次のような普遍的な行動規則でいい表わされる。すなわち、もっぱら内側だけに限られ、外に向かっては排他的な「あなたがたは互いに愛し合いなさい(＊33)」である。してみると、所属関係もまたもや être《エートル》〔……である〕という動詞を反復しているわけだ。この人はわれわれの仲間ではないと。私は先刻、部分集合について語ったが、ここにあるのは閉じた部分集合なのである。

もしある個人がこのような部分集合に属しているとすれば、そこには属さない別の個人が少なくとも存在することが想定されている。たまたま彼がその境界を乗り越えて入ってくるようなことがあれば、われわれは彼をわれわれの壁の外に追放することであろう。所属関係が描き出すこの境界の外側にあって、この他者は同一の恩恵に与るわけにはいかない。つまり、包含は陰に陽に排除を伴うのである。たとえば、動物の中には同一の種に属さない相手だけを殺害するものがある。問題になるのは〈他者〉である。厳密ないい表し方をした場合のアイデンティティーというのは、私の上に私を押し当てる以外のことは何もしないから、このような排除とは無関係な状態である。だが、私をわれわれに所属させたり貼り付けたりする行為は、この包含から他者を排除するのである。

所属のリビドー——練習問題

そしてモーターとして、この潔癖で狂乱するリビドーを伴うのである。世の一切の悪は所属に由来するのであろうか。私はどちらかといえば、そうだと思う。世の悪はこれらの境界、仕切り、定義の中を徘徊し、それらがかき立てる比較や競合から、このリビドーの熱に刺激されて、流れ出るのである。

このリビドーを冷却するために、一日に一度、あなたの文化、言語、国、滞在地、あなたの村のサッカー・チーム、さらにはあなたの性別や宗教、要するにあなたを囲い込んでいる厚みを忘却することができればいいのだが。女たちは結婚するとともにかく姓を変え、旅行者は住所を、亡命者はパスポートを変える。何かある外国語の単語を訳してみるがよい。あなたの口が慣れ親しんだ方言を捨ててみたまえ。裏切り者だと非難される人は、文字通り国境を横断する（*tra-ducit*）のであって、単に移動するだけであり、輸入業者あるいは輸出業者としてこの障壁を貫いて（*trans-dare*）与える人であることを思い起こそうではないか。この裏切り者のことをむしろ交換者と呼んでほしいものだ。翻訳者を祝福しようではないか。女たちよ、あなたの兄弟の敵と結婚したまえ。もしあなたがしがない鐘楼あるいは大聖堂の陰に住んでいるならば、一日に一度、たとえば正午に、それらをジグラットのように、ピラミッドのように、モスクのように、あるいは陰のないパゴダのように眺めてみたまえ。宗教のうちでも、その創設神話が固有の土地を神格化するのではなくて、反対にそれとは別の、遠方にあって、到達することが難しい、いわゆる神聖な土地を賛美しているものは、幸いである。それと比べると、現実の生活が営まれる土地は涙の谷や流謫の地になってしまうほどの隔たりようなのだ。われわれはどこから来たのだろうか。どこからでもない。よそからである。超越性からである。結局、この光の時に当たって、われわれの友人をペルシア人に変装させたり、竜のような動物たちを、助けてと叫ぶ最愛の姫君であると思いこんだりするように努めようではないか。時折、われわれが自分たちの所属を忘れることができたらよいのだが。そうすると、われわれのアイデンティティーが増してくる。おまけに平和も。

アイデンティティーの告白——先天的なもののすべて、後天的なもののすべて

私は、同一律が空っぽな同義反復に帰着するのを好むものだ。そうなると、それを支えている存在論も効力を失う。私の顔は白い、円い形をし、私の身体は純白のコートの形を取る。描線のない肖像画、どこまでも可塑的な蠟。そうなると、ほかの一切の事物は、このような白熱体の上に刻み込まれて、ごちゃごちゃした地図は白い地図の上に投影される。女友達の美しさも、合衆国の都市の醜さも、きらめくサハラ砂漠も、切り立ったアンデス山脈も、一列の氷山が並んだバフィン海峡の潮流も、日本の三角錐状の火山も、悪漢や聖者たちも、貧民や王侯たちも、クレーン運転手も、農民も、売笑婦も、大臣も、権力を握った殺人者や恋にひそかに焦がれる恋人たちも、学問も音楽も。千の声で鳴り響くこだま、十の色を持つ白

い光。

白い光の世紀の感覚論哲学者たちが、この無垢の蠟の中に自我を投げ込んでくれたことを、私はよかったと思っている。そこでは世界が心ゆくまで自らをまた互いを見つめ合うから、他者たちが無限回の対面を行なうのである。私の身体の中で、私の魂の中で、重ね書きされた羊皮紙のような私の悟性の中で、無数のテキストやデッサンが、過重な荷物を背負わされ、速やかに忘れられ、記憶され、重なり合い、絶えず消え去りながらも作り直された畝の中に始終描き直され書き直されて、逢瀬を重ね合う。万物はこの不在の上に書かれているのだ。いいかえれば、誰でもないものと他者たちを合わせたもの、それが自我なのだ。*Ego nemo et alii*［私ハ誰デモナイモノデアリ、他者タチデアル］。

アイデンティティー、空虚、無垢。この空虚からありとあらゆる充実が生まれ出るのである。プレローマ、つまり充実は空白を必要とするのである。処女は母親になるが、その母親も出産を終えると再び処女になる。ほとんどすべての生き物が、植物も、動物も、茸類も、天賦の才を持って生まれるが、与えられたものだけしか知らない。彼らは型にはめられていて、学習に抵抗する頑なな限界を備えている。要するに、生まれつきプログラム化されているのである。われわれ人間の場合には、一切は、先刻もいったことだが、蠟の上の痕跡や無色のものの中に現れる色彩のように、後から獲得される。だが、われわれの生まれながらのアイデンティティーは、一切を獲得するというほかならぬこの可能性を含んでいるのである。出発点でもう全能性、一切が潜在的にまどろんでいるという意味での分化全能性を与えられているのだ。われわれは、この生得の白さそのものによって、普遍的な能力を備えているのだ。私がいうところの二つの地図、つまり獲得形質と生得形質との間には、議論も矛盾もなければ、比例さえも存在しない。生まれながらの一切、獲得された一切、この奇妙なつけたりが人間を形成するのである。

合成された身体

反論――そうではなくて、強烈な差異が自我を非自我から隔てている。というのも、免疫系がかなりの精度で他者を識別して有機体を外界から守っているからであるが、その目的は他者が侵入してくるようなことがあれば、攻撃の手を強めるためなのである。だから、これは反例になるのではなかろうか。ここでは、アイデンティティーが所属と一体化して、その境界を閉鎖し、闖入者に対して激しい戦闘を挑むというのだからである。万事の成り行きはあたかも、全防衛部隊が、皮膚、軟膜、硬膜、胸膜、腹膜、血管膜、細胞膜といった有機体に備わる無数の城壁の銃眼で警備に当たっているかのようである。

しかし、時折、この規則の例外となる器官が現れる。こんないい方をしてよければ、免疫の部分的な停止を行なう子宮がそれである。実際、母胎は雄がその中に入れる闖入者から自衛してはならないし、雌性は他性を積極的に受け入れなくてはならない。というのも、さもなければ、母胎は、常に外部から来る単細胞の精子を殺すか、追放することになろうからである。母胎は戦わずにそれらを受け入れる。免疫的な事柄に関しては、母親はいつまでもある意味で処女のままなのである。彼女は、身を守ることなく無数の男の種を受け取ることができる。さもなければ、われわれは絶えて子供というものを持つことがないであろう。いかなるものであれ所属によって定義されるのではさらさらなくて、アイデンティティーの透明な原理で定義されるという意味で、子宮は自我に似ている。この白熱的なアイデンティティーが女たちの腹の中に宿っているということが、私の気に入っている。この愛想のいい器官を愛してやりたまえ。

それではアイデンティティーについて、同一律を反復する以外に何かいうことがあるのだろうか。アイデンティティーは通常の規則に従い、武装し、鎧や城壁を増強し、あらゆる他性に対して戦いを挑み、挙句の果てに追放するとか。あるいは、時折免疫の作用を免れる母胎のほうを好むとか。その場合、子宮の可能性の中に浸ったアイデンティティーは、集団的であれ個別的であれ一切の防衛を解除するのであるが。われわれの身体は、この二つの解法を合成しているのであって、戦うが戦わないし、自らを閉ざしもするが開きもし、遮断もするが通過もさせるのである。あなたが腸や肝臓、骨格の解決策を選んだとしよう。あなたは個人の生命、カゲロウの時間しか続かず、野草のように過ぎていく生命を選択することになる。瞬く間に殴り合いであり、あえぎ声である。あなたが生きるのは、傷と瘤との無益なきらめきの間だけにしか過ぎないことであろう。愛のほうを選び、白旗を掲げたまえ。そうすれば、新たな物語の時間が到来する。

三つの身体、三つの生命、三つの時間？

個体化した身体、表現型、個体発生は戦うが、系統発生は、どうにか子宮の内部に隠れて、別の形で持続するために平和を発明する。この起源の場所に、秘密が横たわっているのであろうか。戦争は、その回避を可能にする前提的な休戦条件より高くつくのが常である。いつだってしまいには負けるに決まっているのだから、個々の有機体は死によってその防衛機構の代価を支払っているのであろうか。実際、莫大な費用である。それが部分的にであれ生き延びることができるのは、ときたま防衛を行なわない器官によって、あるいはその器官の中においてでしかない。万事のありようはあたかも、われわれが個人のと種のとの二つの身体を、そして短いのと長いのと二つの時間を生きているかのようなのである。というのも、われわれは、門をあけ放したのと壁に銃眼のあるのと二つの身体を持ち、その一方は白いアイデンティティーのうちに、もう一方は所属のうちにあるからである。

膣の奥に隠れている平和的な解決策は、われわれのものとは別の生命を、別の時間を、バラの寿命を越える物語の時間を生誕させる。人間のアイデンティティーとは、女たちの母胎の中に横たわっているのではなかろうか。人間の文化は、女の本性の中に横たわっているのではないのか。私はこの比喩が気に入っている。

第三の身体、第三の生命、第三の時間。今から四百年前、モンテーニュは新大陸からやってきた一人の「野蛮人」に会い、その異様さに驚嘆し、不安になる。こういった差異をさまざまな口実にして、通常、われわれは殺し合いをする。ところで、つい最近われわれが知ったことであるが、アフリカから出発したわれわれの共通の祖先が枝分かれしたのは今から数千年前なのである。われわれの細胞の持つ遺伝情報はこのルネサンス期のインディアンのそれとほとんど同じなのだから、われわれは近いいとこだといってもよい。偉大な諸発見が人間の文化と科学を、空間にまき散らされた他性へと解放し、〈大いなる物語〉の時間は、これらの他者たちを家族の中に取り戻す。自然な調べのもとで、それは昔の文化的な差異を相対化する。

作品としての生命と自我

こうしてわれわれは、ずっと長大な持続に沿って、われわれの偶然的な出来事のゆったりした根気強さを取り戻す。たとえば、自我は時間の働きの中に溶け込み、これまたある生命の運命のように成長する作品のように上昇する。万物は偶然に恵まれた遭遇から始まり、後生説に従って発展する。自我や時間と同じく作品も前進し、後退するが、決して直線的にではなく、分岐し、自己に戻り、眠り、夢を見、休息し、長きにわたって急成長するかと思うと、突然空っぽになり、しばしば混乱し、そしてまた一杯になる。一杯になるのは、消えていく希望や噴水のように迸り出る予測不能な出来事によってであるが、ずっと豊富であったかと思うと、翌日には涸れたりするその噴水は、抹消され見直され登記されたりする希少の土地、つまり混じり合った場所を乾かしたり、水浸しにするのである。一切は最初の白さの上にコード化されているのだ。偶然的である時間と自我は、作品と同じように、広がり、崩れ落ちる。

　フローベールが「ボヴァリー夫人とは私のことだ」と語る時、彼は真理のごく一部分を明かしているに過ぎない。この同定が、彼のほうから登場人物のほうへと全く厳密に一方通行的にしか進まないからである。全く同じように、彼は好みのままにブヴァール、サランボーその他と自分を同一視してもよかったことであろう。この有名な文句の向きを反転させれば、それゆえ、著者のありのままのアイデンティティーを探索すれば、どの程度まで彼の自我が、ローマの王女や兵士たち、聖アントワーヌや博学の神学者たち、純真な人々や複雑なブルジョワたち、牛が牧草をはむノルマンディーの風景や干上がったアフリカの河川、テリアメドとかペキュシェとかいうような人々のことで、はち切れんばかりに一杯になっているかが分かろうというものである。このような逆ではなくて順方向に向かう同定は、扇のように繰り広げられるから決して要に戻ってくる骨の一つに還元されることはなく、自我一般についてと同様に、一人の著者について詳しく語ってくれる。

　確かに、バルザックやゾラは、ジョルジュ・サンド、セルバンテス、セギュール伯爵夫人に負けず劣らず、その作品の中で大臣や暗殺者、洗濯女、坑夫、公爵夫人、司祭、農民や法律屋たちと自分を同一視しているのであるが、彼らは、他の人々が画布に描いたり大理石を彫ったりする場合と同じように、万人に共通する自我、そして常にこのように融合的でゆっくりした作品として構成される自我の無数の形象を紙の上に客体化しているのである。著者《オトゥール》とは増加させる《オグマントゥール》人という意味であるから、これらの偉大な固有名詞は、世人がささやかにではあれ経験している過程を拡大するのである。作家たちはこの過程を彼らの身体から出航させるのであるが、世人のほうは、この過程をちっぽけなまま維持したり隠したりし、時によると忘れたりする。だが、とにかく模倣と同化という同一の過程が問題であることには変わりはない。他性が大挙して白熱状態の中に入り込んでくる。白い地図の中にある混沌的な地図といった趣である。ところで、この同一化があのような数、あのような質、葉のよく繁り、よく響き、色合いに富んだ景色のこの複雑さに到達し得るであろうか。もし自我が除去し、追放するとしたら、もし自我が、受け入れに熱心で時には防衛も放棄する子宮のように、あるいは大家族の幹のように機能しないとしたら。各人は、遭遇され、受け入れられ、黙認されるだけではなく積極的に招待されるこの夥しい群衆から、自分のアイデンティティー売女を組み立てる。こうして各々の生命、各々の自我、各人の時間は作品のように構成される。有効な唯一の行動規則はこうである。生命よ、身体と持続よ、芸術作品の根気と苦悩の中で、自力でおまえ自身を築き上げよ。

教育は有機体を模倣する

どうして幼児教育は、所属の縄張りと受容の場所から合成された生体のプランの展開を見習おうとはしないのであろうか。幼児教育の課題は、まず、このプランをコード化することにある。コードがどんな形式を持っていようともと、私はいうところであった。もっと後になると、その作業は自らを解読し、汚れなき蠟あるいは博識の無知という白熱状態に当然のことながら舞い戻り、自らを過剰にコード化し、言語、音声、イメージを変更することを企てるであろうが、それができるためにはコード化の方法を弁えていなくてはならないのである。してみると、どうして必要なことを受け入れないのだろうか。避けることのできない最初のコードは、自分の固有の文化を受け入れること、つまり後で拒否するのは自由だとしても自分の最初の所属の部分集合を受け入れることにある。あなたがたの言語、慣習、宗教儀式、要するにあなたがたの民族性を伝達したまえ。それらを軽蔑してはならないのだ。こうした根を下ろすための必要事をどうして回避できるであろうか。われわれに染みついているのだから、それらを愛さないわけにいかないではないか。死に至るまで、私は私のアクセントを、私の民族性に由来する根深い習慣のしっぽを、いくつかのテーブル・マナーの悪さを、ガスコン気質の根っこを、キリスト教的で宮廷的な愛の実践を守り続けるであろう。自らが受け取ったコードを伝達しなかった世代は、自分の手には負えなかったことを理解したと思いこみ、自分に理解できなかったことを批判するあまりなおざりにして、傲慢の罪を犯したと手遅れになってから覚るのである。それゆえ、無垢の蠟板を放置しておいてはならない。子供にしょっちゅう選ばせてばかりしていてはならない。というのも、いつでも苦難の多い見習い期間の要諦は、やたらと切りつけられることにあるからである。厳しい試練ではある。いつまでも世間知らずの馬鹿者扱いされたくなければ、柔軟な若者は、見かけほど受動的ではない受け取るという行為を学ばなければならない。動詞 capter《カプテ》は、詐取行為と囚われの情熱との混合を表わしているが、これらは見習い期間と関わりのある単語である知覚（perception）、概念（concept）、横取り（interception）、受け取り（réception）などと共通の語根に属している。捕食者は狩りをして、殺すが、魅惑する女は自分のところに引き寄せる。一方には詐取行為を働く免疫性の器官があり、他方には受容器がある。一方にあるのは自己防衛を試みる純粋な民族性であり、他方にあるのは、こうした要塞を嘲笑して、防衛しないことで自らを強くする生命の旅である。そう、私は取り壊されながら生きるのだ。

ペネロペが船乗りの夫の航海地図を描いたり消したりする、日中には織られ、夜間には解きほぐされるあのタピストリーを見ていただきたい。紋紙は時間とともに進行し、嵐や凪、正午や夕暮れ時の位置、状況や探検、怪物や魔女たちに従って変化する。自我は、織女と船乗りからなるこの揺れ動くカップルに似ている。その独特の身体は、宮殿に入り込んで遺産を蕩尽しようとするおぞましき求婚者たちから来る日も来る日も身を守るためにイタカにとどまっている諸器官と、他方では、キルケのもとで変身し、キュクロペスの牢獄から逃れるために雌羊の毛の下に隠れ、時にはセイレーンのいる海峡を恙なく通過するために蠟の塊で耳をふさぐ部分からなっているのだ。〈誰でもないもの〉と呼ばれ、人の住んでいる土地に出没するあらゆる怪物を自在に操《カプテ》る、一人にして二人であるこの自我は、今日では、芸術の傑作『オデュッセイア』として組み立てられる。航海者であると同時に出不精者でもある彼の物語は、唱われついで書き記された詩句の鎖と糸が絡まり合った網目の縞模様をなしているが、そこにあるのは交差した瘢痕や創傷の痕跡だけなのである。見習い期間が要求するのは、受け取るという、かつては女性的だと称された、この受動性を積極的に耐え忍ぶことである。私はやたらに切りつけられながら生きる。傷つけられて、今にも死なんばかりだ。百回も難破したからこそ、素晴らしく生き生きしているのだ。

時間的不変性

数ページ前から、時間が介入してきている。そのため、名前、身分証明書に書いてある名前の問題に立ち戻ることが必要である。同じ名で呼ばれる人々の作る部分集合に所属すること以外に、名前が少なくとも保証するのは、ある場所で何時かに生まれ、その後、青年、成人になり、思ったよりも速く老人になった人が、ずっと同一人のままであるということである。つまり、名称は時間を貫く恒常性を保証するのである。PがPを反復するという同一律は、一切の枠組み、一切の秩序、一切の場所、一切の時間の外部にとどまっている。ところで、その反対物である矛盾律は次のようにいい表わされる。Pは同時に非Pではありえないと。たとえば、私は同時に誰か他人であることはできないし、やはり同時に、新生児、少年、青年、成人、末期の人であるわけにはいかない。ところで、時間はこういうすべての段階を経過させる。それゆえ、持続が介入してくるならば、あるいはしてくる時には、これらの段階が相互に矛盾することはない。だからこそ、私のアイデンティティーを、生成の中におけるこの恒常性として定義できるわけである。

それゆえ、時間をうまく定義してやるとこれらの矛盾をきれいに除去してくれるものだから、最近の多くの哲学者たちは、一切を逆向きにして、矛盾概念から時間を産み出すという誤謬を犯した。これとは逆に、時間がこれらの概念をアイデンティティーによって覆うからこそ、時間は論理学における最初の二つの原理を超越し、統一するのである。つまり、時間は矛盾する諸状態によってアイデンティティーを安定化するのである。一切の場所から離れて、持続が私を創る。持続は私の諸矛盾を安定させる。彷徨や時間におそれをなして、落ち着き場所を探す人々は、私にいわせてもらえば、所属の空間に逃げ込んでいるのだ。そして、たとえばパリ市役所の壁龕に置いてあるような彫像だけが永続性を保証してくれると考えるのである。人々が彫像しか見ないのは、悪い兆しである。自我は同一律と同じくらい不可視である。白くて透明、つまり恒常性の色。結局のところ、あなたのアイデンティティーは何なのかいってくれたまえ。私はいつまでも白熱したままである。矛盾したもの、多重なもの、混合したものとして私は時間の中に漬かっている。これが私の二枚の地図だ。この二つの地図の合流は、私が少しは永遠の中に生きていることを保証してくれないであろうか。

二値論理の終焉？

所属はすべて、部分集合を想定しており、部分集合はすべて、一個以上の属性によって定義される。リビドーに助けられて、われわれには、自分たちは人間性を賦与された共同体に所属していると考える傾向がある。その際、女、子供、外国人、動物といった他者はそこから排除され、人間ではないものたちが住む補完的な部分集合の中にひとまとめに入れられるのである。それ以降、存在するのは二つの部分集合であり、われわれとそれに対立するものという二つだけしかない。動詞 être《エートル》〔存在する〕と存在論が見事までにこの論理を活用する。存在と無、人間と非人間、虚偽と真理、善と悪などといわれるからである。この操作の脱構築といわれるものは、それが打倒しようとしている形而上学と同一の身振りをしてみせる。というのも、西欧形而上学の外部に身を置くのだと得意がってはいても、同一の二値論理を採用しているからである。ここには同一の分割が舞い戻ってきているのだ。

ところで、私が別に崩れ落ちることもなしに、大きいと同時に小さくもあると、時間を括弧に入れて、考えるためには、先刻もいったように、私がこの三十年間に成長したことを理解するだけで足りる。私には、最近に獲得した専攻性を括弧に入れて、素質があると同時にないと考えるためには、ある言語もしくは音楽を習ってみれば足りるのである。二値論理はある種の論証系には素晴らしく役に立つが、役に立つのはそこでだけなのだ。生命は二値論理をほとんど関知しないし、時間も、見習い修業も、計画も、一般に建築も、〈大いなる物語〉にしても同様である。

それらはむしろ、可能、不可能、必然、蓋然という四つの値を持つ様相論理の中を揺れ動く。柔軟で、ある意味では分化全能的であるこの可能は、ある環境の中に漬かっていて、そこで不可能や必然と遭遇し、開花して蓋然になるのだ。不可能がさまざまな可能性の花束の中で選別を行なう時、われわれは必然性を刻まれた偶然性としてしか出現する余地はない。時間と生命は、さまざまな不可能性を濾過する回廊を通過しながら、可能から可能へと流れる。そこでは過去はたちまち必然に転化するが、未来は可能に、現在は蓋然にとどまるのである。カオスを論じる物理学の理論でさえもこのような枠組みでいっそうよく理解できる。まして生命現象や歴史現象についてはいうもさらなりである。こうして、哲学は二値論理から解放される。

交差

使い古されたあなたの身分証明書は、あなたの全生涯を通じて変わらない所属のうち二つか三つくらいしか含んではいなかった。というのも、あなたはいつまで経っても女か男であり、あなたの母親の子供であるからだ。それにあなたはもう生年月日や出生地を変えるわけにはいかないからだ。このような論理の貧しさは貧困に近い。というのも、実際、あなたの本当のアイデンティティーは、もっと長々と述べ立てることができるし、時間とともに変化する無数のカテゴリーに溶解してしまうようにさえ見えるからである。実際、あなたの旅行、仕事や見習い修業、あなたの職業的、スポーツ的、政治的経験が、あなたの参加する集団の数を急激に増加させる。明日になれば、あなたはヴェトナム語を話す人々、ラグビーをする人々、モーターバイクの修理ができる人々の仲間になっていることであろう。教育や、新たな資格の獲得ほど、あなたの仲間集団の数やあなたの個人的な特徴を増大させるものはほかにない。

してみると、あなたのアイデンティティーをどのように記述すればよいのだろうか。こうした多様な所属の、時間的に変動する交差としてである。あなたの遺伝子地図と同じくらい多彩で濃淡に富み、それより自由でしなやかな、あなたに固有のアルルカンのマントを、あなたは絶えず縫い、織っているのである。

だから、あなたの所属の一つだけを防衛するのをやめることだ。逆に所属の数を増やしていくべきである。そうすれば、われわれが普通にあなたの自我と称しているものは、まさにそれがあなたの防衛しようとしている場所から少しずつ解放されていくにつれて、それだけいっそう幸せに、そして強く充実していくであろう。そうしながら、あなたは自分の最初の文化をいっそう尊重するようにもなるであろう。私は、他の半球の他端に滞在した時ほど、自らをガスコーニュ人、フランス人だと感じたことはなかった。

最初ある極限に向かうと、多彩な多様性は、あたかも絵画全体に主要な色調を与えるかのように、特異性を刺激し、強化する。別の極限では、それは普遍性に通じる。おまえにも僕にも、彼女にも彼にも、アフリカ人だろうとエスキモー人だろうと、すべての人にこのような色彩豊富なパレットを差し出そうではないか。人間とは雑色を帯びるものである。この雑色性から、人間をそれと知ることができるのである。人間に固有なものとは何か。この種の混合である。ピエロのような白熱状態、アルルカンのような混色と濃淡。あなたが自我の上に他の事物を擦りつければつけるほど、自我はますます自らの特異性を確信する。この際だった色調を呈するものはほかに何もないからである。だが同時に、最初にあった蠟と同じくらいに白い総和に向かって、ますます走っていきもする。この白さは一つの色といってもよいし、すべての色を統合したものだといってもよい。ピエロはアルルカンを目指し、アルルカンはピエロを目指すというこの二重の白熱状態が人間的時間を作る。

こういうわけで、普遍的な人間性とは、生誕時に受け取られ、死に際して現実化され、われわれが自らのうちにそのしなやかな変化を認識しているこの無垢性だということになる。それゆえ、われわれは人間性に、一つは白色の、他方は雑色の二枚の身分証明書を与えることになるであろう。

新たな身分証明書？

あなたの変化する能力を示す時々刻々の図表にも似た、変動するパスポートを携えて、警備兵の居並ぶ国境を通過することを想像してみよう。新しい技術をもってすれば、あなたが税関吏に提示するこのようなチップを作ることは可能である。このチップは万人の中から各人やあなた自身を区別する目印を与えてくれるであろう。というのも、それが特異なアイデンティティーの発展の特徴を記述するだけでなくて、とりわけ、そこには、あなたの見習い修業や経験に対応する無数の集団の入り交じりを読み取ることができるからである。各人はそれを、雇用者になるべき人に見せることもできよう。彼に必要なのは、一人の専門家ではなくて、流動的な諸能力あるいは多様な専門技術の交差であるからだ。たとえば、卒業証書があなたについて語るのは、所属、何よりも昔の、往々にして忘れられ、その単一性のゆえに常に硬直した所属についてだけなのである。そうではなくて、あなたの能力は、この語に最も近接した意味でポリテクニック〔多数の技術〕であるといわなければならない。私はそれに、無数の専門技術が交差したと付け加えたいのであるが、そこにモーターバイクの修理、サンスクリットの翻訳、コンピューターの操作などのほか、あなたより不幸な人々に対する限りない同情も含めていっているのである。このような構想に接近していたのが、昔の指紋であるが、さらに、指紋がリアル・タイムで変化すると想定する必要があるであろう。自我は揺れ動く指と同じなのだ。皮膚と同じく皺が寄り、顔、つまり微笑み、瞬き、悲嘆や古い涙の跡と同じように動きに富んだ、このアルルカンのマントは、それゆえ変化するが、一旦採取された親指の指紋は決して変わらない。実用化が容易なこのようなチップは、先刻の無垢性と同じほど普遍的であるばかりか、それに加えて優れて特異的でもあって、あなたの肖像をリアル・タイムで描き出す。このチップは、上述の論理的誤謬や不正を矯正し、結局のところ、多くの人間的不幸を埋め合わせるのに貢献してくれないであろうか。それとも、各人がそれを秘密の場所に隠しておかねばならないのだろうか。

まとめ

全体として、アイデンティティーを巡るこの記述は、次のような諸分野を横断する。同一律とその同義反復、矛盾を介する時間的普遍性を巡っては論理学を、人種主義の批判と排除の過程については社会・政治学を、免疫系とその揺れ動く例外である子宮を巡っては生物学を、所属のリビドーを定義するためには社会心理学をというわけである。この記述は空間と時間について考察し、最後に三つの状態における自我を同定する。すなわち、無垢の可塑性、複雑な景観、これら二つの相の間で振動する転移である。

ともアイデンティティーから所属に向かう時、われわれは私からわれわれにすべり込む。実際、私は少なくとも一つの文化に所属している。これをどのように定義したらよいであろうか。

その文化

「紳士《オネートム》」の文化

この語からフランス語はまず二つの意味を受け取る。かつてキケロは哲学を魂の文化と呼んだ。(*34) 人間主義的との世評のある十六世紀が、「適当な訓練を通じての知的能力の開発」というこの意味を再び取り上げるところとなった。現代のイタリアの同僚たちが *uomo di coltura*［文化人］といういい回しで表わそうとするのは、フランスの古典主義が紳士《オネートム》という、フランスでは長らく普及していたが今では珍しくなった人間に認めていた意味である。実は、ラテン語に、それからギリシア・ローマ的および中東的起源を持つキリスト教に、要するに二、三世紀のちにはルネサンスのヒューマニズムと呼ばれたものに由来する、この身体的、知的、科学的、道徳的、審美的、それから時には宗教的な理想は、まだ若干の人々の意識に残っており、健康、繊細さ、正直な行為に関わるある種の生き方に力を与えている。ドイツの同僚たちは、知識と作法について行なわれるこの教育のことを、*Bildung*［教養］と呼んでいる。だが、世間的また政治的な見解の変化により、この種の教養はエリート的であり、旧套的であると、つまり今では致命的になった罪と見なされている。

キケロの用語へのギリシア哲学の翻訳、ヨーロッパ諸言語への古代語の翻訳と同時に生まれ、したがって今日、嘲弄されているとはいえないまでも絶滅の途にある「古典学」に基礎を置くこの教養は、新しい技術が生まれる少なくとも半世紀も前から臨終期に入った。だから、新しい技術がこれを滅ぼしたわけではない。ピレエフス〔ギリシアの都市名〕を人間だと勘違い[*35]したり、下らぬことを二番煎じしてポストモダン的発見だと称したりしている無数の書籍を読んでみれば、古代、中世、そしていわゆる古典主義時代について無知なせいで後ろを振り返らないことが、人々の頭の中にいかなる荒廃を産み出しているか確認できる。大学に籍を置く幾人かの専門家たちが、死に瀕した古典学に取りすがっているのであるが、彼らにしてからが、この文化が含んでいた厳密科学や社会学に関する、同じくらい重大な無知という対称的な荒廃を蒙っているのである。ごく最近のことだが、大学が文系と理系とを切り離さなければならなかったのは、反復的なフォーマットを詰め込まれた二種類の馬鹿者を産み出すためであったのだ。白昼でも輝くほど強い光で、「教養のある」人を判別できるような松明をどこで探したらよいのだろうか。この人なら、真に現代的な要請から出発してヒューマニズムを再構築しようと努めてくれるであろうに。

人類学が特別扱いする諸文化

どちらかといえばドイツ的な起源を持つ第二の意味が、十九世紀にカントの後について優勢になり、人類学において幅を利かせた。実際、*Aufklärung*〔啓蒙〕が、それに続いて社会科学が、いっそうラテン的な起源を持つ語であり、これらの科学の判断ではいっそう規範的と考えられた「文明」に付け加えたのは、今日では「ある単一の人間社会の内部で習得された行動形態の全体」を意味するこの文化である。習得されたという形容詞がここで強調するのは、文化と自然の対立であるが、自然は徐々に多くの地歩を失いつつあり、そのあげく、たとえばサルトルにあっては人間の自然が否定される始末である。それも、DNAの発見が精確にかつ一般的にこれを再定義する展望を与えていた、まさにその時期にである。そこで民族学者はアボリジニ、ベルベル人〔北アフリカの山岳地帯に住む部族〕、ガスコーニュ人の文化を記述し、社会学者はそれらの衝突を分析し、政治家や大臣たちは国際交渉の途中にこれらの文化の例外性を擁護する。というのも、かつてモンテスキューがいっていたように、そして今日でもブルゴーニュのワインについていわれるように、文化は領土に、場所に、気候に結びついているように見えるからである。こうして、文化はこの語の農業的な意味〔耕作〕を取り戻すのであろうか。諸文化が生まれ、生きているこれらの地域の間に認められる差異を、経済のグローバリゼーションがガラス状にしているのだから、局地的な条件や制約のいかんによっては生存が危うくなる生物種と同等の考え方で、これらの文化を守っていかなくてはならない。そうなると、生物の多様性との並行関係がはっきりするわけだから、消滅寸前の種と同じく、脆弱な文化や使用者がわずかしかいない言語についても、また絶滅した門と同じく、すでに死滅した文明についても論じられることであろう。

往復運動

私がいつもいうことであるが、文化は三番目に、この第一の意味と第二の意味との間で往復運動を行ない、絶えず移行し合うのである。上記の古典学、サル・プレイエル〔パリの音楽演奏会場〕やオペラ座、バレエのアントルシャしか知らないようなお偉方は、豚料理や彼がしばしば軽蔑する粗野なテーブル・マナーとは無縁であるとしても、私の眼から見れば教養を欠いている。このような人が、とりわけなにがしかの権力を持っている場合であるが、人間の暗殺者の画像を見た時よりも、豚の喉に屠殺者が突き立てた包丁を見た時にいっそう憤慨するのを、私はしばしば目撃している。反対に、豚肉屋のほうはルーヴルに入っていくのにさしたる苦労はしない。

教養ある人は、自分の根源である方言、慣習、礼服、田舎なまりから離れて、自分の属する集団の上品な取り決めに向かって進むというか、少なくともそれに近づこうとするが、見習いコックたちの料理場に戻ってくることを忘れないのである。偉大な芸術家たちの場合、こうした往復運動がやむことは決してない。地中海を望む塔の上から、ガスコーニュ人モンテーニュはプルタルコス、ウェルギリウス、それに大西洋の向こう側から来たインディアンたちとつきあう。モリエールは衒学者を嘲笑して、召使いたちに好意を示す。これとは逆に、洗濯女たちがクープランやラモーのリフレインを唱《うた》っていた頃、宮廷はレースやリボンを着飾ってメヌエットを踊っていたのだ。森の人シェイクスピア、農夫のジオノ、場末の医者セリーヌは、しょっちゅう交差する途の上でわれわれを迷子にさせてばかりいるし、そこには軍馬に跨った読書家のドン・キホーテもいて、ロバに乗ったサンチョ・パンサが連発することわざをなしで済ますことはできない。セルバンテスは、この瓜二つの登場人物が乗る動物を対等に（*ex aequo*）走らせる。味噌も糞も、威厳のあるアカデミーも一緒なのだ。大天使は謙虚な人々のもとを訪れる。偉大な芸術が組み立てるのは、全く人間的なこのアーチ橋であって、そこで袖を振り合う群衆の一人一人が相互に語り合い、教え合うのである。ずっと以前から、傑作と呼ばれるものは、われわれが満足げに多文化性と名付けているものを体現しているのである。

ローカルとグローバル

最近、定義がし直されて第四の意味がまかり通ることになった。仲間内の遊びやテレビのクイズ番組では、教養を問題にすると称される質問が最初の二つの意味をごちゃ混ぜにしているのである。一方での「セルバンテスはどんな作品を書いたか」とか「オーストラリアのアボリジニが愛用する武器は何か」などという問いに対し、私がしょっちゅう躓くような「ここ何十年も人気のあった歌手の周りをうろつき回っていた半裸の娘たちを呼ぶ渾名は何であったか」という問いが他方にある。こうして、大衆文化が表わしているのは、光沢紙を用いた雑誌、ラジオ、映画、テレビのチャンネル、あるいはインターネットのサイトなどが広告のページでばらまいたり、アクセスできるようにしているものの全体である。われわれが当面しているのは、こういう状況なのだ。

文化がこの第四の意味を持っているとすれば、その場合確かに文化は世界的になり、メディアへのアクセスを支配している人々に山のようなというも愚かなドルをもたらす。ある種の人々から見れば、陸地を覆うことが知られている洪水と同じくらい危険に見えるこの侵略から身を守るために、第二の定義、つまり人類学的な定義にまっしぐらに戻ることを推奨する人々がある。その時始まるのは、ローカルとグローバルとの間の、ラブレーならばピクロコル的と呼んだであろうような、激しい怒りにまみれた戦争である。マクドナルドが至る所でロックフォールのブルーチーズを打ち負かし、ハリウッドがプロヴァンスのパニヨルやリヨンのギニョルを忘却させるから、アステリックス(*36)でもってディズニーランドを叩きのめそうではないか。エリートが行列する美術館や白髪頭の集うコンサートに対抗するのは、若者も啞然とする大音響に興奮する群衆である。してみると、第二の意味での文化、そしてたぶん第一の意味での文化でさえも辿り着く先は、地方主義、保守主義であり、悲しいことに見せ物用の古くさいがらくたであろう。突然、無数の危険が生じてくる。原理主義者や統合主義は、この戦争から逆に栄養をつけている。われわれはいまや多国籍化とタリバンとの間で選択を迫られているのだ。われわれの現在の恐怖は文化面に流れ込んでいく。

空間の問題

馬鹿げていて単調なこの弁証法が意味を持つために必要なのは、分割されているか否かは問わずただ一種類のコミュニケーション空間の中でしか、文化が生まれ、生き、広がり、支配しないことであろう。等質的、等方的で透明であるこの空間はあらゆることを自由に行なわせ、通過させる。そうなると、強力な金融集団が掲示、広告、雑音へのアクセスを統制したあげく、文化の定義をすべて独占し、その定義をあらゆる時と所で反復して、これをドルに換えることができる。

普遍的なという語は、常に帝国主義を秘匿しているようである。しばしば妥当するものの、反例を挙げることのできるこの告発は、分散した多くの家族を飢餓から救ったずっと昔の果物や野菜の伝播、あるいは暴力によって時間の中や五大陸の上に定理を君臨させたわけでもない数学の伝播のような非暴力的な世界的伝播を無視しており、これについてはまた後で論じることにする。誰が何といおうと、普遍的なものは存在しており、後でそれについて論じ直すことになるが、文化の語源でもあれば実践的起源でもある農業が何千年も前からそのことを示しているのである。ここ二千年以上前から厳密科学がそれに続き、われわれの労働の軽減やいくつかの病気の治療に貢献している。厳密科学は、原則的には、帝国主義とは関係なく成功を収めており、その伝播に対する障碍物のないこの空間を利用している。(*37) 商品や金銭がそこを通過するということが、リディアやそのパクトロス川から貨幣のかけらが湧き出した時以来、地中海における交易を促進した。私が論じている空間を創出したのは、この発見なのであろうか。実際、われわれがいまやいるのは「自由放任、自由通行」の領域なのだ。この空間が文化交流に適応しているのであろうか。文化的な「生産物」が商品に還元されるかどうかを知るという問題は、この空間の構成に帰着する。この空間はあらかじめ存在していたのであろうか。

答えは否である。というのも、無数の山並みが同数個の障碍物として、そこに立ちふさがっているからだ。「ピレネーのこちら側では真理、向こう側では誤謬。(*38)」「人はどのようにしてペルシア人になることができるか。(*39)」ここにあるのは異国趣味と例外だけである。長方形や重力に関しては普遍的法則を、アルミニウムやコーヒーの価格に関しては株式市場における変動を認めてもよいが、作品となると話は別だ。その時、逆に不透明で、不均質的で、閉塞的になるこのコミュニケーション空間内に引かれる境界の総体は、島や小島からなる列島や行政区画が海岸や到達しがたい城壁で自衛する文化的世界地図を描き出す。そして各々にはそれぞれの真理、好み、美が地方的特質として割り当てられる。差異を乗り越えて語り、考え、味わうことなかれとは、反吐の出るほど繰り返された常套句である。

見かけ上は対立しているように見えても、このローカルなものとグローバルなものは、それらの対立の場である空間に関しては、意見が一致している。実際、ちょっと見たところ、膨張的な全体として考えようと分化した無数の部分として考えようと、むき出しであろうと防御されていようと、軍隊が流体のように循環できる網目が走っていようとそれらを立ち止まらせるための税関で遮断されていようと、存在するのは空間だけなのだ。この均質性があるからこそ障碍物が存在し、流動性のためにこそせき止めが行なわれるのであり、誰でも通過できるから、われわれは通行止めにするのである。われわれは、これとは逆に慣習的なものであるがゆえに馬鹿げている国境を打ち壊そうとするであろう。アルプスが密輸入者やそのロバたちを押しとどめるようなことは絶えてなかった。この穴の多い、自然な国境を、ハンニバルやボナパルトの軍隊だけではなく、諸言語や諸宗教も通過するのである。山々のこちら側とあちら側とでは相異なる真理が支配するのは、関税の支払いを強要するバラックをあなたがそこに建てたからだ。税金を好むものは誰もいないから、みんな自分のうちに閉じこもろうではないか。そこで、時期が経てば自然だと思われるようになる区別を養い育てるのだ。グローバルを原因とするローカル、ローカルに相応じるグローバル。グローバルとローカルというのは、同一の戦いなのだ。この単純で馬鹿げた、反復的で危険な空間的な明証性が全世界を、まず始めに暴力を取り仕切る。何たる幸運か、われわれが互いに殺し合わなければならないなんていうのは。

本当はどうかといえば、アルプス山脈の両側でピエモンテの人はイタリア語とフランス語の入り交じった言語を話している。バスクの人とカタロニアの人は、そして時にはアラゴンの人も、ピレネーの両側で馬に乗って生活している。オーヴェルニュの人、ブレーズ・パスカルは明らかにこのことを知らなかったのだ。ライン川の両岸で、アルザスの人とカールスルーエの人は同じように話し、同じように振る舞う。本当にただ一つの空間しか、私がいっているのは路と砦の空間のことなのだが、存在しないのであろうか。いや、そんなことはない。見かけ以上に限りない種類の広がりが存在するからである。われわれはずっと以前から、無数のほかのトポロジーを、とりわけ人間の居住環境のトポロジーを知っているのである。

告白

これまでのところもっぱら集団に関わる議論であるのに、一人称で語り続けることをどうか許していただきたい。そうするのは自己愛からではなくて、いっそうの精確さを求めてのことである。グアラニ族

〔パラグアイに住むインディアン〕や高地スコットランド人など、私と同世代の多くの人と同じように、私にもこの語の第二の意味での文化、さよう、民族性がある。その証拠はといえば、現地で生きた体験もないのに私よりもずっと博識な人々が、すでにそれを主題にして討論を行なっているのである。かの地で育った農民で船乗りの家族が、埠頭で艀を待つ間に、水陸にわたるわれわれの父祖たちの仕事について、オック語で表現された適切な習慣やいい回しともども、私に教え込んでくれたものだ。私は、いつの日にか、今なお私の胸の中では高鳴っているが人前ではひっそり息を詰まらせるこの地の言語で書いてみたいものだ。こういうふうになったのも、固有の地域的習慣、たとえばいくばくかの力仕事、時間の経過とともに姿を消した道具類、ひねくれた世界観、特有の人間関係、カタリ派から何となく引き継がれてきた人づきあいの悪さ、肉体の喜びと怠惰の崇拝、陰気な信仰、軽度の懐疑心……、があったからこそである。これを地方文化というのだろうか。

　さらに、というのもすでに、ガスコーニュはガロンヌ川沿いにジェール川との合流点から遠からぬ地に、二回の破局的な大氾濫の間に生まれた私の父は、ケルシーの、石だらけで乾いた丘のブドウ畠出身の私の母と、異国の男と女のようにしばしば対立していたからである。出身地は互いに三十キロ離れていただけなのだが、当時はこれが天文学的距離と同等であったのだ。彼らは愛し合っていたので、互いに順応した。互いに順応していったので愛し合った。だが、一旦いい争いを始めると、どちらも固有の方言に戻っていった。というのも、彼らにはパンや塩をいい表わすのに、同一のアクセントで発音される同一の語が全くなかったからである。私が育ったのはごくちっぽけな地方主義の中でしかないが、それでも私はそこで、最新の人種主義者たちが今日、文明の衝突と称しているものを知ったのである。最も小さな村でも、ちょうど原子が何十もの素粒子からなっているのと同じように、さらに小さな集落から構成されている。厳密にいえば、存在するのはオック語やガスコーニュ語ではなくて、多数の下位方言であり、そのうちのある人々の歯音が他の人々の耳には通じなかったりするのである。だから、存在するのは上記の意味での地方文化ではなくて、低ケルシー地方からガロンヌ川中流の北部にわたって散らばった微小文化のスペクトルなのだ。これでもまだ見方が粗いのである。

それゆえ文化は、第二の意味におけるそれでさえ、ケルシーの境界やベルベル人の国、あるいはズル〔南アフリカでズル語を話す部族の名〕の山々で立ち止まりはしない。というのも、文化がそこで汲み上げる水源は、場所に結びついているからしてすでに複合的であり、ちっぽけな集落に分散してしまえば文化はたちまち衰えて窒息してしまうであろうが、自らの周りに、幾何学者たちが解析接続と称する偶然的な行程を切り開き、幸いにもケルシーをガスコーニュから隔てる三十個の里程標を通過して、結婚式に到達し、そこから私の身体が出てくるという次第になっているからである。文化は、その丈があまりにも小さいために私にはもはや定義のしようもない場所を離れ、地区から村へ、曰く付きの場所から農場へ、そして、代々の世代が内輪だけで通用することばを作り出す家族集団へと向かう。そう、時には一点に還元されかねないほど窮屈な場所を離れるのである。だから文化がこの小さな円形広場を離れるのは、必ずしも帝国主義により世界を侵略するためではなくて、まずは寓話のネズミのように隣近所の出来事にびっくりするためなのだ。妻に対して一時的に腹を立てている私の父親とか、移動牧畜に従事する羊飼いなどに。それゆえ文化は少しずつ進み、ためらい、短い行程をゆっくり歩き、遠慮がちに学んでいく。文化は故郷を離れて結婚する。ケルシー娘でブドウを摘んでいた私の母が、ガスコーニュ男で船乗り、つまり水とワインで育った私の父と結婚したように。サビーナがローマへ、またカミーユがアルバ男に嫁いだ[*40]ように。文化は往々にして族外婚をする。というのも、族内婚ばかりしていると、近親相姦的な暴行やひどい嫉妬のために滅んでしまいかねないからである。

だから私が *uomo di coltura*［文化人］にならないのは、いつまでもオック人であるからではない。このオクシタンということばも、この消滅しつつある地域を知らない人が考えるほど局所的ではなくて、すでに包括的な呼称になっているのであるが。そうではなくて、若い頃にギュイエンヌ〔フランス南西部の地域〕やアルマニャック地方を旅行して、「この国を限る山々を通過したことがあった(*41)」からであり、もっと長ずるに及んではスペインのアンダルシア地方を、ドイツではハノーファーやライプチヒを、近くではアイルランドを、挙句の果てには、春にはアキテーヌ地方を思わせる谷間に満開の花が咲く日本を、動植物相にびっくりさせられるアリススプリングズ〔オーストラリア中部の町〕地方を、秋には街路に青い葉が散るプレトリア〔南アフリカ共和国の市〕を旅したからでもあるが、それにもまして、さまざまな歴史の電撃的な時間や、それよりずっと長大な進化の時間の中を動き回って、それぞれの寄港地で、自分のところにあるものよりも優れていると思われるものを少しずつ受け取ったからである。私はドイツ流にベッドを整え、ケベック人の流儀で顔を洗うし、私の宗教は、祖先であるケルト人から全くかけ離れたイスラエルの預言者兼著作家に根ざしており、私は、ブラジルの職人の仕事以上に見事なものを、ブルガリア人とマリ人の民衆音楽以上に知的なものを、オーストラリア奥地のアボリジニのいくつかの壁画以上に優れた彫刻を知らないのである。私がしたのは、オデュッセイのような私の父が、河川のことも知らぬ農民の住む未知の土地に婚約の目的で出かけた時に、残していった足跡を、引き延ばしたに過ぎない。

ローカルなものとグローバルなものがむき出しのまま対立していることが示すのは、この単一の空間の中で甘い汁を吸っている人々がその生命を、文化的冒険の中に投げ入れることをしないで、反対に、そして皆と同じように戦争に捧げているということである。実際、このような対立が生じるのは、障壁が設置されたり取り除かれたりする帝国主義的な世界地図の上でのことなのだ。そうなると、現実の世界は、いずれ劣らず同質的なその地図の空間に還元されてしまう。これとは逆に、身近なものから隣近所へ、風変わりなものから遠く隔たったものへと彷徨すれば、すぐ彼らも気付くのは、国家的、政治的、軍事的、経済的境界、要するに悪魔とそれが引き連れている権力と公共的取り決めが開かれたり閉じられたりするのに対し、多孔質で透過性があり、はかなくて、いっそう個人的で肩の凝らない文化的境界のほうは濾過し、滲透させるということであろう。その程度たるや、文化そのものを定義するのに、この濾過、滲透の、したがって獲得、消化、要するに異文化受容の過程をもってしたいほどである。少なくともギリシア語、ラテン語、ドイツ語、サンスクリット語を話せないで、どうやって哲学者になれるだろうか。私はフランス語で考えるのであるが、それはアナクシマンドロス、ルクレティウス、ライプニッツ、それにヴェーダから再合成された混血児としてである。

文化を異文化受容によって定義するのだって？　肝心なのは同語反復よりも、奇妙さの連続である。いまだかつて十七世紀におけるほど芸術がフランス的であったことはないが、それなのに、イタリア語の染み込んだモリエール、スペイン語のコルネーユ、ラテン語のボシュエ、ギリシア語のブリュイエールとフェヌロンはまず、ルテティア〔パリの古称〕やロアール河畔とは別の場所から来ているように見えるのである。この混合物が出来上がるのは、空間的にも時間的にも、カスティリヤの話が、ごつごつしたアレクサンドランのフランス語で書かれる芝居によって都市や宮廷に広がる前に、ルーアンへ向けて独特な行程を辿る時であり、コメディア・デラルテや植物学者テオフラストスの『性格論』やラテン語の小説がフランスへの流入の道を開拓し、それらをフランスが遺漏の多いやり方で受け入れる時である。実際、これに対し、ロンドンを出航してセーヌ河口を目指す無数の英国の帆船がうごめいていた港から数百メートルのところに、コルネーユの執筆する家があったというのに、すでに数百年も経つシェイクスピアの戯曲がこれらの帆の下に積み込まれていなかったなどということが、どうして生じたであろうか。勇士シッドからノルマンディーに至る長い道は通すが、英仏海峡による短い道は遮るのである。これが定義するのは、グローバルでもなければローカルでもなく、均質的でもなければ散在的でもない独自の広がりである。「文化」を理解するには空間を取り替えなくてはならない。

地図作成法

「文化」を素描しようとする際に、してはならないのは、これを縁飾りや孤立片として、あるいは帝国的な侵略、等方的な塊として、さらには非連結の列島として扱うことである。そうではなくて、厳密に寄せ木細工あるいはモザイクとして取り扱わなくてはならない。そこでは部分は全体に対して時には抵抗し、時には譲歩するし、全体も時には至る所に入り込むが、時には部分の前で後退するし、あるいはまた長距離引力が働いているかと思うと、近所に住む者たちがお互いを知らなかったりするのである。世界と場所がそれらの影響力を入り交じらせ、通路を交差させ、色彩を混ぜ合わせる。モザイクもすでに細胞や断片に分かれすぎているから、これもやめにして、絵画に助けを求めなければならない。ターナーや印象派に見られるような、色彩が入り交じり、しばしば輪郭もはっきりした縁を持たなくなっている絵画である。ここではしっくりしているが、ほかではうまくいっていないようなこの混合がなければ、文化は存在しない。物自身の宇宙や時間の宇宙と同程度に絡まり合い、皺だらけになり、混じり合った広がりの中では、われわれは近所だろうと遠方だろうと同じように易々とあるいは苦労して移動するが、滅多に一様な仕方で動くことはない。私が生活した期間は、リモージュよりサン・フランシスコが、ナルボンヌよりも京都のほうが長かったが、だからといって、私がこちらの住民をあちらの住民よりもよく理解しているということはないのである。私はボルヘスを読むが、ミストラル(*42)を読まないし、私と同じ町に生まれたジャスマン(*43)よりはスタイベックのほうを読むことが多い。私がロシア音楽を理解したのは、私の直接の祖先であるトルバトゥールの音楽を理解したのよりも早かった。私はそのことを残念に思ってはいるが、どうしようもないことである。これに対し、私が毎日こよなく賞味しているのはアジャンの干しスモモ、ソテルヌやグラーヴの白ワイン、メドックの赤ワインであるが、スタンフォードの私の住まいの近くの産物であるのにグアヴァやキウイ、それにカリフォルニア・ワインは私の好みではない。われわれの教養は、少なくともわれわれの所属と同程度に、われわれの偶然の出来事の輪郭を描く。それは、われわれの行き当たりばったりの旅行、たまたま知り合った人から受けた教育、路傍でひょんなことから身につけた嗜好の痕跡をとどめている。われわれの教養は、長短さまざまの多数の枝を持つ星形に似ている。ニューロン組織に似ているといったほうがもっといいのかもしれない。そこでは、無際限に延びていって、脳を横断しているいくつかの軸索があるかと思えば、短く止まっているのもあるが、その理由はダーウィンや神にしか分からないであろう。私のニューロン組織が、まだ若い私に好ませたのは、ラ・エ゠デカルト〔ルネ・デカルトの出生地〕の村よりもハノーファー〔ライプチヒ生まれのライプニッツが成人後、活躍した土地〕の中心部のほうであった。ところで、どこか遠隔の地にいた人が私の隣人になるかと思うと、知らなかったがゆえに非常に疎遠であった近所の人が別の親密な知己の隣に住んでいたりするわけだから、全体および部分という一元的な組織網に分割された空間上にはもはや図面を書き込むことはできず、思いも寄らなかった距離を絶えず定義し、測定することが必要な特異なトポロジーへと導かれることになる。ウルグアイ人のイジドール・デュカスがロートレアモンと署名する時、彼の中には二人の人間が共存していて、そのうちの一人はタルブ〔フランス南西部の都市〕に住んでいるが、他の一人がいるのはモンテヴィデオ《ロートル・エ・ア・モント・エヴィデオ》だと、考えているのではなかろうか。

こういうわけで、各人が身につけているのは、その見習い期間の経過とともに変化する特異な文化的チップであるが、それは隣人のチップとも、自分の指紋の図柄とも、さらには自然なチップである自分のDNAの配列とも異なっており、各人は斑模様の地図の上を歩き回り、そこで混ざり合って思いがけない十字路で結婚を祝うのである。文化は多彩なトポロジーを、戦争・歴史・政治・経済の空間とは全く異なるさまざまな空間を作り出す。常に幾何学的であるこの通常の空間は、支配する《メトリゼ》ことを目的にして土地を計測する《メトリーズ》のである。

普遍と特殊

特殊性は、このように理解しておくと、それが例外を要求する限りにおいて普遍性に到達することができる。たとえば、ある単一の視覚ニューロンが脳内空間を横断して、そのあらゆる機能に自らを結びつける。同様に、独創的でもあり希有なものでもある傑作は、あらゆる民族の男女のもとに達することができる。もしわれわれがいわゆる地方文化の枠内にとどまっていたとしたら、西欧人が中国の京劇に感嘆するはずがなさそうなのと同程度に、一世紀アイルランドのケルト人がセミ族起源の一宗教に改宗するはずもまずなかったことであろう。しかしながら、その西欧人のうちで、アフリカのいくつかの仮面やアボリジニの神々を前にして、あるいはブルガリアの音楽やルネサンスのハーモニーを聴いて、感嘆のあまり地面に倒れ伏さない者がいるであろうか。そのうえ、距離と持続が消滅するこの奇妙な空間にあっては、心の内奥がきわめられていけばいくほど、宇宙に対して開かれる機会がそれだけ増大するのである。

陳腐であると同時に深遠でもあるこの確認が、かつては下部構造と呼ばれていたものを定義する。われわれが同一の空間の中にとどまっている限り、われわれは表面的な骨組みの中に取り残されている。軍隊、政党、企業、貨幣、モードがそこでは地域間の距離を隔てて対立し合い、この同じ均質的な広がりの中から浮かび上がる要塞や市場の部分を征服しようとする。単調な歴史の中にも、日の下にも新しきものなしである。だが、空間を取り替えて、距離の基準が存在しない土地に到達する時、われわれは土台の中に入り込む。トポロジーが距離空間を基礎付けるのと同じように、文化の中には人間の構築物の下部構造が横たわっているのである。

トランプの札のようにかき混ぜられる遺伝子の分布は、時折、生物学的な子孫の中に、海で隔てられていても類似性を産み出したり、同一血統の中でも強い差異を産み出したりすることがある。旅行者のうちで、自分の出不精の兄弟が一度も家を離れたことがないというのに、異国で自分にそっくりな人間に遭遇した経験がないような人がいるであろうか。今からわずか数十年前に、作品と生存、文化と自然を接近させるこのパラドックスに想到し得たような人がいたであろうか。何を驚くことがあろう、この二つはわれわれを増加させ、生きることを可能にしてくれるものなのだから。

これが、まずはトポロジー的で、ついで下部構造的な、さらには生命と時間に関わる、文化という語の五番目の定義である。この定義は、第二の定義よりはずっと個別的であり、ヒューマニズム的な第一の定義や商業的で財政的な第四の定義よりもはるかに普遍的である。というのも、各人の道の偶然的な束が、第三の定義にいう往復運動をゆっくり増加させながら、漸近的に共通な時空の見方を目指して進んでいくからである。おそらく、文化が存在し得るのは人間的な普遍に向かう成長の中においてだけなのである。

それゆえ、グローバリゼーションが文化を商品化しているとしても、私は文化が危機に瀕しているとは思わない。問題はそこにあるのではないからだ。『タイタニック』が表現しようとした海上体験がいかなるものであれ、この映画が壮大な駄作であることには変わりがないし、船を操縦する者から見て滑稽であるのは、『バーティカル・リミット』がアルピニストにとってそうであるのと同様である。もし馬鹿馬鹿しさに殺す力があるとしたら、ディズニーランドの張り子材料は崩れ落ちて粥状になってしまうことであろうが、文明にとって何の損害にもならないし、子供たちの養育にとっては有益である。今日、時折、音楽という名のもとで聴かされているものを音楽と呼ぶには、大変な勇気と耳の悪さが必要である。哲学と『ゾフィーの世界』とを決して混同しないでいただきたい。こういうものが商品なのだ。商品は消費され、消費者を消費する。消費者は商品の中から矮小化され、虚弱になり、意気阻喪して出てくる。*Post Disneyland omne animal triste.*［ディズニーランドノ後デハ、スベテノ動物ガ悲シクナル。］(＊44)『イリアス』や『クープランの墓』は消費されることもなければ、焼き尽くされることもない。これらは時代の経過とともに大きくなり、読者や聴衆を増大させる。

ある場所における文化の埋葬や圧殺もまた、商業的なグローバリゼーションと同じくらい確実に文化を荒ませ、窒息させ、破壊する。私が知る限り、他者に対して門を閉ざしたことが原因で滅亡しなかったような文化は一つも存在しない。それから、国境を横切って得意先を征服しながら、面白みのない紛い物に成り下がらなかったような文化も存在しないのである。真の文化は異文化受容を糧として生きているが、そこでは、何たるパラドックスか、拡大が奥深さを目指して進むのである。あなたは喜びによってそれと知ることができる。

皺だらけの網

ところで、今日、ほかならぬインターネットが、これと同じやり方で、つまりトポロジー的な、あるいは多様なニューロン網のような姿を現わしてきている。私は以前にこれを、いつでもどこでもアクセスを可能にする透明性と自由度を備えた均質的な空間として描き出した。インターネットは、利益、欲望、卑しさ、権力、寛容、人道主義、知識欲が対立し合うあらゆる場所と同じく、さまざまな通路や障碍物とともに発展してきた。毎日のように、混合が生じ、増大し、濃縮される。ある領土について複数個の地図が存在するのと同じように、インターネットが無数の地図作成法のもとに提出するのは、諸文化そのものと同程度にローカルとグローバルとが混じり合った、皺だらけの、粒状のトポロジーなのだ。インターネットから離脱する文化はほとんどないし、多くの文化はそこに戻ってくる。

空間と時間

位相空間と射影空間

新たな身分証明書〔アイデンティティーの地図〕は、生命が遭遇し、受け取り、創り出す無数の所属関係を混ぜ合わせることであろう。諸文化の戦争を可能にするような一様性を備えた空間とは全く異なる空間の中で、個人や集団は、さまざまな到達距離を持っていたり、思いもかけぬ時代からやってきたりする影響を混ぜ合わせる。この変化に富んだ二つの表象が、個人であれ集団であれ各々の特異性を際だたせ、結局のところ定義する。この地図とこの空間を積極的に記述するには、どうすればよいか。それらの特殊性は共通のヒューマニズムに向かって収斂するのであろうか。

これが実現可能であることは、われわれが何千年も前から知るところである。というのも、イタカというきわめてちっぽけな島で語り始められた冒険譚が、世界中に広がる以前に、人の居住する地中海を震撼させていたし、ユダヤというローマ帝国の一辺境の出来事がさまざまな緯度の下に住む十五億以上の人々に信仰を与えたからである。時折、地方主義が普遍性への野望を放棄しているように見えれば見えるほど、それだけいっそう普遍性に向かう推力が強いことがある。ラ・マンチャの村はずれから出発したサンチョ・パンサはロバの背に跨って世界を旅しているし、もっとわれわれに身近なところでいえば、ベルジュラックの住民にしか理解されないはずであったシラノが至る所で平土間を沸かせているのである。

一枚の実測図に対応する百枚の透視図

その可能性の体験をしたわけだから、今度はこの道筋をどのように構想したらよいのであろうか。またもや空間を取り替えることによってである。

部屋の中央にあるこの陶器の花瓶をご覧いただきたい。部屋に入ったばかりのあなたは、花瓶を後ろから知覚しており、取っ手も装飾も見るわけにいかない。これに反し、部屋の中央に来れば、花瓶を正面から鑑賞することができる。その部屋がある階まで階段を上っていく間には、私は下方からむしろ花瓶の台座を眺める。椅子によじ登った私の孫が見るのは、花瓶上部の開口部と湾曲した縁である……。要するに、この花瓶について各人はその一面を、幾何学者のいい方を借りるならば投影を、あるいは建築用語を持ち出せば平面図や立面図を見ているに過ぎないのである。ある対象や景色のこういう透視図ほど、個々の視点を特徴付けるものはない。

相対性に関する多くの論証は、ここからその議論を汲み出してくる。というのも、あるがままのものは、たとえそれが存在しているとしても、多様で時には矛盾するこうした側面のもとに、万人の目から消えてしまうからである。眼から発して周縁に向かう視線円錐上の任意の切り口は、あなたから見れば一つの中心を持った円であり、私から見れば二つの焦点がある楕円であるが、彼から見れば無限に長い枝を持つ放物線である。これとは逆に、見事なまでに折りたたまれた分子は、固定した視点からはそのさまざまな部位がよく見えないのに、これがコンピューターの画面上でゆっくり回転するのを眺めるのは、何という魅惑であることか。

還元不可能なものの見方、これは有限な被造物としてのわれわれの限界のしるしだと論じられたものであるが、これと結びついた各自の特殊性に十分に通暁していた哲学者たち、たとえばライプニッツが自問していたのは、ある特権的な視点、考え得る一切の見地を総括する一種の場所、そこにいる人がそこから見ればありのままの対象あるいは対象それ自体を見ることができるような点を構想することができないか、もしくはそのような点が存在するのではないかということであった。われわれはそのような点を決して見ることはないが、それでもそれが存在すると信じているのである。というのも、アクセントや文体、楽器や楽譜の多様さにもかかわらず、あるいはそれを理由にして、言語とか音楽とかいうのと同じように、われわれは知覚の例では花瓶と、また建築家の設計図の場合には建物というからである。ライプニッツがそこで構想していたのは、さまざまな視点の、あるいは無際限に繰り広げられる人間的透視図の積分であった。ライプニッツはこの眼の位置を無限のかなたに押しやった。あたかも各人に固有の視線円錐が極限的には円筒になってしまうといわんばかりである。こうして有限の外に身を置いた神はさまざまな側面図の積分を眺め、対象をその現実性において啓示する。この積分のことを、ライプニッツは対象の実測図、あるいはイクノグラフィーと命名しているのである。

われわれがいくつかの文体を読んだり、陰険な抑揚で発音される専門語を聞いたりしただけなのに言語について論じる時、演奏をいくつか聴いただけなのにある音楽作品を引用する時、いくつかの側面を見ただけなのに花瓶という時、バラやモクセイソウの香りをかいだだけなのに花を指示する時、われわれは沈黙のうちに、あるいは無意識的にこの実測図を指示しているのである。われわれは日常茶飯に、それと知らずに普遍を考えているのだ。われわれは各々の側面図の背後に実測図を読み取るすべを心得ているとさえ、ライプニッツは好んで付け加えていた。なぜ人間や人間文化に関してはこの同じ議論が延長できないのであろうか。

新たな空間

『知られざる傑作』の終わりのほうで、バルザックは「美しき諍い女」と渾名された女の肖像画について記述している。それを描いた画家が、自分の天賦の才の最終的な実現だと見なしている油絵である。長らく秘め隠され、そして突然覆いのはがされたこの絵が、この画家の弟子である若きプッサンやそれを眺めても自らの眼を信じることのできないすべての来訪者に提示するのは、解読しようのない無秩序の中にある、色彩、ぼやけた境界、はっきりしない色調の解きほぐしがたいカオスなのだ。狂人の作品、老人のデカダンス、それとも天才的な予感なのだろうか。私が今さっき論じた身分証明書も、ある文化の斑色をした地図も、この小説の主人公フレンオーフェルの絵に似ている。この油彩画もまた『美しき諍い女』と呼ばれる。諍い、すなわち狂乱で裏打ちされた雑音が美女をそこに隠し、彼女にヴェールを掛け、彼女の身体について持ち得る知覚から訪問者たちを盲目にしている。

プッサンや他の人々は、もっとよく見ようとして、身を乗り出し、かがんで見るのだが、どうしても理解できるようにはならない。そして誰にもそれが理解できないのはなぜかというと、気違いじみているという以上に未来を先取りしているこの絵画が空間を取り替えているからである。問題はもはや、レリーフや距離、形態やそれを際だたせる色彩などを備えた表現ではなく、遠近図法、投影図法、視点でもなければ、見る者に共通する広がりの中から切り取られる空間構成でもなくて、全く別の空間、正確にいえばトポロジーの空間なのである。リーマンとポアンカレがこれを発見する以前に、ライプニッツはそれに関する直観を抱き、バルザックはそれを思いつき、描いたのである。

思い出してもらえるだろうか。高原の農場の前で、時間を股に掛ける混合を眺めるために、あなたも空間と表象を取り替えたことを。

足の跡

ところで、バルザックの物語るところによれば、一見したところ文目も分かぬこのごちゃ混ぜの端のほうに、まるで廃墟の未曾有の堆積物の中から救い出されたかのように、見事な足の裏の形が現れている。そのえもいわれぬ色調はこの大失敗作から出現しているみたいである。もう一度ところでであるが、陸上の道あるいは人の去った海岸のような、ある支えとなるものの上に残された足の形のことを、ギリシア語ではイクノス（ιχνοσ）というのである。つまり、足のしるし、もっと一般的にいえば、不在者の痕跡、あるいは殺人者が残した痕跡で、それを用いて犯人を発見できるもののことである。警察、歴史家、注釈家のやり方もこれと異ならない。だから、イクノグラフィーとは、痕跡の書き物という意味である。ところで、諍いがざわめきと暴力とを意味するとすれば、イクノグラフィーという語の弁別的特徴は、傷痕に、あるいはホワイト・ノイズから浮かび上がる信号に帰着する。この混沌の中に投げ込まれた一特異性がいかに解読不能であり、いかに乱雑をきわめているように見えるにせよ、この指標はある不在のしるしなのである。いいかえれば、この不在を現存させるのである。『美しき諍い女』は、このカオスあるいは個々の暗騒音によって単独にはいつまでも諍い女であることに変わりはないが、このしるしの出現により自らその美しさの中に姿を現わす。イクノス、つまり足跡からすれば美女であるが、個々の場面からすれば諍い女である彼女。この混合によってあなたや私と同じく特殊的であるが、片隅にわれわれ一人一人と同じく〈普遍〉の署名を担っているこの女。各人のうちには、その多彩な地図や教養の雑音の間のどこかに〈普遍〉あるいは美の指標が存在するのである。それは、ここでは消え入りそうで、かしこでは判読できず、別のところでは熱くて音を発し、時には数少ない場所できらきら光る痕跡なのだ。

あなたが芸術作品をそれと認めるのは、その合図が決して人を欺くことのないこのしるしによってであろう。作品そのものの諍いの中に四散している、この男、あるいはこの女の独特の署名に過度な関心を向けないでいただきたい。たとえそれが雑音の最近傍に接近するほどの独自性を示しているとしてもである。そうではなくてむしろ、不在の指標に、普遍性のくぼみから発した一つの形、一つの音、一つのことばに、ごちゃ混ぜになった蠟の上に記された足跡に注意を向けていただきたいものである。栄養を運ぶ管束あるいは珠柄が取れたあと穀粒の外皮に残る傷痕は、臍《イル》（hile）と呼ばれている。ニヒリズム（nihilisme）は、このつまらないもの《ヒルム》（*hilum*）、この糸《フィルム》（*filum*）、ほとんど目に見えないこの傷痕、われわれを種・属・生き物そして世界に結びつける往々にして壊れたこの糸の存在をも否定するのである。

〈普遍〉が個別の中に隠れたり輝いたりするのは、世界がイタカで、ベルジュラックで、あるいは英仏海峡の村で、イクノグラフィーが遠近法的配置の中で、言語が文体のもとで、宮殿が見取図の中で、そして美女が諍いの中で姿を消したり現れたりするのと同様である。無限遠にある要素を備えている射影空間は、このような失われた秘密を表現する助けになる。この無限遠——われわれに課せられている制限はそこではすっかり消滅してしまうことであろうが——を目指して進みながら〈普遍〉を探すよりはむしろ、特殊の中にその痕跡を探そうではないか。〈普遍〉は小石の下に、厩舎のわらの中に、おまえの微笑みの輝きの上に隠れているのだ。永遠でさえも、金貨の中に紛れた金や、芳香を発散して一瞬の間香るこの香水と同じように、過ぎゆく時と入り交じるのである。それについてわれわれにできるのはせいぜい、その糸屑のような切れ端を見いだすか与えるかし、ついでその細い端を引っ張って切らせてしまうことだけである。私はヒリズム（hilism）を創始したいものだと思う。だが、その切れ端は、わらしべと同じように、個々の作品や生存の平凡なテーブルの上で光っている。その微光の強度が瞬いている。

〈普遍〉へ向かう足の跡

絵の中央にある諍い女の足と同じように、解読するのは難しいが目には見えるこの糸を辿っていっていただきたい。ギリシア文化の廃墟の中からは、あのキクラデス島の彫刻。ラテン文化の残骸の中にあっては、あのルクレティアの嘆き。エトルリアの沈黙の中にあっては、闇から蘇って、自分たちの墓の上で抱擁し合っている二人の婚約者たち。ジャングルに覆われたクメールの発掘からは、アンコールのあの浅浮き彫り。オーストラリアのアボリジニの舞踊のただ中からは、西欧人が抽象的だというあの目も眩むような絵画。そして今日、西欧の古典主義者たちが落ち込んでいる忘却の中からは、憂い顔の騎士とクープランの憂鬱。美は、各々の文化的独自性が示す不協和の間に足跡を残すし、残したし、これからも残すことであろう。その結果、各人は、近いか遠いか、時間の中であるのか空間の中であるのか、見知らぬものであるのか見慣れたものであるのかを問わず、いつの日にか自分の足跡を認めることができるようになっているのである。

別のいい方をしてみよう。われわれが聞く言語はといえば、個々の諍い、つまり雑音と狂乱だけでしかない。だが、ウェルギリウスやセルバンテスは、何気ない文章の中から、世界中の人々が聞き取ることができるようなことばを聞かせてくれるのである。彼らは、わめき声のただ中から合図が生じるような秘密の穴を穿つのである。われわれがある対象について見ることはといえば、諍い、つまり無数の外観の雑音とさまざまな憶測の狂乱だけでしかない。だが、電光石火の速さで語り手、預言者、画家、あるいは音楽家がそのものを指し示すと、われわれは突然その前にいるのである。突然、彼らは諸場面の厚みに穴を穿ち、そのむき出しの形を暴き出すのである。われわれが感じ取る美といえば、諍い、つまり雑音と狂乱だけである。だが、絵画の片隅で、大理石の断片の中で、黄色の高い調子で、(*45) ボナールやウードンやショパンはそれが通過できるトンネルを穿つ。われわれが知っている真理といえば、その諍い、つまり雑音と狂乱だけでしかない。だが、定理や詩という直観的な迂回路に、ガロアやアポリネールはそのしるしを刻みつける。『美しき諍い女』の足あるいは足跡は、画布の中に諍いから美女に通じる溝を開く。そこを通ってわれわれは一人ずつ人類全体とともに、鏡の向こう側からプロフィールへ、時間から永遠へと進むのである。

射影空間から生まれる時間

それゆえ、もしわれわれが共通のヒューマニズムを実現したいのであれば、われわれは世界観を変更しなければならず、したがってまず第一に新しい空間を、それ自体共通的な数理科学がふんだんに供給してくれるような位相的あるいは射影的な空間を構想しなければならない。ついで、雑音の間にまれに現れる合図の解読を試みることである。われわれは時間も取り替えなければならない。いっそう重要なこの努力が向けられるのは、とりわけ、われわれが歴史哲学という名のもとに呼んできたものに対してである。

　歴史哲学を構想したのは、エゼキエル、エレミヤ、アモスなどイスラエルの預言者にして著作家たちであった。彼ら以前には、時間は存在しなかった。西欧のわれわれがこの語に与えている特別な意味での歴史を発見したのは彼らであって、これをわれわれに遺贈したのである。彼ら以前には、歴史は存在しなかった。戦闘、王位継承、遺産相続の雑音と狂乱の中から、比類なく神的な、注目すべきしるしを読み取るすべを心得ていたのは、彼らが初めてであった。解読しがたい神、砂漠を行くヘブライ人たちの道案内をした雲の背後にいるように見えるが、常に存在すると同時に不在であり、常に見失われてはまた見いだされる痕跡の状態にある神。ある人々のもとでは待望され、もっと後には別の人々のもとに到来する、偶然的で必然的な個としてのメシアは、まずは、カオス的な時間の諍いにおけるこの普遍的なものの痕跡を象徴し、ついでそれを体現する。イスラエルの民の、偶発的で波瀾に富んだ内在的歴史を通じての超越神の現実化、パスカルの『パンセ』の中で記述されている約束の実現あるいは前兆の成就などが示しているように、歴史はここで、しるしの担い手であるこのごちゃ混ぜの空間を繰り広げているのであり、雑音から、すなわち原初の混沌の上に、そして「詩篇」や「雅歌」の上にさえ吹いているこの微風から生まれ出るこの信号、この呼びかけ、このロゴスをますます明瞭に反復しているのである。時間は無限列をなす遠近図法を横切って平面図法を展開する。計画《プロジェ》は射影《プロジェクティフ》空間を繰り広げる。

時間中心主義――最初の風車に対する戦い

預言者たちの読者であったボシュエやパスカルが歴史の哲学を創始し、ついで、宗教と戦うために、宗教のやり方を繰り返しながら宗教の代わりに科学を据えるコンドルセが、そしてヘーゲルやオーギュスト・コントがこれに続く。時には弁証法的に障碍物に邪魔されはするものの、連続的で線形的な進化の流れが進行していくから、ある国々出身の個々人やそういう人々の集団そのものが、種に発展の差異があるのに似て、他と比べて進んでいたり遅れていたりするように思われてくる。唯一にして普遍的な神が単一民族の歴史における痕跡として実現されていた限り、比較の問題が提起されることはほとんどなかった。世界的になった歴史が地上のすべての国々に招集をかけることになると、それらの各々の状態をどのように区別したらよいのであろうか。精神がこれらの国々に次々に舞い降りてきたのだと、まるっきり人種主義的な考え方をすると、最後にこの塗油を受ける国は、何とも自明な驚きであるが、その哲学者自身の塗油を受け取っていたことが判明する。

今なお広く普及しているこのような判断は、やっとのことで空間からは絶滅されたばかりのさまざまな「中心主義」を、時間の中にひそかに運び入れる。勝利者が身を置くのは、世界の中心としての太陽の位置というよりはむしろ、一つの進歩と考えられる時間的過程の最先端であるが、他方、彼の敵対者たちは川上に、原初的なもの、時代遅れのもの、未完成なもののただ中に取り残される。いつも精確に気付かれてはいないようであるが、この点が空間における一切の中心に取って代わるのである。こういう濫用を時間中心主義と命名してもよいであろう。空間の中で〈普遍〉の位置を占めたり、それを自分自身が所属する集団に与えたりする代わりに、この哲学者－歴史家は時間の中でそれを握るのである。空間的な中心が、最先端の点に変わる。ほかの連中は、前進する船からずっと以前に下りてしまい、時間から置き去りにされた岸辺で憔悴しているのである。帝国主義は空間から歴史へと移行する。

たとえば、無数の旅行者たちが、よそにおいてであるとはいえまさに今（*illic sed nunc*）会ったばかりの同時代の男女たちについて、それでも彼らは自分たちより以前の時代に生きているのだと考えたことがあった。その口実になったのは、彼らが奇妙な衣服を身にまとい、別の緯度帯に居住し、異なった法律に従っているということだった。旅行者たちは幻や亡霊でも見たのであろうか。このような馬鹿げた年代決定をわれわれが信じることができたなどということが、どうして生じ得るのであろうか。しかしながら今日でもなお、われわれが地球上の国々の多様な発展の度合いにそれとなく言及する時、われわれは同一の論理的、実験的誤謬、同一の政治的、道徳的誤りを犯しているのである。これとは逆に、『ブーガンヴィル航海記補遺』や『クック航海記補遺』の中でディドロやジロドゥは、これらの高貴な野蛮人たちの積極的な発展と比較して、われわれの風俗習慣を太古の時に遡らせることを試みている。左でもなく、右でもなく、われわれはすべて同時代人なのだ。

第二の風車——狭さと広さ

この最初の風車との戦いには簡単に勝つことができた。別の丘に、もっと防備を固めた第二の風車が姿を現わす。パスカルとコンドルセが進歩の観念を創り出す時、ヘーゲルが〈精神〉の支配の到来を、マルクスが階級なき社会の到来を予見する時、彼らが考察した時間の持続はわれわれにはいつもきわめて長大に思われたので、このような巨大な時間間隔に関しては何でも好き勝手なことをいうことができた。ヘッケルや何人かの同時代の博物学者と同じように、オーギュスト・コントは人類の歩みを個人の発達の次々の段階になぞらえる。実証主義は、両者がともに成年の時を迎えたことを告げる鐘の音だというわけだ。

原初的といわれるフェティシズムから支配的な諸科学へという段階は、われわれにはまだ延々と続いていくように思われていた。ここで古典主義時代の楽観論は立ち止まる。フッサールはヨーロッパ諸科学の危機を、ハイデガーは〈存在〉の忘却を慨嘆する。勝利の後には絶望が続き、それが流れの本性を変えることなく、色合いだけを変える。

普遍的な法則を探索していたこうした発展図式に、それ以降つきまとっている欠陥は、そのあまりの広さというよりは狭さから来ている。というのも、人類の冒険はまず生き物の世界で展開されるが、この生き物の世界のほうが展開されるのは無生物の宇宙においてだからである。われわれの共通の古さ、われわれの生命の古さ、われわれの共通の地球の古さ、われわれの宇宙の古さのいずれに関しても、われわれは全くいかなる見当もつけられなかった。最近われわれを取り巻く個々の諍いの中にあって、〈普遍〉の無数の痕跡は、直観するのも困難な、何十億年前の年代に遡るのである。そこで、私はもう一度、だが別のやり方で、バルザックとその『美しき諍い女』について語り直したいと思う。隕石の落下により形成されたクレーターから遠からぬところで、地球の正確な年齢を計算するために、放射性物質の微小な断片を探し出すことが必要になった。この惑星上にまき散らされた物体の莫大な無秩序の中から、ある取るに足りない痕跡——一本の糸、一個の臍——が突然、この惑星のグローバルな時間を告げてくれる。アフリカ大地溝帯の真ん中で、何個かの骨がわれわれの古さを明らかにする。芸術や上記の古典が、諸科学によってずっと後に発見されることになる方法や世界観に、いかにはるかに先立っていることか、感嘆してほしいものだ。今日、普遍的な時間が読み取られるのは原子や素粒子からであるが、その翻訳が可能とは思えないほどの難しさは、絵画のカオスの中にある足跡や諍いの中の美の場合に似ている。そしてこの新しい尺度に照らすと、われわれの歴史哲学などというものは数秒間に還元されてしまうのである。

四つの延長

実際、偏狭な思想家たちが描いていた、見たところ長大な伝統は、今日では少なくとも四回にわたって拡長される。われわれは〈大いなる物語〉について再論するのであるが、取り扱うのが宇宙、地球、生命、ホモ・サピエンスのいずれであるかに応じて、もしあればの話であるがビッグ・バン、われわれの惑星の冷却、DNAの出現、ケニア地溝周辺から好みのままに始められる。つまり、四つの出現にそれぞれ対応する四つの時代からである。

これら四つの場合について、全く主観的に、全体的に正の勾配を持つ、あるいは逆に負の勾配を持つ単純で線形的な曲線を信じるのは、素朴であるように見える。全体的な進歩か一般的な後退かということは、前日の晩の、あなたの快適なあるいは苦情の多い消化状態に依存して決まることなのだ。要するに、われわれはこの一世紀の間、これらの預言者的な判事たちについて、その目標があまりにも遠くを狙いすぎ、はっきりしていないから批判の余地があると考えて、笑い飛ばしてきたわけだが、今日ではこれらの目標には視野の広さが欠けているように思われるのである。非ヨーロッパ人、他の人間、生物種、無機的な惑星、総体としての世界を排除することにより、これらの協同組合主義的知識人たちは、世界にあるのが自分たちだけだと思いこんで、普遍的な人種主義を実践していたのだ。

そこで宇宙への新たな接近が生まれる。というのも、〈大いなる物語〉は、初めて全宇宙、全地球、全生物、全人類の運命と結びつくことにより、真のグローバリゼーションを創出するからであるが、その際、このような画面の中では微小な政治や諸文化には最終的にまた付随的にしか触れることをしないのである。これは確かに、『諸世紀の伝説』〔ヴィクトル・ユゴーの詩集〕のようなものではさらさらないが、偶発的な後退や前進を経由する、何十億年に関する真理といってよいものである。もし哲学がこの拡張に対して自らを開かなければ、狭小さと反復のために哲学は死ぬ。〈大いなる物語〉は、あらゆる事物の上にあふれ出ることにより、それらの上に足跡と同じように過ぎていく時の痕跡を刻みつける。それは目に見えにくく、解読しがたい珍しいしるしではあるが、物理的、生物的、文化的など、さまざまで途方もなく混じり合った空間の中に普遍的な時間が残す確かな痕跡なのだ。

生まれたその夜に死ぬ昆虫の寿命と同じ位はかない寿命しかない私の思惟の閃光が、ほとんど直観するのも難しいこの普遍的な持続に加わること、この奇跡が私に残されたこれからの生の諸瞬間を魅惑する。

時効

短い時間、長い時間

もう日曜日だ、もうまた冬が来た、もう私は年老いた。時間がいかに速く過ぎるかは、われわれすべてが青春期にも壮年期にも、仕事であるいはヴァカンスで体験するところだ。生産のリズム、金銭の決済期限、財や情報の循環は加速すらしているし、メディアはわれわれにつきまとって、距離や時間差のないいわゆるアクチュアリティーなるものを押しつける。新鮮なニュースも手に入らず、飛行機も電気もなかったわれわれの祖先たちは、ゆったりした旅行と、少しずつ無限に変化する色調の曙を愉しんでいたという理由で、われわれは彼らを羨むことがある。この比較はその内部に奇妙な矛盾を抱えている。

この退屈な持続という往古の日常的な感覚は、実は、歴史が短いという評価を伴っていた。歩行者や馬車の時代には、世界の年齢は四千年か五千年であると考えられていたからである。これに対して、われわれが光の速度で生きている今日では、それは百五十億年と数えられているのだ。われわれは若い宇宙の中で一歩ずつ移動していた。今では、恐ろしいほどの古さを持つ領域の中で、リアル・タイムと同時性を操っているのである。数世代の違いだけなのに、われわれが体験しているのは、同一の空間でもなければ同一の時間でもない。そのうえ、この同じ間隔の間に、これらの世代の平均寿命は三十歳から八十歳に増加した。長い間という意味の副詞が、もはや同一の意味を持たないのである。だが今日、われわれの生命だけが短くなっているのである。

われわれの忙しさの分析は世に氾濫している。携帯電話のお陰で、われわれは今ではスケジュールをあらかじめ定めなくてもよくなった。あるいはインターネットのお陰で、われわれの身近にいながら地球の反対側に住んでいる人もいる、などというわけだ。だが、こういった間違ってはいない観察には、対称性と釣り合いとが欠けている。われわれの祖先たちの経験を反転させて、短い時間とほとんど同時に、長い時間がわれわれのもとに到達した。現代の技術がわれわれを生身のまま電撃的な迅速性の中に投げ込んでいた時期に、科学のほうはわれわれを想像も絶するような緩慢さの中に漬け込んでいた。われわれは前者には簡単に適応したが、釣り合いを取るためにわれわれの知、意識、知覚を後者と調和させる必要があることに気付きもしなかったのである。

われわれの古さ

われわれの器官や骨は恐ろしいほど古い。生命も古いし、宇宙も古い。すべての他の持続から織りなされているわれわれという存在は、性質を変える。往々にして非進化論者であったわれわれの先人たちは、彼らの祖先が世に現れたのは数千年前であると考えていた。人類という種の出現が六、七百万年前、生命のそれが三十五億年前、宇宙のそれが百五十億年前であることになって以降、われわれは「百年、千年など何するものぞ、わずかの一瞬がそれらを抹消してしまうではないか」(*46)という私的であると同時に道徳的な、古の教えを嘲笑っている。だが、われわれは理解もせずに嘲笑っているのだ。というのも、この新たな持続に関する直観そのものがわれわれの手をすり抜けるからである。

今日われわれが要請されているのは、理論的であると同時に実存的な努力である。すなわち、この新たな古さの内容とそのことが提起する諸問題とを生き、理解するように試みることである。手始めに、われわれの手や皮膚、そして隣人の手や皮膚を眺めてみよう。その組織は信じがたいほど古い時代に出来ているのである。われわれが音楽を口ずさむのは、おそらく数十万年前からのことであろう。ついで、鶏や雀、樫や葦のことを考えてみよう。たぶんわれわれよりもなお百万年も古い仲間たちなのだ。最後に、新たな時計の助けを借りて、山々、凪、海や星々を、何十億年間の環境として考察してみよう。このように急に年齢を重ねてしまうと、世界－内－存在は存在も世界も取り替える。

事物が尺度を変える時、往々にして性質も変えてしまうものである。われわれは数世紀程度の長さなら想像することができる。若い頃からわれわれは歴史学習で、この種の訓練を受けているからである。必要があれば、この訓練を単に延長するだけで、われわれはたいした苦労もなしに、数千年という期間も想像することができる。われわれはレスコーの洞窟、アボリジニの壁画、ルーシーの骨格の残骸を見ているからである。現代という時代がわれわれに要求するのは、この時間の直観を全く別の仕方で拡張することである。生命、そして地球や世界の形成が要求する持続を想像すること、これはわれわれには難題であるように見える。本書の末尾で、私はこの別の時間の素描を試みることにする。

戦争と平和

ところで、この理論的にして実存的な問題点は、もう一つの政治的な問題点を伴っている。百年単位、さらには千年単位で測られる持続を想像していただけでも、われわれは相互に全く違っていると考えたり、強烈に憎み合ったりすることができた。こんなちっぽけな時間間隔の間にも、言語や慣習はすでに分岐してしまったし、国境線が地球の表面を覆っていったからである。長い間に、太陽と気候の作用のもとで、最初黒かったわれわれの皮膚は白っぽく、黄色くなるか、あるいはもっと緋色になったりし、緯度の度数が、文化、慣習、それに法律に任せて、時によると真理を作り上げた。新しく生じたこういう変種は、異邦人、未開人、部族戦争を産み出すことになった。緯度、言語、文化がすでにこんな相違を作り出してしまったから、われわれはもう相互に理解し合えなくなっていた。記憶が書かれたテキスト、さらには目に見える形で残された痕跡をわずかでも越えただけでも、復讐がやむ時はない。

これとは逆に、本当の時間をその豊かさにおいて評価してこのかた、われわれは、お互いが分かれたのはほんの少し前で、せいぜい数十万年前のことであるという、この明白な事実を受け入れる。もしわれわれがこの持続を想像し、生き生きした時間的直観でそれを満たすことがどうしてもできないというのであれば、われわれは人類を、実際に生きられた冒険において、すなわち、一握りの家族たちが出立したアフリカ大陸東部を出自とする種として考えることが決してできないであろうし、文化や言語がごく少数の冒険家たちから出ている次第も決して理解しないことであろう。

世界的な小家族とアフリカの厖大な多様性

ルーシーあるいは六、七人の他のチャド族の祖先から現在に至る三百万年と比較すると、この分離は新しい年代に発生した。この四散した旅行者たちの直接の後裔であるから、地球上の全人類は、お互いにひどく違っていると考え合っていても、遺伝子的には、今日のアフリカの諸部族ほどには相互に異なっていないのである。皮膚の色や目に見える他の特徴は、地球上に広がった、このいくつかの疎らな移住ほどの重要性は持たないのである。これに反して、遺伝子的な距離を計算してやれば、この原初の民族離散を認識したり、確認することが可能になる。切れ目のない平坦な曲線上に、突然、電撃的な垂直線が現れる。最近の、数少ないいくつかの点で、われわれの冒険が分岐する。

歴史が数少ない書き物とともに始まる限り、われわれの真理はわれわれを対立させる。これらの決定的な年代が出現してくるわれわれに共通の持続を、歴史が追跡していけば、二つの系統樹、すなわちアフリカ人たちの生い茂った木と世界の他の民族の狭い分枝は、われわれを接近させる。世界戦争は兄弟たちを対立させるし、アフリカ大陸を震撼させている紛争はいとこたちを戦わせている。歴史が書き物とともに始まると認めるのに私はやぶさかではないが、それは書き物という概念を拡張するという唯一の条件が満たされればの話である。われわれの、選択的な、手書きの、刻み込まれた、あるいは印刷された書き物から、われわれの身体の内奥の、生殖細胞の中で、われわれのＤＮＡの長い組み合わせからなる四文字の暗号で書かれた、自然な書き物への拡張である。われわれの歴史はこの書き物から始まるのである。

前述の古代文化……

それゆえ、数に関する理論的な努力、単純な直観が、社会的なイデオロギーや平和の上に重大な影響をもたらすことができる。計算によれば数千年の間にわれわれが取り替えるのは四、五パーセントだというから、われわれは見ず知らずのよそ者から兄弟に変わる。数を取り替えることにより、われわれは家族を構成し直す。少なくともこの理由によってだけでも、われわれは歴史教育を改革しなければならないが、そのために真っ先にする必要があるのが、人類の冒険、さまざまな種、生命、世界と宇宙と両立し得るような尺度で時間と空間を考えることである。

われわれの新たな古さは知恵を教える。白大理石の彫刻がその皺や髪を保存している古代文明の老人、キリスト教徒から司祭《プレートル》（高齢者を意味するギリシア起源の語）と名付けられ、現在もこの名で呼ばれている老人、それからまたあらゆる文化が敬うこの古老、これらの知恵の形象は個人的なものにとどまっていた。彼らの証言は、何年かの間に獲得された記憶に限られていたし、彼らの平静さは、つかの間の生と迫り来る死を前にしたわれわれに安らぎを与えてくれるものであった。時には学者であった彼らは、書物の中に、歴史のもっと広範な記憶を見いだしてもいた。今、歴史といったのは古い意味での歴史、つまり書かれたテキストとともに始まる歴史という意味である。

いまやわれわれすべてが、われわれの身体の内奥に与えられ、刻印されていて、解読可能な書き物によって、莫大な老人の群れになる。そして、この老人たちの想像を絶するような祖先たちが、何十万年前からこのかた、彼らの死者を埋葬し、模様や絵を描き、歌い、美を前にして感動に震えてきたのである。あなた、私、身近な人、遠くの人をすべて引っくるめた、あるがままの人類は、長老たちを追い越している。人類は知恵の年齢に到達しているのである。知恵のゆえに敬われる少数の個人においてではさらさらなくて、共同体において、種において、各人の身体の内奥においてであり、万人の身体の内奥においてなのだ。ほかのあなたがた、年老いた哲学者、ひげを生やした預言者、ギリシアの賢人、インドの苦行者、チベットの修道僧、バラモン教の導師、草原の酋長、キリスト教の司祭たちよ、あなたがたはすべて子供になるのだ。

……は子供になる

『オミネサンス』の巻末で、なぜわれわれの文化にはわれわれの暴力を押しとどめる力がないのかと、私は問うた。諸文化はわれわれの差異を口実にして暴力をかき立てているようにさえ見える。その理由を探し出していただきたい。それは、諸文化が、個人に生じ得る経験や無慈悲な幼年時代の集団的年齢を決して越えなかったからである。幼児のように便器の中の排泄物を、あるいは運動場の若者のように腕力の優越性をしょっちゅう見せびらかしている、全く落ち着きのない、若すぎる諸文明。ああ、何たるパラドックスであろうか。こんなにも若々しい賢者たちが、厖大な時間を蓄積した人々の知恵を持っているとうぬぼれたというのは。哲学について議論する若者たちの前に、プラトンは『国家』と『ティマイオス』の冒頭部分で、前者ではギリシアの老人を、後者ではエジプトの老人を登場させる。あたかも熟していない理性を熟した知恵で、そして最新の哲学を、廃れたとはいえないまでも少なくとも古くさくなった一種の聖なるもので裏打ちするのが、プラトンの意図であったかのようなのである。聖書に出てくる族長たちと同じく、これらの長老たちも彼らの自慢話にもかかわらず、今日では青二才の若者、短期記憶の犠牲者のように見える。確かに、彼らはいくつもの洪水の氾濫、火山の噴火、地震の記憶があると語っている。だが、これは厚みのない過去に過ぎない。考えてみてもいただきたい。最善の場合でも、四千年なのだから。彼らが見ているのは上っ面だけであって、深部にある構造プレートではないのだ。

いまやわれわれの知恵は、古代人プリニウスよりもルーシーを、盲人ホメロスとブドウ栽培者ノアよりもチャドの渓谷に四散している骨を、エデンの園のアダムとイヴよりも、そしてあらゆる文化が尊崇するあらゆる祖先たちよりもアフリカにいたわれらが父と母を前に置く。ルーシーはハンムラビ法典を読むよりも先に遺伝情報を読んだのだ。ここで問題になっているのは人間であって、決して緋色の未開人を軽蔑するおしゃべりで意地悪な白人ではない。それに続いて、さらにはそれを越えて、生命そのものの問題なのだ。もう一つのわれわれ、つまり傲慢な西欧人は、正当にも祖先より前に動物あるいは植物の種が先行していたと主張する諸文化に、ごく最近に追いついたに過ぎない。それらの文化は、われわれのものにまさる時計を持っていたのではなかろうか。私は、物神崇拝的と称されるある種の伝統の中や、アステカ族のピラミッドの階段上にダーウィンを読み取ることがあるのだ。

空間と時間への回帰

四、五千あるいは十万、三百万あるいは七百万などというさまざまな量あるいは数については、これくらいにしておこう。新たな共通文化建設の希望を可能にする認識的影響をもたらす、尺度の変更やわれわれの制度の転換の結果に関しても、これでおしまいにしよう。

無論、われわれは時間や空間に関しては、ずっと以前に、理論的ならびに存在的な重大な努力の習慣を身につけた。プラトンがわれわれをその洞窟から解き放った時以来、われわれは、感覚的な外観よりももっと現実的な事物を説明するために、必要があるたびに、次元を変更することを学んでいた。そのうえ、われわれはもはや、ユークリッド空間というただ一つの空間や、ニュートン的時間という唯一の時間には満足していなかった。というのも、われわれは距離のない空間や、ほかにも射影空間などを思いついていたからである。これらの空間は、確かに抽象的ではあるかもしれないが、やはり視覚、触覚、快適さ、緊張、それに身体の運動に関わる、いくつかの感覚的な事態の理解を可能にしてくれるのである。われわれが縫い合わせたり編み物をするのは、ある位相空間の中であったし、われわれの繊細な視力が働くのは別の、もっと射影的な空間の中であったが、われらが石工や建築家たちは相変わらず年老いたユークリッドのもとで建てていたのだ。それゆえ、われわれは無数の空間を思い描くのである。同様に、われわれは多数の時間があることも学んでいた。可逆的なあるいは循環的な時間、エントロピーや進化に関わる非可逆的な時間、偶発性やカオスの、目に見えない時間、それから閾ごとに変化するパーコレーションの時間などである。身体と精神、事物と生命、時にはわれわれの運命、そして歴史をもっとよく把握することを可能にする無数の努力。

再会、婚約

だが、そのような努力はずっと簡単であると同時にずっと困難であるように私には思われる。人類にとっても、不可欠であるように見える。ずっと簡単だというのは、取り上げられるのが時間の本性とか空間の本性とかいった高度に玄妙な問題ではなくて、それらの測定とか広がりといった、全く易しい問題だからである。確かに単純であるにしても実際は難しいというのは、繰り返していうのであるが、尺度の変更が往々にして、さまざまな段階に配置されている事物の本性そのものに微妙な変化を引き起こすからである。縮尺模型を製作するには紙かボール紙があれば足りるが、実物大で建築するには鋼鉄が必要である。それゆえ、諸大陸上の地域文化や断片化した特異性から、全地球空間への小さな人間集団の段階的分散に移行すると、世界や時間に関するわれわれの見解も変更を蒙る。空間のモザイク模様は、時間のオーバー・ラップを許容する。われわれは神話も欺瞞もぬきにして、諸言語の原初的な唯一性を、再び信じようとしているのであろうか。グローバリゼーションは、ほぼ十万年ほど前に始まったのだ。通常の歴史の平凡な諸段階に存在するのは、差異だけであるが、本当の人間的冒険の段階では、普遍が常態なのである。

新しい技術の衝撃のもとに、まだ欠落があるとはいえ、人類が接触を取り戻しつつあるまさにこの時期に、人類の未来史にとってこの新しい〈大いなる物語〉が持つ決定的な性格は、そこから来る。われわれは先に述べた年代にお互いに分離したのであるが、今日、再会しているのである。この再会の瞬間に、要するにそんなに遠くはなかった別離の記憶がわれわれに戻ってきたからといって、驚くに当たらないのではなかろうか。始めのほうで私は、われわれが自分たちの運命のとてつもない古さとこの上ない緩慢さを学ぶ時、光速と偏在性を手に入れるというパラドックスに言及しておいた。こうして、アフリカというわれわれの揺籃の外へ敢えて踏み出していった冒険者たちのしがない家族を結びつけていた絆を辿り直して、われわれの網の目は、この新しい文化、しかも普遍的で、何百万年も前からという古くはあるが同時に最近のものでもあり、電子的な速度で素早く動くこの文化の創出に貢献する。これと比べれば、ルネサンスのしたことはといえば、爾後われわれの種に共通の文化となるヒューマニズムを定義しようとして、ギリシア－ラテン－ヨーロッパ的な無力さを口ごもることだけに過ぎない。いまやあなたは、ついに完成され、一般的で、結局のところ真の歴史を構想できるわけだから、旧来の歴史が想像せよと求めていた諸数字の小ささを思い出してほしいものである。

いつでもすでに時効が存在する

もちろん、われわれが共通の祖先の末裔であるからといって、そのことから直ちに永遠の平和が生じるわけではない。双子というものは、他人どうしである場合よりもずっと多く、首を絞め合う動機を見いだすものだからである。われわれは人間的暴力の供犠的起源を無視するわけではない。だが、われわれはまた、暴力が差異の中に求める口実にも目を閉ざすことはできない。学者先生たちは、こういった口実《プレテクスト》をテキストの中に見つけ出す。つまり、昨日のという意味での歴史が残した思い出や痕跡の中にである。ところで、われわれがこの時間を遡っていくにつれて、こういう痕跡は少なくなっていくから、それを見いだすためには、地面を深く掘らなければならないし、発掘物のきわめて綿密な調査が必要である。それらは文字通りの前－テキストとして、書かれたテキストや目に見える痕跡に先立つものであり、それを越えるものなのだ。

そこで、私は読者に時効（prescription）という法律用語について考えてみることをお勧めする。この語の公認の意味は、重罪あるいは軽罪に対する法的追及が、ある期間の経過後、停止あるいは消滅されることである。時効というこの慣習は、時間と法のうち強いほうを決定することを要求する。時間が法を消滅させるのか、法が時間の摩滅に抵抗するのかの問題である。時効の利用が法を侵害するように見えるのは、法が時間にまさっている時であり、かつこの時だけである。逆に、もし時間が勝てば、時効は法の土台になる。というのも、時効がなければ、常に再発する暴力が復讐の永劫回帰の中に入っていくだろうからである。もしあなたがある瞬間に、犯罪に関する追及を消滅させなければ、被害者の第n世代の相続人がまた殺人者の第n世代の相続人を殺すであろうから、殺した者と殺された者を見分けることも、この終わりなき馬鹿げた弁証法の理由を知ることも、誰にもできなくなってしまうであろう。人類に対して加えられる時効の効かない犯罪の際に装いを新たにするとはいえ、伝統的なこの議論は、時効という用語そのものが文字通りに意味していることを考慮していないのである。

prescrire〔時効にかける〕が意味するのは、標題として、あるいはその後書かれるテキストで論じられる事項に常に先立つものとして、冒頭に書くということなのだ。法律ならびに薬学用語として使われるアディクション（addiction）という英語およびラテン語に関して、私がすでに『五感』で遭遇したことであるが(＊47)、書きことば、いや話しことばにおいてさえ表現されていないある種の挙措が優先権を持つことがある。時間あるいは法に勝つのは何かを議論しているここでは、われわれが論じている時間が歴史の中に、したがって書かれたものの中にとどまっており、いわば書かれたものに従属しているということを、われわれは忘却しているのである。この場合、時効が想定するのは、pré-écrit や prescrit という語の文字通りの意味で、ある成文法がそれ以前に書かれた何かに遭遇するということである。これは時間をきわめて狭隘な限界内に制限する。

ところが、われわれは、古代の諸文化が、たとえば最古の法であってもいいのだが、線引きをした境界の外側で時間を考えようとしているのであるから、次のように自問しながら境界を侵犯することを余儀なくされる。書き物に先立つものとしていかなる証言をわれわれは利用できるのか。答えはこうだ。それに比べれば成文法が異様なほど新しく見えてしまうような、ある時代について証言する数少ない廃墟である。それゆえ、私が探すのは、一切の存在し得る書き物に先立つようなある書き物というよりはむしろ、書き物に根源的に先立つものである。それでは、書き物以前には何があるのか。途方もなく長い時効(prescription)である。別のいい方をすれば、時効は法に先立つし、一切の書き物にさえ先行するのである。ことばそのものが、そういっているのである。あなたがあなたの戦争についていかなる口実を持ち出すにせよ、いつだってそれ以前に、そして一切のテキストの前に途方もなく長い時効が存在するのだ。それが意味するのは、時間の観点からすれば、われわれの差異は消え失せるということである。というのも、われわれは同一の系統の末裔であるからだ。

だが、再び書き物が舞い戻ってくる。というのも、先行する文章そのものが読み取れるのは、いかなるものであれ法が刻み込む一切のテキストに先立ち、それゆえ歴史の黎明以来われわれが書いている一切のものより以前に書かれ、それゆえ、われわれの兄弟やいとこたちのＤＮＡの中においてではあるのだが、明確に規定されている現実のテキストからだからである。あらゆる言語で科学者たちから法典《コード》、すなわち成文法という名称に類似した名称を与えられた遺伝コードは、現実の、またこれから書かれ得るわれわれの書き物に先行するものであるから、時間が法に大きく勝ち、この与えられた、永続的で伝達可能なコードは、われわれが下手な、消耗しやすい文字で手書きするコードに勝つ。そこにあるこの時効は常に先立つものとして、法を基礎付け、自然の中に法を打ち立てる。もし平和が戦争に勝つとすれば、平和はそれをこの自然なコードに負っているのである。

普遍への接近

その名前

エッセー

自分のアイデンティティーが分からなくなった私は、自分のことを何と呼べばよいのだろうか。人のうわさによると、誰か私に似た男が、ブレストでは二隻のコルベット艦に挟まれたルクヴランス橋近くの一軒の家に住んでいたが、その後トゥーロンでは旧税関吏小道から遠からぬもう一つの家に住んだ。彼は家を三軒建てたが、その一つはガロンヌ川に流入する小川がある渓谷にあり、他の二つはジェルゴヴィ山の山腹のオビエールとロマーニャにあった。ついで、ヴァンセンヌの城と森から遠からぬあたりでラブホテルのように見えた家を改築した……という。ここではブルターニュの水夫、かしこではオーヴェルニュの住民であり、本当のパリ市民になったことは絶えてない。第二の祖国として、彼は冬の岸辺が美しいケベックを愛した。彼はボルティモアのチェザピーク湾に、次いでサン・パウロの湿気の中に、それからナイアガラとその瀑布に近いバッファローに長く滞在したけれども、太平洋とシエラ・ネヴァダの間にあるパロ・アルトよりも長く生活した場所がほかにあったであろうか。

フィニステール〔ブリュターニュ地方の県。英仏海峡に面し、ブレストなどの街を含む〕の微風がその力強い優しさで彼を包む時、解氷時に氷がきしんでサン・ローラン〔カナダはケベック州南部の市〕が発する恋人のような嘆き声を彼が聴く時、彼がドームの青草の下にアイスランドの、アンデスの、エトナの赤黒い火口を認める時、カリフォルニアで砂漠の乾燥状態と大海原の冷気との気候的な釣り合いを見いだす時、彼はあたかも自宅にいるかのようにくつろぐのだ。それでは、彼の居住環境はどこに設定したらよいのか。彼がその脆い力強さを愛する日本の中央部、クレバスとベルクシュルンドの間をザイルに結ばれて進むアルプス、山頂で恍惚感に浸れるマッターホルンやコトパクシ〔エクアドルの活火山〕、雪の中を裸も同然なシェルパと進むネパール、徒歩で旅するサハラの砂丘、アリス・スプリングズの太陽の下にあるオーストラリア奥地、ラ・プラタ川沿いのモンテヴィデオ、あるいはパラグアイの側、イラズー火山〔コスタリカの活火山〕、フルネーズ山〔フランスの海外県レユニオン島にある活火山〕、あるいはケープタウンの絶壁の天辺。至る所にである。

とはいうものの、私は農場や家畜小屋のあるプレール〔南仏アジャン近郊の村〕に居住するのをやめたことは絶えてないし、ピエール橋のアーチの下やボルガールのダムの土手下で水浴びすることも、クレソンの道沿いに歩くこともやめてはいない。それほど、人は子供時代から離れられないのである。子供時代を出発点として、しがない宿泊場所が一時的によそに広がっていくのである。私の血管の中には、今なおガロンヌ川が流れている。私が田舎の家を去る時は、根こぎにされるような切ない気持ちを覚えたものだ。私は漂泊民のようにあちこちに移動キャンプを張って、何度も死ぬほどの苦労をしてきた。こうして、私はその途上に少々の血、たくさんの汗、そしてカタツムリのように莫大な唾液を残してきた。だが今日、私は陸と海、山と火山、草原と森、川と湖など、地球規模になった我が家を讃える。

私は空間という地図に住み始めているのだ。

別のクローン人間がオックのかなたに、ギリシア悲劇、ラテン語に翻訳された詩篇、『エッセー』と『カミーユの呪詛』〔コルネーユの悲劇『オラース』の第四幕第五場〕のフランス語などを土台にして城館を築いた。その土台のさらに下に彼が置いているのは、ショパンの『夜想曲集』のいくつかがかき混ぜるほの暗い塊である。クープランのモテトとラヴェルが彼に捧げた『クープランの墓』が、この城館の上部を貫いている。魅惑的なカルパッチオのヴェネツィア風景とプッサンのローマの田園がこの城館を取り巻いているが、しかしながら時にはターナーの霧の中やフランドルの巨匠たちの田舎の平和の中に浸ることもある。その世界の暗騒音はゴヤの中を動き回り、セルバンテスや聖フワン・デ・ラ・クルス(*48)に向かって高まる。彼の言語という身体、彼の壁、彼の土地はケルトイベリアの波で振動している。

だが、彼が長らく暮らしたのは、プラトン宮殿の翼であって、そこは数学的解析が光のギャラリーを組み立て、代数的構造がその対位法を繰り広げるところであり、流体力学が泉水から噴き出す中庭や、熱力学が燃え上がる暖炉、それに超弦理論が投影する多次元の未来都市の設計図さえも数に入れないとしても、新たなアルゴリズムが結び合って急成長するところである……。挙句の果てに、彼は分子やコードの中に世界の住人たちを再び見いだした。バクテリア、藻、茸が列をなして美の女神フローラや動物相の前に入ってきて、その箱船に住みつくのであるが、それまでは箱船の美しさには生気を放散する無数の信号が欠けていたのだった。

＊

けれども、私が愛を告白するのは、スペイン語あるいはガスコーニュ語といったラテン系の言語によってでしかない。まるで情感は、取っ組み合いをしながら父祖伝来の音楽に戻ってくるみたいなのだ。だが、いかなる言語を聴くにせよ、私は百科全書の道理に合わせて鳴り響くのである。

私は知の地図に住みつき始めているのだ。

*

せっかくの機会だからいっておけば、彼が家を建てたのは小石やセメントや砂を用いてであり、石工や船乗りたちと一緒にである。これは、シャベルを使ってもまだそんなに汗をかくこともない夜明け前の早い時刻を分かち合える真の人間たちである。彼は焼け焦げるコールタールの中でアスファルト道路を建設した。大型トラックやブルドーザー、それに機関車の砂箱も運転した。沖仲仕やクレーン運転手に立ち混じって、ボルドーの埠頭で働いた。漁師や甲板長に立ち混じって、大小の船で航海もした。これらが彼の馴染んだ最初の頃の仕事である。総括すれば書物のほうに多くの時間を費やしたことになるわけだが、彼が心中に抱いている印象は、こうした土木工事や海事労働しかやってこなかったし、また明日にでもなれば全く自然な喜びの気持ちでそこに戻っていくだろうというものである。無数の脱皮を繰り返したにもかかわらず、彼は決して農民の背骨、労働者の腕、それに悪天候のもとでも動的平衡を保つ船乗りの二本脚を捨てはしなかった。

だが、彼はそれ以降、科学のいくつかの現場で仕事をした。それらは孤独であると同時に、現存のあるいは今はなき大勢の滞在者や訪問者、たとえばアルキメデスとルクレティウス、ダーウィンとモノー、ヘルメスと天使たちで一杯になった場所、つまり誰もいないと同時にすべての人がいる場所であった。彼は、大使や総理大臣たち、世に知られていない天才や程度の差はあれ愚かな頭に冠を戴いた人々、スターや宿無したち、不動の名士やつかの間の有名人たち、謙虚な人や傲慢な人たち、貧乏人や百万長者たち、枢機卿や田舎司祭たち、ノーベル賞受賞者や無学者たち、賢人や詐欺師たち、聖人や殺人者たちに出会い、たちまち悟ったのであるが、これらのカテゴリーには優劣はなく、産褥にある世界が要求しているのは、このような古くさい表示にかかずらわっている代わりに、できるだけ速やかに政治を再び創り出すことであった。

だが、あらゆる黄金天井の下に、あらゆる赤絨毯の上に、スラム街、豪華ホテルやバラック街の中に、私の靴底が運んでいくのは私の庶民的出自の土と石である。

すべての人のもとでくつろいで、私は人間という世界地図に住みつき始めているのだ。

旅人

植物とある種の動物たちにとっては、今とここがすべてである。杭に縛られている山羊は、さまよい歩くがゆえにそれだけ利口な狼に食われてしまう。植物の不動性から脱出することにより動物進化の初期段階に達成された進歩のことを、誰か論じてくれないだろうか。母親の腹から逃げ出し、心地よい揺籃から抜け出し、住まいを後にし、歩き、準備し、今から数千年前にアフリカの外に乗り出し、世界地図の上に住みつき、陸路と水路で到達できる土地を占有する者の自由を、誰か讃えてくれないものだろうか。

このさすらい人に命名することができるであろうか。はかなく局所的で、腐植土（humus）と切り離せないこの人間、謙虚さ（humilité）のしがない（humble）産物、飢えと欲望につながれ、繰り返しになるが有限なこの人間、私はこれを生活力のあるもの（viable）、つまり生きながらえる能力のあるものと呼ぶ。

というのも、viableとは、道の上に身を投げ出す、つまりはさまざまな道から合成されたという意味でもあるからだ。*Via vita*〔生命ノ道〕。小さいほうでは通過儀礼や見習い修業、大きいほうでは前史や人類学といった旅がなければ、人間の生命は存在しない。だが、われわれの運命のかなたにおいてすら、道がなければ生命は存在しない。viabilité〔生育力、通行可能性〕という語は、その両者をいい表しているのである。万物は動く。木でさえもそうだ。樹液が循環するし、寒風のもとで葉むらが揺れ動いているではないか。万物は動く。極小の細胞の中の分子でさえも。万物は伝達し合って生きる。万物は交換によって存在する。関係は生命を条件付け、存在に先行する。それゆえ、現代の生物科学のうちに、信号とその道に関する一般理論が欠けているために、生命の秘密は覆われているのである。というのも、原猿類やハチドリから単細胞生物に、長距離通信のできる鯨から、海底の暗闇をその被嚢の一閃で切り裂くクラゲに、シナプスからキナーゼに至るまで、生命は音、光、分子、要するに無数の信号を絶えず交換しているからである。生きながらえるために、生命はありったけの道の上に自らを投げ出しているのだ。*Sine via non vita.* 道がなければ生命は存在しない(*49)。

ひと《オン》、人間、超越的な疑似-主体

しかしながら、出不精者の目から見れば、このような路上を、あるいはそれから外れて旅することほど危険なことはない。旅行する者がその途上で断崖や盗賊のために生命の危険にさらされるのは確かであるが、とりわけ、彼はアイデンティティー、所属、慣習、信仰、愛着、情熱を、要するに主体の本質そのものすらを、ボロボロになるまでに摩滅させるのである。生まれた場所を離れない者は、幼児性を大事に守っている。旅に出る幸せ者は、それを失う。旅に出ると、幼児的な自我は他者の中に漬かるわけだが、その他者というのが複数の他者の中に漬かっているし、その他者たちも大人の中に漬かっているのである。生命の諸年代が独立になる。時間はいかなるものをもジャムの中の砂糖のように保存するわけではなく、子供を変化させる。どのようにしてか。他性との巡り合わせの中で、自己陶酔的な自我を失うことによってである。最終的な極限まで行き着くと、主体はひと《オン》に変わる。私は他者に、ついで複数の他者に、それから万人に、最後にひと《オン》になる。区別されない、白いひと《オン》、真の超越的主体であるこの鷹揚な代名詞は、恒等的に人間という名をなぞっている。哲学者の中には、自分がひと《オン》になることを恥じた者もあった。人間に共通するものを恐れて、彼らは非凡な者になろうとしていたのだ。おそらく、彼らが哲学するという癖をつけたのは、ほかでもなくこの類いまれな珍品になるためであったのかもしれないが、万人にこの陳腐な異常性への傾向があることには気がついてはいないのである。俗物性と訣別したいと望むことほど俗っぽいことがほかにあるであろうか。

幸運に恵まれて、私はひと《オン》になって、ここにいる。思索して語る主体は、万人の同一性の中にすべり込む。ひと《オン》は、私、おまえ、われわれ、あなたがた、彼らを加え合わせる。この足し算が人間を産み出す。ひと《オン》、すなわち代名詞の札《ジュトン》。奥様がたよ、この一般的等価物を軽蔑なさるより、森の中を駆け巡るこの輪探し遊びの輪は一つの疑似－主体であると定義なさるほうがよくはありませんか。化学者たちが水素あるいは炭素の原子を考える場合には必ずその結合の数を併せて考えるのと同じように、思惟の主体は、それに先行する諸関係がなければ、いつまでも考えられないままである。それゆえ、この疑似－主体は「原子的な」主体とそのコミュニケーションの通路を加え合わせる。それはこれらの関係の全体を包み込むというか、いわば不定積分するのである。こういう「結合価」を奪われたとしたら、どうやって私をおまえやわれわれや彼やあなたがたと加え合わせることができるであろうか。この総和によって、人間の「価値」

が評価されるのである。超越的な疑似－主体、全体的な空間とその諸実践の条件であるひと《オン》は、私の中およびわれわれの中で人間性の成長あるいは合体を実現する。ひと《オン》が〈普遍〉に接近するのである。

空間の地図の上にあるさまざまな居住環境に導いていく道は、この知、空間、時間の連邦的な疑似－主体に、つまりこの人々や集団の一般的等価物に到達することを可能にする。白熱するものの名前はひと《オン》なのである。

新たな仮想的エッセー

いかなるちっぽけな偶然のせいで私は祖先に倣って農民に、父親のように川さらいや土木工事の業者に、母の家族のように乾物商あるいは馬に着せる網衣の商人に、海軍兵学校をやめないで船乗りに、勉学を終える時期に私の所属部局が求めたように代議士にならなかったのだろうか。そして、他の人々がアルコールに浸るように私は音楽に浸っていたので、生涯の憂鬱な後悔になるのだが、どうしてピアニストや作曲家にならなかったのか。とりわけ、私の第二の深刻な仕事は、私の喉に恐ろしく深い円錐のように掘り下げられていて、その螺旋が締め付けながら魂の虚無にまで下降していくといった体のものであるのだから、修道士にならなかったのはどうしてだろうか。最後の瞬間のいかなるためらいのせいで、私は外国へ、ブラジル、米国、中国、あるいは日本に逃げていかなかったのであろうか。

議会で灰色の書類を読み上げる連中よりはとにかく雄弁な、くたびれた大臣やどじな村長、平和主義者の提督、あるいは七つの海を愛してはいるものの、兵器庫を水浸しにしたために降格させられた士官、大事なことをことばに書いたり話したりすることはできないが、モテトでは表現できると自信満々の演奏者あるいはピアノ・バーの従業員、神に陶酔した賢明な神父あるいは修道院の庭師、港湾に水路を掘削したり橋を架けたりする契約を結ぶ技師あるいはヘルメットをかぶった不器用な倉庫番、とりわけ、カインやラ・ペルーズ(＊50)や伝説のユダヤ人のように、いつも一人でここかしこを渡り歩く放浪者、こういうものになった私を想像してみる。

無限小の決定の偶然的な連鎖である生命がその真理に向かうのは、明らかになった事実以外にも、可能な状態にとどまっている未体験の出来事、悔やまれたり、時には以前のように約束にあふれた穀粒を運んでくる一陣の微風のお陰で再び見いだされたりする未体験の出来事をそれが加え合わせる限りにおいてである。生命は、再び始める可能性があることを信じさせるために、嘘をつくのだ。別の方向を選んだとしたらそれが私をどこへ導いたとしても、そのあらゆる途上で、終わってしまったこの道でと同じく、涙が私につきまとったことであろう。私はおまえを悼んだことであろう。海上や川岸で。ソナタや五重奏曲で。アジアやチリで。修道士、不良少年、金持ち、貧乏人、出不精者あるいは旅行者として。春の知らせに色めき立つ、仮想的で生気あふれる小さな若枝の中で、また現実の古枝によって。

それゆえ、私はある異質な伝記を『わが仮想的なクローンたち』と題したいと思うのであるが、そのハイパーテキストは、可能であっても採用されなかった分岐、つまり主な発展を担う枝よりも往々にしてもっと重要な、見捨てられた隣の若枝を考慮に入れるのである。これらの折れ残りは、その痕から樹木が同定される切り傷にも似て、幹の上にそれと分かる節を残す。私の内外に私が容易に認めるこの仮想的なクローンたちは、古代形而上学のいう運命の必然性と、現代のカオス理論が了解する偶発性とを和解させてくれるのであろうか。生命を次々に造形していく巨大で予測もつかないこれらの分岐は、生命が現実の樹木の中から取り除けて、いわば切り取った、したがって仮想的な状態にとどまっている枝々の結果なのではないだろうか。ただ一つ残っている枝分かれは、予測できない出来事として、どこから始まろうとかまわないように見えるではないか。というのも、悪しき北風が、とりわけこの予見不能の幹をも含んでいた密生した木立の中から、他のすべてを一つ一つ根こそぎにしたからである。確かに必然性は前進するのであるが、除草もするのであって、こうして偶発性だと見なされるものを産み出すのである。われわれは生き延びることになる芽を予側することもできなければ、その周囲で毎日のように死んでいく芽を予測することもできないのである。

してみると、私とは何であろうか。これらすべての仮想的クローンをその誕生いらい抹殺したこの陰気な切断から生き残ったもの。現実の私はこれらの死者の後まで生き延びているのであるが、彼らが姿を消したことを理由にして、われわれは彼らを忘却の淵に投げ込んでしまうのである。自然史についていわれるように、この生き延びは最適者を保存しているのであろうか。私の可能性のうち最善のものを私が発達させたなどと保証できる人がいるものであろうか。この問いを、私の後悔の重みやいくつかの希望の飛翔に照らして評価してみればよい。もし神が存在し、よしとされるなら、私は、書くという悲壮感のみなぎる過程にかかる意味の圧力から解放されて、永遠の最初の百万年を誰かと一緒に音楽を作曲して過ごしたいものだと思う。次の百万年の間には、誰かの腕の中で今までに踊ったこともないほど踊りまくるであろう。それから、私は位置も海標も全く気にせずにまっすぐ前方に船を進めたいと思う。というのも、時間が明白に存在しないところでは、海原の広がりも消えてしまうと考えられるからである。楽園的であったり地獄的であったりする仮想的なものの間で、私は私のクローンたちを再び取り集めるであろう。私は再び一つに合体するであろう。私は再び木を丸ごと取り上げ、枝振りを再現するであろう。これらの偶発性を足し上げることにより、必然性になれると希望するであろう。あなたにお尋ねするが、永遠というものは何の役に立つのであろうか。もしそれが時間の水路を修理するのでなかったならば、もしそれが、私のばらばらの四肢を四方八方に投げ捨てるこの切り取り女、歴史の損害を償うのでなかったならば。私が失われた時間を作り直すことになるのは、曖昧で嘘つきの、そして自己陶酔的な思い出に頼ってではない。そうではなくて、道が私の身体から切り取ってしまったゆえに私が懐かしく思う男女たちの足し算あるいは接ぎ木によってである。というのも、生命はその背後に、私を見捨てていった男女たちと一緒に、私がなることのなかったものどもの死骸を残すからである。永遠の生命は彼らを蘇らせるであろう。おやまあ、各人の周りに何という人山が出来ていることか。復元され、つまり切り取られたすべてのクローンが「元に戻され」、こうして四肢が取り戻される、これこそ聖アウグスティヌスに祝福された光り輝く身体が再び組み立てられるありようだと私には思われる。この永遠の「プラトン的な」実在は、ひどく分割された個人の貧しさに、これらすべての復活した仮想的なものを付け加えてくれるであろう。

こういう仮想的なクローンたちについて、私は亡き友について語るかのように過去形で語り、再会を期して未来形で、あるいは非現実的なこととして語っているが、私はそれらを肉体の中で身を引き裂くような欠乏、ばらばらの四肢、あるいは幻影肢として感じてもいるのである。鋭利な刃を手にした持続は、各瞬間ごとにまた始まる仮想的なものの開花とともに、われわれを枝葉のない幹に変えてしまう。われわれは選び、より分け、切り取らないわけにはいかない。線形的な時間があたかもわれわれに吊り橋を一列で渡れと強制しているので、峡谷の底で無秩序に怒号する急流の中に無数のひこばえを投げ捨てなくてはならないのかのようなのである。枝打ちをしないで、枝振りを丸ごと自然のままに保つことはできないのであろうか。氷河がその表面堆石を押し流しながら斜面を降下するのに似て、一斉に進むような時間を再び作り出すことができないであろうか。私のクローンたちは第三項排除のカミソリを通過する。吊り橋という刃の上では、あれかこれかなのである。いやだ、私はあれもこれも、それからまた、この最後のものも欲しいのだ。私が願うのは、我が身を充実させること、堆石、河川、大勢、ひと《オン》になることである。そして、もっと仮想的になるが、人類全体に。

君はそのことをよく知っていた、マリ人の友よ、私に白人《トゥバブ》の身分を認めることを拒んだ君は。君もまた私を認めてくれた、中国人の友よ、いかなる少数民族に属しているのかと、北京の東方で私に尋ねた君は。おまえにはユダヤ人の先祖がいないはずがないと、私はイスラエルでいわれたものだ。私は、アトラスの山の中で年老いた兄に、インドでは最も若い妹に再会した。あらゆる緯度の地域に分布していても、人類は思ったよりもずっと狭い一家族に還元されるのである。

白いひと《オン》とは、至る所でそのクローンたちにとはいえないまでも、少なくともいとこたちに出会う。彼を何と呼ぶべきであろうか。私は彼にパントープ、パンクローヌ、パニュルジュ、パングロス、パングノーズ、パントロープ(＊51)と命名する。六重に統合された男あるいは女である。白熱状態の中に隠されている共通のものから、例外的な性質に頼って逃げ出すどころか、彼女あるいは彼は、知の中に、人間たちの中に、地平線の中に溶け込んでいく。偉大なパンが戻ってきて、彼らを一つに結びつける。ネモ〔誰でもない者〕がひと《オン》に、つまり万人になる。どのようにしてか。

パントープ、パンクローヌ

現代の天文学が繰り広げる宇宙が百万光年という単位で測られるのに対し、古典主義時代に太陽系が開示していたのはそのほんの片隅に過ぎないから、われわれは今日、パスカルを畏怖させていた「無限の」空間の狭隘さを測っている次第である。けれども、われわれの周りで広がりが増大していっても、われわれはほんの少しばかり高所恐怖症や広場恐怖症に襲われるだけである。山や絶壁を怖がる人々が、すでにこの軽いめまいを体験している。年老いた葦が小さくなるというだけのことなのだ。

しかし、パスカルの時代にニュートン自身によって四千年と推定された世界の年齢が、突然、百五十億年に、地球における生命発生以降でも四十億年に伸びるという事態は、理解を困難にしている。持続は空間のように膨張するわけではない。だが、空間と同じように事物を変化させる。月の皇帝は旅行から戻ってくると、すべてがここの事物と同じようであると主張する(*52)のであるが、もし彼が、最初の固い生物が急増したカンブリア紀に移動したとしたら、あるいは宇宙開闢に引き続く非常に熱い最初の一秒間に向けて下降していったとしたら、何といったことであろうか。ユークリッド的な広がりは、輪郭や身の丈を変化させず、それゆえ、コメディア・デラルテの滑稽な議論を無傷のまま残してくれるので、われわれは近くの惑星への旅行を想像することができるが、太古の時代に下っていく場合には、葦が姿を消す以前にすら、生き延びられる人がいるであろうか。時間の中への旅行は呼吸を窒息させ、身体を元素に分解し、思惟を絶滅し、われわれの存在を否定する。したがって、私がパントープの名前にふさわしく、飛行機乗りになってラップランドからニュージーランドに移動したり、宇宙飛行士になって月から火星に飛んだりするのが容易なのに比し、パンクローヌの名前に近寄ることはきわめて困難であるように見える。空間だけの旅行においては主体が不変のままに保たれるであろうが、時間旅行は主体を廃棄するのである。パンクローヌは生まれるのに苦労する。というのも、彼はあっさり消えてしまうからだ。今から千万年前には、彼はもう四つ足動物である。その少し前には、彼は蛇のように地を這うか、鳥のように空を飛んでいる。挙句の果てには単細胞になってしまう。

しかしながら、このパンクローヌはパントープよりもずっとわれわれに近いところにいる。パントープはギルガメシュ、オデュッセウス、パンタグリュエルの同時代人であるが、彼らは単なる旅行者に、若干の障碍物、海難事故、魔法使い、セイレーンを付け加えただけである。というのも、われわれの場合には、主体、つまり観察者あるいは自我が、全く当然のことなのであるが、主体というわれわれの地位あるいは観測地点、思惟するというわれわれの傲慢さ、あるいは進化の最終産物というわれわれの立脚点を放棄して、エンペドクレスのように、心身ともにまっしぐらに、熱い溶岩の流れの中に飛び込まなければならないからである。そこは、渦を巻くカオス的な時間が、上流に向けては一切を濾過、解体し、下流に向かっては種々雑多なものを取り集める場所である。この新たな旅行は、青白く半透明な亡霊たちに向かって地獄へ下っていくオデュッセウス、アエネーイス、それにダンテの旅行にむしろ似ている。突然、パンクローヌは変身する。進化を遡って動物、植物、藻、単細胞生物とあらゆる種になり、さらに上流では化学元素、原初の水素、素粒子、エネルギーと光になる。このパンクローヌとは誰なのか。それゆえ、私とは誰なのか。この辿り返された起源、この追跡可能性、この予見不能な火の流れ、ほとんど何もないところから今日、思惟するこの偶発性が構成される、この無際限の下降でないとしたら。パスカルは空間についてこういった。思惟によって、私はこれを理解すると。実をいえば、思惟が空間を占有できるのは、空間－客体が思惟の主体－葦を不変に保つからである。すると、パスカルは、自分の述べているのが思惟の称揚であるよりもむしろ空間の称揚であることに気付いていなかったのであろうか。実際のところ、空間が思惟を変化させてしまったとしたら、思惟にできることが何かあったであろうか。パンクローヌは、思惟をまさに変化させる時間について語る。時間によって私は変化し、時間を遡ると消滅するが、時間に従って自分を組み立てると。私は私の身体のうちに、宇宙を構成すると同時に、別の仕方においてではあるが私自身をも構成する元素を持っている。私の身体組織は何兆個という細胞から成っている。私の肉体のどんな片隅といえども、この時間が分岐するという出来事からの結果でないようなものは存在しない。私はこれらの痕跡やしるしによって存在し、生き、思惟する。私の内部環境の組成にしてからが、われわれが出てきた海洋の組成に類似しているのである。こうして、私は粒子から出発して宇宙の鏡になるのであるが、それは、光線が空間の中をあなたや私のように動き回る空間的あるいは光学的な鏡ではさらさらなくて、かつては偶発的で、今日では必然的な、いずれにせよ建設的な地層や痕跡に基づく時間的な鏡である。

その結果、パンクローヌが普遍性という点でパントープに勝ちを収める。パントープはパンクローヌに比べると、不安定で落ち着きのない単なる幻影になってしまい、それが自分の足跡からとどめておくのは、イメージや物語の断片、要するにどうでもいいようなことと、時折の嘘だけなのである。オデュッセウスやダンテについて、ピュテアス・ル・マッサリオト（＊53）やマルコ・ポーロ流の大言壮語屋ではないかと疑わなかった人がいたであろうか。これとは逆に、各段階で死の危険を冒しながら、パンクローヌは自らを築く。彼の身体のどの一原子といえども、あの諍いの絵の美女の足と同じくらい忠実に、持続について証言しないものはない。パンクローヌは身体的にも知性的にも自らを時間から作る。それどころか、彼があたかも樹木であるかのようにその中で、宇宙はその流れをたわめたりゆるめたりするのである。呼吸する大気から、飲む水、爪、排泄物や高等なニューロンに至るまでに、パンクローヌは数十億年を閲している。今からわずか半世紀前には、われわれの肉体にこんなに高度の太古性が備わっていることを信じる人があり得たであろうか。こうして、私、つまりパンクローヌは、この世のすべての事物、生きているものと生きていないもの、さまざまな種や元素と一蓮托生の身なのである。私は時間と世界を、それらが私から創り出すものを、そして私がそれについて知っていることを理解する。パンクローヌはパンゲア〔大陸移動が始まる以前に存在したと想定される原始大陸〕と同じように浸み透る。この私を普遍的であり「自然的で」あると宣言していけないわけがあるだろうか。

パングロス

その肉体があらゆる時間を体現しているとはいえ、〈白熱するもの〉は人間や天使たちのすべての言語を決して話さないであろう。この総和は一個人の努力を超えているのだ。だが、各人は思い出すことができるし、思い出さなくてはならない。われわれの祖先が揺籃の地アフリカを後にした時期に、彼らが別れていく以前には、その後、彼らがモザイク状の方言という溝で切り離される以前には、彼らはどうやって相互に意思を疎通させていたのであろうか。彼らは太古のノストラティック語なるものを使用していて、この爆発的な言語の総和はそこから出ているのであろうか。このわれわれの最初の言語を取り戻すには、どうしたらいいのであろうか。われわれはそのいかなる痕跡も保存してはいないのである。

だが、今なおわれわれが共通に持っているものは何であろうか。音楽である。われわれが知っている文化のうちで、踊りや歌、鳴き声や単純な旋律を持っていないような文化は一つもない。*Homo musicus*［音楽人《ホモ・ムシクス》］。確かに楽器はすべて異なっているし、作品にしてもそうだが、それらを結びつけ、そしてそれらがそこから出現してくるような叫び、音調、低い発声法が聞き取れるように私には思えるのである。一方では、世界や固有の身体や群衆のざわめきの中に、他方では、話しことばの稠密な多様性の中に閉ざされ、埋められ、隠された状態で、諸文化がその後、音楽という名のもとで演奏するものがうめいているのである。世界の暗騒音と哀願から生まれ、「創世記」の混沌と預言者たちの朗誦の間にすべり込み、ヨハネのもとで〈ことば〉が生まれる以前に、それゆえ復活祭の朝にすべての言語がそれを受け取るよりずっと前に発生した言語の源泉が、私の喉と耳という二重の井戸の中で、雷雨と私の欲望との二重の襞の中で、*ur-musik*［原《ウル》－音楽《ムジーク》］を、すなわち人類の最初の調べをわめいているのである。われわれは時間を表現するのに、決してこれ以外のものを手にしたことがない。軽快で、生き生きした、あるいはゆっくりしたテンポ、それが流れ、あるいは沈黙で区切られるようにするためのメロディー、それにリズムを与えるための拍子、それに拍子をつけるためのリズム、それに後戻りさせるための複縦線とダ・カーポ……、フレデリック・ショパンは作品二十五の最初の二つの練習曲アレグロとプレストにおいて、その渦巻きまでも聞こえるようにしているのである……。パンクローヌからパングロスが生まれるのだ。

だが、前に戻って、パントープもそうなのだ。空間が時間と音楽家たちの翼に乗って戻ってくる。というのも、われわれがシジュウカラやハチドリと交流するのは、われわれの愛の春、不安の嵐、孤独の苦しみに際して歌を作るからだけではなくて、巣と居住環境の間に密接なつながりがあるからだ。ヤマシギ、ハイイロガン、モリバト、それにコウノトリは高緯度の寒冷地で孵した雛たちを育て、夏にはそれらを気候の温暖な地に連れてきたり、これらの地域を経由して熱帯地方に向かったりするのであるが、こうして、数千キロメートルの距離を、時にはアルプスやヒマラヤを上回る高度で移動することにより、彼らのグローバルな生息環境にはここかしこにローカルな巣が含まれていることを示している。彼らの振る舞いの不可思議さの一切は、私にとっても彼らにとっても全然矛盾を含まないその二重の生活様式にある。すなわち、彼らの家族の隠れ場という狭い場所の中、それに彼らに親和的な生活圏である広々とした宇宙における生活である。彼らの眼の前、頭の中、そして皮膚の下にある海図、彼らの腺の至る所に存在する六分儀が彼らを導き、運んで、世界地図と矛盾することなく生息場所を指定できる不動の諸地点へと連れていく。この世界への広がりという、生命やその旅行と同じくらいに古い営みが、多数の種を特徴付けている。たとえば、円柱状に群れ集まったイナゴ、群れをなしたバイソンやヌー、ニシンやウナギの群れ、鶴やバッタの飛翔も同じことをやっているし、細胞や発達途上にある生物も同じだし、寄生体も同じなのだ。われわれ——鳥、魚、移動性の哺乳類?——のうちいかに多くのものが、ここで生まれ、他の場所で働き、よそ者を愛し、幼い混血児を育てた後、郷愁に駆られてかもしれないが、墓前に花を供えるために、幼少時代を過ごした谷間に忘れずに帰ってくることであろうか。パントープはシロカツオドリの血や歌を持っているし、パングロスは、広大な海盆をその叫び声で満たす鯨たちの声を持っているのである。

私は四大のあえぎを聴こうと待ちかまえる。それは外洋の波浪、燃え爆ぜる火事、地震、溶け出す氷河から、なかば啞の状態でさわやかな風を越えて立ち上り、クープランと私の郷愁、ウードンとおまえの優雅な挙措、マネ、コルネーユ、ラヴェルとおまえの声のかけらの背後に、私の孤独の塹壕の下に消えていく。あらゆるインスピレーションの聖杯、最初のささやきが現れ出るその源が発見できるものなら、私は死んでもよい。音楽はすべての芸術を育て、あらゆる科学をコード化し、あらゆる思惟を産み出させ、そのうえさらにすべての数にリズムを与える。音楽の下に、音楽の背後に、音楽と事物のこの豊かな呼びかけの間に、あらゆる秘密の収納箱である無言の神秘が横たわっているのだ。それを発見するものは、仮想的にはすべての言語を話すのである。つまりパングロスなのである。

ロビンは膨大な数の持ち歌を自在に操る。千を越える多様な歌である。オオヨシキリとその仲間の間では、異なる鳥の種の間にさえ存在する組織的な多声音楽を聴くことができる。チンパンジーの群れは夜、隊列を組んだり崩したりしながら遠吠えの合唱をする。一度も接触したことがないのに、ナイジェリアのプール族、アッサムのナガ族、それにアルバニア人は、うなるような低音の伴奏にのって同一の五音階旋法で歌う。それゆえ、数と同じく人間にとって普遍的な音楽は、少なくともサルや鳥にまで広がるのである。あんなにちっぽけな脳しか持っていないのに、愛の季節ごとにメロディーを変えるある種の生き物たちは、どのようにしてあの妙なる傑作を産み出すのであろうか。音楽のお陰で、われわれは鳥のように飛翔し、三次元の水の中で踊り、木々の中を跳ね回り、場所や空間を発見したり構築したりするのである。

だが、われわれは魂や他人への告白という深奥においても、そうすることを思いついたのだ。

　われわれの間では文字の書けるものがごくわずかしかおらず、それもごく少し前からのことに過ぎないとしても、おそらく、われわれはみんな何千年も前から話しているのである。だが、この話しことば以前にあって、何百万年にもなる音楽はとてつもない太古に遡るのである。たぶん、われわれはいとこであるサルたちに倣って、木々から降りたのであるが、われわれが跳ね回っていたこの同じ枝々には、ある種の鳥たちも飛び回っていたのである。欲望や哀悼を表わすわれわれのもの悲しい音の抑揚は、今日でもなお、われわれが爬虫類的な脳の中にアトリ、シジュウカラ、ハチドリたちと共有している奥深いニューロンにまで到達する。最初、われわれは意思の疎通を図るのに、メロペ、メロディーの屈折や曲線、身振りや状況を模倣する渦巻き状の踊りや発声法に頼らなければならなかった。オーストラリアのアボリジニは今日でも、このやり方でものの見事に広大な砂漠の地理を記述する。ある種の抑揚が前置詞という意味の加工者の役割を果たさなければならなかったこれらの前－メロペにおいては、音の抑揚が時間や空間に抑揚を与えていた。社会はこういうオーケストラによってまとまりを保ち、周囲の広がりを占拠し、身体に染みついていて生き残るのに事足りたこれらの楽譜によって行動し、予見し、思い出していた。文節言語が必然的にではなくて偶然的に、それも最近になって採用される以前に、この前－音楽は何百万年にもわたって続いたのであり、その間、表現力に富んだいとこたちの翼のある多声音楽に漬かりながら、われわれは絶えずその素晴らしさに磨きをかけていた。

　多くの農民たちと同様に、トルバトゥールの聖フランチェスコはこれを心得ていた。何しろ、彼は鳥たちに話しかけていたのだから。ロンサールもそれに気付いていたのだ。その『恋愛詩』の中で歌われている鶯は、自分が愛し、また自分に愛を返してくれるもののために、柳の間でさえずっているのだから。愛を拒まれた詩人の憂鬱がどこから来るかといえば、「おまえも私も同じような調べで歌っているのに[*54]」、彼のほうは口説くのに意味のあることばだけしか使えないからである。聖霊が鳩の形をしてわれわれの上に降りてくるのは、激しい風や轟々と鳴る火が震える生気のない波として、またあらゆる言語のもとに燃え上がるように横たわる生気ある音楽的息吹が到来するためなのだろうか。そして、そのざわめきがそこにいるすべての人々によって理解されるためなのだろうか。いくつかの小枝では、まだ復活祭の鳥が歌っているのである。

われわれすべてがそれを心得ているのである。われわれの会話がごくまれにしか意味を交換しないといって、どうして腹を立てることがあろうか。というのも、ここ何百万年以来、尊大なあるいは明快な音階、微妙な音の高さ、クレシェンドとかアンダンテだとかの調子の変化がまとめているのは、われわれだけであるからだ。例外的で貴重な意味は、われわれのとげとげしたあるいは癒着した諸関係をそれだけが揺り動かすざわめきの流れの中に、挿入されるものなのだ。ある種のピアノ作品の中には、左手が風や河川や火山のこうした喧騒の暗い塊をかき立てている間に、高くて明るい右手がこのビロードのクッションの上にいくつかの類いまれな意味の宝石を突き刺していくものがある。世界の暗騒音から発しはしているものの、まだほとんどそれから解き放たれていないこの呼びかけが、世界を、集団的なものを、そして歴史を先導する。これがわれわれを空間の中に一緒に住まわせる。そう、パングロスからパントープは出てくるのだ。集団移住は信号の調整に依存するのである。

意味が発明された新たな破局の瞬間に、われわれは正確さという点で得たものを適切さという点で失った。これこそが、それ自身あえぎの大海原から出現した降霊の祈りの列島の間から、哲学という山が独自なものとして聳え立つ理由である。われわれすべてが知っている。論述するだけのテキスト、その音の響きやリズムがこの深みに、この何百万年に向かって、われわれのうちにあるこの鳥のニューロンに向かって少しも下降していかないようなテキストは、空しいおしゃべりをがなり立て、人を退屈させ、うんざりさせるということを。書いたり話したりするという行為が成立するのは、耳を澄まして言語のすべての層を一挙に把握した時だけでしかないが、この層の厚さときたら、上方では聴覚組織、母音、リズム、数や運動の上に沈殿する希有な意味に始まり、下方の土台ではこのざわめきが音楽の根っこに触れ、そこからすべての言語が多くの枝となって分岐していくといった体のものなのである。同様に、表面に見える山や湖、川、教会や道路を眺めていただきたい。大地を下方に掘っていただきたい。農民が耕すように、ついで炭坑夫が石炭層に向けて掘り進むように、さらにはあのプレートに向かって下降する物理学者たちのように。このプレートのごくわずかな移動が、歴史の表層部分に起きる地震に際して噴火の大きさや都市の崩壊を決定するのである。最近の意味作用やそれを彫刻する巧妙な歌の下をかいくぐって、この稠密な太古のマグマに到達することだ。フランス語のフランス文化、ポルトガル語のルシタニア文化、ロマン諸語の全ラテン文化など、あらゆる特殊性を称揚するのは結構だ。だが、原《ウル》－音楽《ムジーク》がそこに由来する影の入り口に進むことだ。あらゆる偉大な作品からは、この薄暗いポケットからと同じように、よく響く憂愁のようなもの、涙の湖の表面を渡ってくる静謐な微風、広大な意味の空間が流れ出す。自分のざわめきを聴かせる人は、単に書いたりしゃべったりするだけではなくて、天使のように、打って一丸となった諸言語を語り始めるのである。

私はとうとう、海の見える砂丘の頂に着く。登ってくるにつれて、稜線の後ろに隠れている波のカオスが増大する。最後の坂という距離を置き、この高い障壁に守られて、生命と時間が始まる時、この荒磯の音はもう聞こえてこない。前に進むと、不規則なこの音が聴覚に満ちあふれる。はっきりした声、意味のあることば、滅多にない告白、妙なるメロディーをかき消すほどに。ある瞬間に、この恐るべき無秩序がすべての切り離された信号に取って代わり、すべての波を覆ってしまうことであろう。

けれども、私はかつて、この砂丘の麓にやってくるずっと以前にも、四散した多数の事物があえぐのを聞いたように思う。だが、親しい呼びかけ、美しい証明、いくつかの希有な音楽、それ以上に滅多にないことだが愛の告白などが、このざわめきから私の耳を逸らせていた。ところで、年齢とともに鼓膜の働きが悪くなるのだと、このざわめきの高まりを説明しようとして人はいう。いや、そんなことはない。というのも、孤独な難聴者も、この自然な耳鳴りを鋭敏に感じるからである。その波が、身体の時間的な先端に聳え立つ様は、さながら船の舳先に立ちはだかり、ばらばらに砕け散るへりをもつ壁のような大波のようである。

ある朝、水平線に向かって開かれた砂丘の天辺にやってきて、私は、この垂直で天にまで達するほど高い波がまっすぐに私に襲いかかるのを見ることであろう。私にはその波の音しか聞こえないことだろう。その時到来するのは、神の火の爆ぜるこの音が私の最後の嘆き、おまえの最後の嘆きを覆い隠す瞬間であろう。

パントープとパングノーズ

ユク神父(*55)もブーガンヴィル氏も地球上のあらゆる海やあらゆる大陸を踏破したわけではなかった。ピコ・デラ・ミランドラのような人でも、すべてを知っていると主張したわけではない。われわれの祖先たちが月を眺めたのとは全く違う仕方で(月はいつも半分だけ身を隠しているから)、宇宙飛行士たちがわれわれに球形の惑星を見せてくれたあの日から、われわれは事態を一変させてしまった。一方で地表におけるわれわれのローカルな旅行が空港と同じように数を増やしていくと、他方ではこの上空への飛翔がそれらを現実的で完結した地球儀に統合してしまうので、われわれがジグソー・パズルの切れ端を一つずつ集めていく前にゲームは終わってしまっているという始末である。われわれの生命が乗り込んでいる地球という船を、たとえ映像としてではあれ、われわれが見た日に、全体と部分の間のある関係が生まれたのであるが、それは、完全な枚挙と、何一つ見落としてはいないことを保証する全般的な点検とを要求していたデカルトの第四規則とはひどく異なるものなのだ。ちょっと積分計算に似ているのであるが、われわれはもはやあらゆる場所を通過したり、それらを全部を一つずつ記憶したりする必要はなくなってしまった。というのも、このリストが終わる以前にもう、われわれは全体化を享受しているからである。それどころか、この斜投影図法的な見方は、正確さにおいてこれにまさるものがそれまでになかったほどの繊細な見方で裏打ちされていた。してみると、われわれは世界の実測図を手に入れたのであろうか。

この時、知に対するわれわれの関係においても同様の新しさが出現した。いうまでもないことであるが、何人も数学のすべての定理を証明することはできないし、物理学のすべての実験を行なうことも、すべての銀河系を観測することもできない。だが、専門諸雑誌の中で、少なくとも結果、図、グラフあるいは推定によってではあれ、私の好みで新しい科学的教養と呼びたいものを獲得することは、誰にでもできる。この新たな教養は、「文系的な」土台あるいは地平を持つ古い教養に取って代わろうとさえしている。あらゆる科学の総合などということは空しい希望であるとみんなが断言しているまさにその瞬間に、どちらかといえば容易な、少なくともすぐに使える別の全体化が陽の目を見る。

それだけではない。科学論といえば、長い間ごく少数の専門家の省察の対象に過ぎなかったが、これが今日では科学とつながりのあるいくつかの職業に波及しているのである。行政官僚、私的あるいは公的な研究に投資しようとする投資家、倫理に関心のある道徳家や法律家、一般紙や専門誌のジャーナリスト、これらの人々は知の運命、その分野の分割の仕方、研究者たちの給与や士気について決定することを求められているのだから、諸科学に関する言説——科学論という語はそこに由来する——を担っているわけだ。もっとも、その内容や形態が観測地点の多様な高度に依存することは当然であるが。かつての労働者たちと同じように、自分たちの運命をほとんど決定することがない科学研究者たちが、狭い専門性の先端でうろうろしている時に、他人たちが眺望するための手段や距離を与えられているのである。彼らの有効性を嘲笑うどころか、私は彼らの存在を確認する。天文学から生化学にわたって、あらゆるメディア、雑誌、書籍や博物館、政治的決定、公衆のパニック、裏切られた希望、人道主義的な憤慨、さまざまな色合いの倫理、挙句の果てにインターネットや曖昧なうわさにより語られることを全く耳に入れないためには、大変な難聴である必要がある。今日では万人が微分的で堕落した仕方で百科全書に手を触れているのである。たとえ〈光《リュミエール》〉どころか奇妙な闇がそれを覆っていると嘆くことが可能であるとしてもである。かつては孤独であった科学論者は、このような群衆の真ん中でこづき回されているのに気がついてびっくりする。すべての人が、多かれ少なかれ、上手下手を問わず、かつては珍しかったこの仕事を営んでいるのである。

汎科学論者

高級か中級かは知らないがこの新たな接近法には、短所と長所がある。それをもっとうまく理解してもらうために、ここで、地面を這いずり回るしがない労働と、もっと英雄的な飛翔という宇宙航行的なイメージの中間を占める一つのイメージを提出しよう。すなわち、ヘリコプターによる輸送である。山を怖がる人々、時間のない人々、衰弱した高齢者、大臣やジャーナリストたちは、こういう高価な機械の助けを借りて、非常に危険な山頂によじ登らなくても連れていってもらうことができる。その時、科学者のたとえとして役立つのは、男女の登山者とザイルで身を結び危険を冒す優秀なガイドである。彼ら三人は壮大な絶壁の側面の裂け目やチムニーを何十時間もかけて汗にまみれて登攀するのであるが、時折、山を知らないテレビの撮影チームが頂上に降り立つのを見て驚かされる。そのカメラが、百秒間ほど頭上を飛びながら、山脈全体を視聴者に見せる。そのうえ、この一連の画像によって大きな好評を博すことになるのは、影薄くてマゾだと評される登攀者たちやめまいに苦しんだ写真家でさえなくて、スタジオを一歩も離れていない司会者なのである。アイゼンやピッケルを持っていなくても、金を払いさえすれば誰でも、つかの間の轟音が上方へ持ち上げてくれる。明日になれば、同じチームが、同じ騒々しいヘリコプターの中から楽々と、はるかに困難な無数の他の絶壁を閲兵していくことだろう。

それゆえ、ここで新たな問いが生じる。その職業からして、山に関する諸問題に明るいのはどちらであろうか。ガイドか、カメラマンか。取っ掛かりやハーケンに頼って空中を進む滑らかな登山路を切り開いた人か、それとも世界のすべての山脈の上空を飛翔して、地球という惑星全体の局所的なイメージを万人に示す人か。これはそんなに容易に決着のつくような問題ではない。写真家には価値を認めず、自分の身体を危険にさらしたガイドこそ真の専門家だと判断することもできるし、逆に、写真には教えられるところが多いが、登山家はきわめて狭い専門家に過ぎないと判断することもできるからである。同様に考えると、科学の問題をよく知っているのは誰なのだろうか。専門家の会議を数知れず渡り歩くであろう大学の学長、代数学者よりは法律家であることが多く、国際的な取り決めの交渉をする大臣、それらを立案する彼の官房長、生死をかけた論戦が演じられる審理の場で裁定しなければならない行政官、研究所を擁する企業の大株主、ノーベル賞受賞者をすべてインタビューしたことのあるラジオやテレビの解説者、これに加えるに先ほどのリストに挙げられた人全部、すなわち各々が、時には二つの数字を区別することも知らないで、あらゆる書類の上を飛び、ヘリコプターによる輸送の恩恵に与った人。それとも、ある装置のしがない発明家のほうだろうか。もっとも、往々にして、彼が他のすべての人々からかまってもらえるのは、彼らの性急な問いに答える数秒間だけなのであるが。もしあなたにその気がおありなら、目利きというか、最良の科学論者を名指していただきたい。私にはその自信がないのである。

しかし、まずいオレンジ・ジュースを飲んだり愚かなグラビア雑誌をめくったりしながら高度一万一千メートルを飛ぶ彼らのエアバスによる横断から、私はアルプスに関してどのような種類の認識を引き出そうというのであろうか。こういう輸送や通過、その他無数の飛行の可能性のお陰で、何人もどんなに科学とは遠く離れていても、今日ではたとえばインターネットを利用して数日の間に、きわめて高度なテーマに関する、かなり大部な、しかもしっかり資料に裏打ちされた本を書くことができるのである。おまけに、著者が無知であることまでが長所になるというのだ。というのも、そのことが購買者にどうしてわけが分からないのか……という理由を見事に説明してくれるからである。メディアにいわせると、この馬鹿げた非専門的意見の明晰さが増大しているそうだ。前途の困難さが、科学の成果に対する熱狂よりは想定される科学の濫用の告発に比重を与えている。科学が全体的な社会的事実になる時、万人が多かれ少なかれ科学について語り、判断し、民主主義の素晴らしいところだが、責任を負うことになる。至る所で高度な道徳意識の高まりが見られるが、判断を下す肝心の科学に関する知識は零なのである。こういうわけでいまや科学は、政治という難しいと同時に野蛮な集団的競技の中心に置かれることになる。というのも、財政、保険、法律、メディア、行政、世論、倫理、宗教、要するに社会全体がそれについて論議を交わすからである。数十年前には、理論とその技術的な応用を巡る省察を出発点にして世界的な緑の党が創設されようなどと、予想できた人がいたであろうか。

万人がすべてに関してすべてを知っている。不可能のように見えた、あるいは見えることが――問題になっているのが全く新しい出来事であるがゆえに、私は繰り返していうのであるが――世界のうちで最もよく分配されたものになるのである。これから先、科学に関するこの知は、集団の中にそれが呼吸する空気のように広がっていく。パングノーズは普通名詞に、そして各人の名前のようなものになる。今日では回答がきわめて容易になったカントの有名な問いの一つに「私は何を知ることができるか」というのがあるが、これに対する奇妙で新たな答えはこうである。もちろん、すべてであるが、単に自我だけではなくて、そのうえにすべてなのだ。だが、いかなる形式のもとで、どのようにしてわれわれは知るのか。どれだけの距離を超えると、傾斜角がどれだけになると、何か障碍が現れてきて、それでもわれわれは何かを知ることができるが、その先ではほとんど何も、そしてついには全然何も知り得ないことになるのか。この問いにはっきり答えるのはそれほど簡単ではない。このようにして測定された距離や角度は、少なくとも社会的空間を定義する。安直にヘリコプターによる輸送がトレーニングに取って代わると、相変わらず宇宙飛行が、そしてたぶんほかのどれもこれもが、それぞれにきつさの少ない代行手段を要求する。古い科学論は、自らが創始したわけではない諸科学だけを研究すればよかったので、大学で行なわれる注釈と同じくらい安易で、反復的で、寄生的な仕事に没頭していた。新たな科学論が目の前にしているのは、予想外の、未知の、グローバル化した、色彩にぼかしのかかった、この新たな知、組み立てて観測するのがもっと困難な対象である。要するに、科学がこのように大衆の中に溶け込んでいく時、きわめてまずい形態の科学の民主主義が生まれるが、それでも民主主義は、今日われわれが手にし得る政治形態のうちでは、最良のものなのである。

膨張の流れ

このように広がっていきながら、さまざまな知識は、科学から情報にわたって、認識、経済、法律、政治の間の境界が決定できないような連続したぼかし状態を形成する。突然、それらは地位や起源を取り替える。かつてわれわれの言語は、隠喩の中で結晶状の個体を正確さに、液体を曖昧さに結びつけて、厳密な知を讃え、乱雑なもの、不鮮明なものを貶めていた。これに対応する時期に、つまり古代から昨日の朝まで、知は制度化された場所に、名指しで任命された専門家たちの手に集中していた。つまり、学校や大学、教授職や学者、同業組合、職人の親方、建築家あるいは技師、教会やドグマ、宮廷、国王、財務官や大法官などである。その名称の示すように安定的な制度《アンスティテュシオン》とそこに仕える者たちは、検印の押された知識を公表していた。要するに、知は所番地を持っていたのだ。今日われわれは、無知の海を照らしさまざまな道に通じる灯台のごとき岩から、海そのものに移動する。こういうわけで、『オミネサンス』は網の時代の終焉について語るのである。われわれがそれ以後、航行しているのは情報の大海なのだ。教える者が自分の前に見いだすのは、何か別の事項に関しては自分よりもよく知っている学習者である。支配する者は、自分がまだ全く掌握できていない新たな政治問題に関して、多数の専門家を満足させることができない。行政が書類の上で決定し、大統領が会議の票決後に決定するのは、群衆の代表としてであるが、群衆は反乱寸前の状態《オトゥール》にあって、これらの行政当局者たちの底知れぬ無知を、しばしば正当にも、嘲笑うのである。作り手と権威《オトリテ》の危機は、知識の膨張のこの新たな状況に由来している。

すべてがインターネットで、そして時代の空気の中に見つけられる。そのため、誰でも、我慢しきれないほど古臭くなった教師たちのものにまさる、真偽ごちゃ混ぜの認識的観点を所有できることになる。こうして、認識は政治と経済の波に洗われ、三つのうちの各々は他の二つの中に身を浸すのである。知識の新たな流動的な状態が一変させるのは、単に知、その学校とその研究者たち、経済、その労働者と専門家たち、国家、その支配者と市民たちだけではない。一切の社会的絆と事物への関係において、世界と社会、倫理と宗教をも一変させる。この意味において、そして一般的等価物として、認識は金銭の能力を獲得したところである。さまざまの真あるいは偽の貨幣の形をして、認識は貨幣のように循環し、遍在性を愉しんでいる。

パントロープ

同様に、自分の国の中ではさまざまな社会階級を、自分と同じ気候帯の中では諸文化を、五つの大陸の上ではさまざまな身体、顔貌と慣習、七つの大洋に浮かぶ艦船と地上空中にあるすべての飛行機の装備、聖職者と戦士、学者と労働者、アンデスの山岳民とヒマラヤのシェルパ、中国やヨーロッパの農民、アメリカインディアンやモンゴルの羊飼い、農業を知らないアボリジニ……を知っていると自慢できるような人が誰かいるであろうか。村単位の人類学者、家族単位の専門書、部族単位の言語学者、個人単位の医者を呼んできてもらいたいものだ。それから一つ一つの動作を解釈してみせる無数の人々も忘れてはなるまいが。

私は第二次世界大戦前のわれわれの島々のことを思い出す。村のニュースは変形されて農園に到着していた。集落から町へ、町から首都あるいは外国へと出ていったのは誰であったか。長い間、帰ってくることのなかった幾人かの若い徴集兵たち、それに砂浜で待つ婚約者たちを残してニューファウンドランド沖のタラ漁に出かけた漁師たち。それについて彼らはどんな話を持ち帰っただろうか。これまた列島に等しい酒保や甲板上の話でないとしたら。こうした孤立集団は姿を消しているのだ。もうわれわれがそこから出ていくことはない。たとえ、出発《デパール》ということばが分離を意味するとしてもである。宇宙飛行士までが、宇宙船から絶えず彼らの挙動についてわれわれに教え、彼らが見るものをわれわれにも見せてくれるから、まるでわれわれも彼らと一緒に無重力状態で飛行しているかのようである。われわれはその気がありさえすれば、今ここにないものの全体と、いつまでも肩を組み続けるであろう。世界は凝結し、凝固して塊になる。われわれは、無数のトポロジーをもって絶えず組み立て直されるある空間の上で、必要とあれば距離の概念さえも変更する。

そこで、パントロープのお告げが網目を駆け巡る。われわれにあるのは隣人だけだ。昨日、ジャコウウシの狩りをしていたエスキモーが私の客間を訪れていた。床の下は永久凍土帯だ。私がリモコンのボタンを押したり、クリックしたりすると、インド人あるいはパタゴニア人がラップ人に取って代わることであろう。絨毯の下は、パンパスである。ありとあらゆることに関心を抱いていた知識人やレポーターは姿を消す。というのも、彼らが開発していた仮想性が、最もよく配分された陳腐さになっているからである。人間に関わることは何ごとであれ、もはやわれわれにはよそ事とは思えないのである。

人が好んで口にする不可能事、すなわち人間はあまりにも多様すぎるからグローバルに理解し合うことができないということは、以前に科学についていわれた障碍に類する。われわれがそれに対する山のような困難を作り出しているまさにその瞬間に、そんな困難ははどこにでもあるモグラの巣穴の中に消えていくのだ。ランド〔フランス南東部の大西洋に面する地方〕の森やソローニュ〔パリ盆地の南部にあってロワール川、シエール川、サンスロワ川に囲まれた地域〕の湿地のずっと奥までいってご覧になるがよい。そこにはいつだって、イヌイット族のことについて、別様にではあるのだが、人類博物館の博士論文準備者に負けず劣らずよく知っている男女が見つけられることであろう。

ここで、パントロープはパングノーズと一緒になる。人間に関する知が、事物の世界に関する知と同様に、世界で最もよく配分されているものになるのだから。

ホモ・フミリス

空間、知、言語、あるいは人間に対して、その丸ごと全体を意味する接頭辞を冠した、パントープ、パングロス……などというこれらの名前は、神のごとき、悪魔的な、常軌を逸した傲慢さを表わしているわけではない。そうではなくて、これらはひと《オン》に付けられた名前なのだ。そして、人間という名を縮めたこのひと《オン》とは、逆に、その謙虚《ユミリテ》さに呼応しているのである。大地に属する腐植土《ユミュス》が、彼の肉体の組織をなすとともに、彼の名前の語源でもある。われわれがいやになるほど繰り返し学んだように、傲慢さは、彼の言語、特殊な知、技術的知識などといった局所的な無駄事を、他のすべての上に置くことにある。いつだってそれが始まるのは、何ということもない臍を、その当人が祀り崇めるところから来る。あらゆるもののの平準化、多様性の雑多なうごめき、われわれの遺伝子の限られた数、粘土の褐色がかった色が教えるのは、常に謙虚であれ、そして自分たちの何でもない丘の高さを自慢する田舎者を笑ってやれということである。そういう輩については数知れない肖像、横顔や化身が知られている。出任せにその一例を挙げてみよう。というのも、ロスタンの『シラノ』の、決定的な質の低さのみならず、その世界的な人気がまだ説明されていないからである。地球上のどこでもいいが、劇場が開かれ、苦境に立つ演出家が、大入りを取り戻そうとして、この作品を上演するところで、観客の喝采を聞いてほしいものだ。至る所でこんな効果があるのはどうしてだろうか。

シラノ・ド・ベルジュラックが男たちの秘密を暴き出すからである。ギリシア的横顔に恵まれた大変な美男子たちでさえ、自分から口に出すことはしないが、いつもその存在が気になっているこの鼻のゆえにロクサーヌは高嶺の花だと感じている。愛の作業現場にいる彼らのうちで、自らの容貌とことばに自信を持ち、堂々とその身を前方に投げ出す者はいないのだろうか。彼らのうちで、肝心の時に力が萎えてしまうのを恐れない者はいないのだろうか。ああ、鼻の長広舌だ。山頂、岬、半島だって。いや、酒瓶だ、鋏入れだ。どこかの戦場で危険を賭して戦うには、これほどの勇気はいらない。町や村のダンスパーティーでは、若者たちはパートナーを捕まえる前から酔いしれている。さもなければ、彼らは、あるはずもない女のほうからの申し出を、時によると一生の間、待っているのだ。そんな事情を心得ている娘たちは、そんな気振りも見せないで、往々にしてわれがちに進み出る。

こうして、われわれはラ・ロシュフコーの誤りを理解する。彼の自己愛は、一般性を表わしているどころか、ルイ十四世時代の貴族の誇りを、つまり幾人かの貴族たちが着けていた雄鶏の羽毛を反映しているに過ぎないのである。もっとも、この珍奇な植物の脆さに気付かない振りをするために、これに活を入れ、水をやり、香水を振りかける必要があったのではあるが。『箴言』が苦労して織り上げているのは、彼の同時代人シラノ・ド・ベルジュラックの鼻のためのペニス・ケースなのだ。いいえ、公爵さま、自己憎悪のほうがたいていの場合、自己愛にまさるのでございます。自己愛は、自己憎悪を相殺するために、この本質的な謙虚さから派生したものなのですから。泉のほとりで、ナルキッソスその人が、自分にもおぞましき鼻があることを発見する。

それゆえ、これを、この鼻、人目につく岬、骨を折っておっ立てられたペニスを理解していただきたい。劇場における仮面と同じように、それは、容貌や普遍的な自我の素材である平らで、扱いやすい生地を隠している。われわれすべての出自は土、さよう、この捏ねられる泥土にあるのだ。そのことを語らないような言語はほとんどないし、神話や宗教もそれを教えており、哲学者たちでさえ、時折、このことを認めている。プラトンはこれをコーラ（*chôra*）と呼んでいる。われわれは、この粘土の上に立てられた何らかの突起物によって人目につこうとする。土の塊、小さな岩、平凡な丘あるいは雄大なエヴェレスト、政治権力、オリンピック競技、ノーベル賞、その他の厄介なものといった次第である。しかし、鞍部からいかに高く聳え立っていようとも、マッターホルンの全山は、自分の内部にあるのが小さな丘と同じ塵に過ぎないことをよく知っている。われわれはすべて同一の土から、同一の母から、同一の普遍的な物質から出ているのだ。突起物の高さは、この本質的な事情を何一つ変えはしない。それどころか、それが見えるのは、人を笑わせるための劇場、外観、興行においてでしかない。そして、誰もがそのことを知っているのだ。われわれが互いに区別されるのは、仮面によってだけである。われわれを形成しているのは普遍的な土、すなわち炭素、酸素、窒素、それにいくつかの希土類元素である。誰もが競って、彼の武勇と鼻に感嘆するが、「シラノとは、私、ひと《オン》、そしてよい生地のことだ」という勇気のある人はいないのだろうか。ひと《オン》、人間。腐植土《ユミュス》、土、人間のパンゲア。

パニュルジーにおける結論

ギリシア語のエルゴンが意味するのは、行為あるいは仕事、エネルギーと技術、活動あるいは実践、機転と回り道である。フランス語はそれを外科（chir-urgie）という語で用いている。つまり手の仕事というわけだ。してみると、われわれは、プログラム化されている植物や動物をモニュルジュ（Monurge）と呼ぶべきかもしれない。すでに述べたように、われわれはプログラム化されておらず、したがってあらゆる芸当に開かれていて、器用かつ勤勉、要するに聡明なわけだから、自らをパニュルジュと呼ぶ資格がある。

　このパニュルジーは、こうして、生物的な脱プログラム化に始まり、自由な、あるいは欲求や環境から要求される実践活動に及んでいる。技術が「進歩する」に応じて、われわれが利用しようとするエネルギーのリストが長くなる。筋肉の、動物の、力学的な、太陽の、風力の、水力の、電気の、原子核の、情報のエネルギー、そして再び生物的エネルギーというわけである。このリストが、いつの日にか、閉じることがあるのであろうか。それはわれわれには分からない。だが、われわれがよく知っているのは、われわれが至る所で絶えずエネルギーを探していること、そして、この幾重にも開かれてあるというあり方がわれわれを特徴付けているということである。この特徴を体現するものとして、ラブレーは目端がきき機智と策略に長けているという理由で、まだ単にポリトロープと呼ばれていたオデュッセウスの才能と狡知を一般化して、パニュルジュという人物を作り上げたのである。船乗り〔オデュッセウス〕はそういうものをいくつか持っているが、パニュルジュつまりパントロープ〔ここのパントロープはPantrope〔全・回転、芸当〕で、前出のPanthrope〔全・人間〕とは別。〕はそれらを全部身につけているのだ。彼がこういう名前で呼ばれるのは、彼が、職人たちの過去および現在の、そして予測できないほど偶発的な手練手管をすべて総和し、積分するというか、足し合わせているからである。

　ホメロスの時代やルネサンスの時代は、運動を生み出す力と、この力が自ら生み出した運動を伝達する機械の仕組みとの間の区別を知らなかった。エルゴンにはこの二つの意味があった。したがって、この二つを区別することにより、われわれは二度にわたってパニュルジュになったのである。つまり、基本的なエネルギーの研究という面と、その利用および配分という面においてである。運動性そのものと、機械においてといってもよい。実際、われわれはこれらの力を何に使っているであろうか、またなぜそうするのであろうか。まずはハンマーから熱核爆弾にわたるエントロピー・レベルの諸道具であり、これらで大地の表面を刷新し、人間の運命を変化させているわけだ。だが、書記法が始まってこのかた、われわれはこれらの道具を補うのに、情報を貯蔵し、受け取り、伝達する役割を担う別種の機械、つまりハードウェアやソフトウェアをもってしているのである。われわれはあまりにもこれらを予測していなかったために、技術を蔑視したり賛美したりする哲学者さえにも思いも寄らなかったのは、自分たちが書いたり読んだりする時、柔らかなエネルギーを貯蔵、伝達するのに適した現実の機械を操っていたということである。エルゴンが肉体労働を軽減するものだったとしても、それはもうすでに何千年も前から、精神の活動をも助けているのだ。望みのままのプログラムを持ち、それゆえわれわれ同様に開かれているこの機械を、チューリングに倣って、普遍的機械と名付けることに、少しもためらってはならない。

いまやこれからの発展を予測できる人が誰かいるであろうか。われわれは、モーターと機械、手段と伝達機構に関する一般的な工学あるいは科学を構想できるであろうか。私には分からない。だが、繰り返していうが、問題になっているのが動力エネルギーであれ、それによって動かされる機械であれ、われわれがこれらの力や手段を動員して差し向ける用途であれ、われわれは〈普遍〉に向かっているのである。すなわち、一切のエネルギー、一切の機械、考え得る一切の用途にである。科学や音楽と同じように、技術はわれわれの普遍性の地平の前にわれわれを立たせる。パントープは、さまざまな可能性が作る白い空間の中を彷徨する。彼の「先端」は、パンクローヌもまた彷徨するこの数次元時空の中で分岐する。パングロースは、クロノペディーの白い空間を下降する。パングロスは、混沌をちっぽけな諸信号に作り直す。パニュルジュは、今日、身体の可能性が作る遺伝的な普遍性と世界の配分された普遍性の間に普遍的機械を配置する。

だが、これらの新たな機械を構想する際にすら、われわれは、こういう普遍の最後の二つを連結するすべを、いつも心得ているわけではない。すなわち、どちらも生成のうちにある、私の身体という白い普遍と、世界という普遍をである。われわれは、これらが対等の力能を持つものとして、同一の大きさのオーダーに属していると確信しているだけなのである。一切の思惟、科学、行為、一切の希望が、この確信にかかっている。この二つの普遍を結ぶ連関の開かれた駆け引きが、われわれに技術的な介入、文化的な慣習、言語や科学を押しつけるのである。世界の中で貧窮しているというかモニュルジュである他のすべての生き物が、こういった媒介物を全く必要としないのは、そのプログラムがそれを免除してくれるからである。われわれの、自由な、脱プログラム化が、普遍的な作用の間接的な中間物、つまり言語、科学、技術をわれわれに押しつけるのである。この流動性は、虚偽と真理を許容し、恐怖と熱狂を惹起する。というのも、われわれの普遍性《ユニヴェルサリテ》が宇宙《ユニヴェール》を超えるのかどうか、これと互角なのか、それともその力の前に屈服するのかを、われわれは知らないからである。もしわれわれがわれわれ自身の宇宙を超え出ることになれば、宇宙にとって、彼らにとって、われわれにとって危険が存在するのだろうか。だが、この「超え出る」とはどういう意味なのか。

　われわれはこれらのグローバルなカテゴリーを扱うのがきわめて下手で、これをほとんど把握できなかったから、数千年にわたってこれを形而上学に下げ渡してしまったのである。いまや、形而上学がわれわれの日常につきまとい、われわれは、われわれのさまざまな総和の間に開かれた途の上でふらついているのだ。すなわち、パントープ、パンクローヌ、パングロス、パングノーズ、パントロープ、パニュルジュ、われわれの可能性の不定積分、白さと白熱状態、そしてこれらの名前の地平を持つわれわれの普遍性と、宇宙の普遍性という二つの普遍性、これらの間で揺れ動くのである。不安あるいは熱狂の生みの親であって、今後われわれが相手にしなければならないこの揺れが、成人《オミネサン》となった人類を特徴付けている。すでに述べたように、彼のパニックが生じてくるのは、しばしば哲学の書物で讃えられている快適な有限性からよりも、この新たな無限性からなのである。

実際、われわれの普遍性に関わるこれらの問題は、今日きわめて多数の日常的実践で確認されているから、今後われわれはこれらの問題を、用心深くは当然だとしても畏れとおののきをもって取り扱うことはできないであろう。エコロジー、地球温暖化、種の絶滅あるいは環境保護、倫理、用心深さ、持続可能な発展などといわれているものすべては、世界そのものにわれわれの企てに対する限度を設定するよう求める傾向にある。われわれが行なう宇宙の普遍的な利用は、われわれを震え上がらせる。パンという接頭辞のついたわれわれの新しい名が、われわれにパニックをもたらすのだ。われわれは、宇宙がその普遍性で人間のパニュルジーに伴奏し、これを取り囲み、これを和らげることを要求する。

われわれの行為、省察、科学や思惟の新たな土台である〈自然契約〉が環境に対して要求するのは、それが、われわれの大胆な努力の能動的あるいは受動的な主体としてのわれわれの側にあるいはわれわれに向き合って協力することである。この契約は先刻の賭、つまり人間の普遍性と世界の普遍性との間の開かれたゲームに決着をつけようとする。われわれの内在的な決断の領域で、この契約が予定調和に取って代わる。予定調和が想定していたのは、このゲームの普遍的な規則を定めているのは神だということであった。神が不在になった以上、〈自然契約〉が神の永遠の法則に取って代わるのである。そのことは、われわれすべてが無神論者にならなければならないということを意味するわけではない。というのも、契約というものは、それ以後当事者間だけに内在することになる純然たる取り決めに基づくこともできるし、当事者たちからは超越的な、すでにそこにあったある自然に基づくこともできるからである。契約的な義務の背後には、宗教的な決定が未定のまま残されている。絆が単独に結ばれるのか、それとも、今ここで結ばれる絆が、あらかじめ、また時空の外で結ばれているのかのどちらかだからである。

契約そのものに戻ることにしよう。〈普遍〉がそこで古い主体とその往古の客体に要求するのは、その唯一の創始者のもとで合体することである。法律的な横顔だけを見せながら、それがここに切り開くのは、知と行動において繊細であると同時に寛容性にも富んだ現代の知恵である。われわれは単独に人間として、集団として、生き物として、大地の成分の塊として、主体として、客体として、受け身の者として、独立する者として、船を導く水先案内人のような指導者として生存しているわけではない。われわれの救済が可能であるとすれば、それは普遍的な連帯という際限がなく、自由で、複雑な、そして解きほぐしがたく絡まり合った道の中においてでしかないであろう。諸科学のパングノーズや人間たちのパントロープと全く同じように、パニュルジュは世界を必要とするが、その世界というのは、その中で豊かになってこれらの名称に値する者の事業、認識、言語、空間と時間がグローバル化するのと同程度に、広がりの上でもグローバル化した世界なのだ。この知恵の地平線には、汎神論が現れるのであろうか。それは、いかなる土台の上に契約を置くことをわれわれが望むかによって、決まることである。

他にも数ある普遍性の中にあって、ここで部分的な素描を与えたような現代にふさわしい哲学を探索あるいは促進する者がこれまた遭遇するのは、暴力、貧困、そして根元的な悪の普遍性である。

彼の七番目の名前パニックはそこに由来する。

まだ日の浅い自我

どれだけの間、人間は男も女も自らを知ることなく生きたのであろうか。おそらく数百万年の間である。前述の西欧文化がその概念的枠組みを負っているギリシアの哲学者たちは、認識の面ではソクラテスの、そして行動の面ではエピクテトスを受け継いだマルクス・アウレリウスのいくつかの教えをのぞいては、まだ主体なるものを発見してはいなかった。どのようにして、またいつになって主体が出現するのであろうか。セミ族の世界と、ギリシア・ローマ世界、ローマ法とキリスト教道徳の邂逅が西洋紀元を開始した時である。聖アウグスティヌスが初めてコギトということばを口にするし、彼の『告白』における追想では、道徳意識やすでに心理学的な自我の奥底も探られているからである。魂を救済せよという勧めや『使徒信経』の宣言は、信仰が関わるのは個人そのものであるわけだから、すでに普遍的になっていた法の主体に、運命的な次元を付け加えてこれを一般化し、ついに女性や奴隷でも、自慢できるようなものにするのに貢献する。

この全く理論的な宣言にもかかわらず、また歴史が無数の例を与えてくれる残像現象のために、個人という概念が西欧で普及するには数世紀を要する。物語や芝居で記述されたり、絵画に描かれたりする人物の中に、無名の人、一般人、庶民、村人あるいは通行人が登場するのは、フランドルの祝祭の群衆をのぞけばまれである。ル・ナン(*56)の『農民の食事』のためには貴族たちがポーズを取っているし、トリアノンの農園ではマリー・アントワネットの侍女たちが乳搾りや干し草作りのまねをしているのである。古典主義時代以降、*bills of mortality*［死亡者統計表］や生命保険、それに大数の法則が人間を勘定するのは統計的にであって、もはや人口調査におけるように塊としてではない。大衆の間にたとえば殺人者たち、テナルディエ、徒刑囚たち、ジャン・ヴァルジャン、ルーゴン＝マッカール家の人々といったほとんど無名の人々の風貌を正面からあるいは横顔でとうとう識別し得るようになるには、おそらく骨相学や写真術の登場を待たなくてはならないのである。そのジャン・ヴァルジャンは法廷で、貧乏人には住むべき家がないばかりでなく、名乗るべき名前もないと叫んでいたし、赤い染みという意味の苗字をもつルーゴン＝マッカール家の人々は、彼らの遺伝的な叙事詩を原罪と血なまぐさい罪悪を巡る連作に仕立て上げていたのだ。長い間、主体の地位にまで達するのは、王侯、貴族、裕福なフォーサイトたち(*57)、それに幾人かの英雄と殉教者たちだけである。人々がただ何者かになれるように保証するのは、生まれの高貴さとか例外的な天賦の才だけなのだ。啓蒙の世紀も人権宣言も、まだこの潜在的な普遍性を実現するには至っていない。私が恥ずかしく思うのは、女性には投票権を与えなかったくせに、普通選挙制を持っていると長らく主張していた我が国の偽善である。女性が主権者に加わったのは、第二次世界大戦後のことに過ぎない。男性中心的な寡頭制が、人口の半数を超える法律上の未成年者を隷属させていたのである。われわれはいつだって貴族政治の中で生きてきたのだ。出自、財産、学歴、功績、そして性の。

昔の悲劇

ところで、ローマ法やもっと後の「自然」法においては、キリスト教神学やゾラの長編小説でも同じであるのだが、主体は道徳的選択を伴って（これには苦悩がつきものであるが）、あるいは法廷で断罪の危険にさらされて登場する。法律的、倫理的、あるいは救済的な責任が、魂、道徳意識、あるいは法の主体というまだ匿名の名称を持つ三つの自我を産み出すのである。私が今しがた固有名詞を引用した初期の諸個人が登場するのは、ほかでもなく、犯罪と貧窮という二つの意味を持つ悲惨（misère）をテーマにした本格的な叙事詩においてなのである。骨身を削る労働と殺人という行為の中で、『レ・ミゼラブル』は貧乏人に、ルーゴン゠マッカール叢書は農民、洗濯女、プチ・ブルジョワに名前を与える。みんなと同じように、主体は苦痛の中で生まれる。われわれは、名前のない場所から発しているのである。生き物としては *inter faeces*［ゴミノ中カラ］、社会的動物としては *inter pauperes*［貧困ノ中カラ］、法の主体としては *inter reos*［訴訟当事者ノ中カラ］。

クリスチアーヌ・フレモン(*58)は、ライプニッツの著作に注釈を加えながら、テキストの中にはっきり現れているのに忘れられていたある系譜を発見する。彼女にいわせれば、原罪のドグマは、われわれに時間の始まりまで遡ることを要求するものではなくて、アダムとイヴでさえ、彼らを〈悪〉に直面させる選択の瞬間に、責任と名前を持った自由な主体として生まれると告げているのである。神がわれわれを創造したのは、罪を持たぬ堕罪前予定論者としてであったが、それは非‐主体ということでもあった。過ちという悪しき選択によって、楽園の外に墜ち、労働、不幸、涙と死がわれわれを待ち受ける歴史の谷間に引きずり込まれたわれわれは、その後、自らを自由な主体として創造した。われわれの最初の祖先が裸であることを自覚した時、彼らはこうして初めて個人として存在した。彼らは互いをありのままに、おまえと私、個人として認め合った。したがって、悪であることが明らかになり得る一つの選択、罪、判断、告発、弁護、苦難、苦悩、苦悶、要するに〈悪〉、こういうものだけが主体を産み出すのである。その痕跡が残されていないはずがあるだろうか。

それゆえ、ギリシア人にはほとんど知られなかったにしても、エゴは二度生まれたのである。一度はローマ法において、法廷の前で、断罪の危機に直面して。もう一度は、劫罰から救われるためには信ぜよと要求する新興のキリスト教によって。どちらの場合にも、悪から解き放たれるためには戦わなくてはならない。自我が生まれるのは、この戦い、その苦悩からである。(＊59) 神学も、おそらく哲学も、そして間違いなく歴史も、主体の発生をこの不吉なプレグナンツから切り離せないのである。心理学は精神病理学から生まれることになるであろう。

天使たち

クリスチアーヌ・フレモンは同じテキストの中で、逆の例として天使論を挙げている。白熱光を発して、無名のまま甘美な群衆や天上の合唱に加わっている天使や大天使は、エゴを知らない。そこに接近する三、四人だけに名前が与えられる。傲慢、本質的な悪、それに偶然的なこの世の君主であるサタンは、その孤独な自己陶酔状態の中で悦に入っている。ミカエルは勇猛に、竜と戦う。ガブリエルは救済、罪の贖いを告知する。医者のパトロンであるラファエルは、トビアに肉体の苦痛を癒す薬を教える。(＊60) 悲しいかな、彼らが純真に合唱し、相互に区別されない群衆の中から浮かび上がり、個別化するのは、最悪なものに接近するからなのだ。これは、主体が悪から出ていることを重ねて証明するものである。

クリスチアーヌ・フレモンのいうことは正しい。さもなければ、パスカルは憎むべき自我などとはいわなかったことであろう。実際、自我を慈しむということはその源である悪意を愛することになってしまうであろう。そこでは自我への憎悪は悪への憎悪から出てくるのである。ラ・ロシュフコーが主張するところとは逆に、憎悪を分かち持っていない者がいるであろうか。そう、主体の中には悪魔的なものがあるのだ。サタンは、地獄の中心に一人座し、権力者や名士たちが薫く香り豊かな讃辞を心地よく吸い込みながら、うぬぼれでのぼせ上がる。その証拠はまたもやデカルトで、彼があの悪しき霊そのものと取っ組み合いの戦いを演じた後、彼の炉部屋で生まれるエゴである。デカルトはエゴを悪しき霊から奪い取るのだといってもよいくらいなのだ。その証拠には、サドからバタイユのように、破壊を愉しむ現代の主体がある。意識といえば悪しき意識しか存在せず、心理学といえばその苦悩しか存在しないのである。もう一つの証拠としては、戯曲にしろ小説にしろ、心優しい善良な人物が登場することのない文学がある。想像力に発する幻としての、群れをなす純粋な天使たちの前に、くっきり浮かび上がるのが歴史的、具体的、日常的な自我、つまり悪しき自我なのである。何人も痛みのある時しか、おのれの身体を感じることはない。意識は欠乏や貧困とともに出現する。

こうして、事物の世界や集団の年代記の中で、歴史が繰り返し上演するのは、法廷における法、最初のあるいは最終の判断に際しては神学、疑いに決着をつける決定に際しては認識行為なのである。一切の審理は、汚れた起源を持つ自我を洗浄するのであるが、それは別の人々が麻薬の代金に対してすることでもある。

悲劇による起源

個人が出現する以前、法の主体が普遍化する以前には、集団が戦争、供犠、あるいはこれまた命に関わる競争を利用して希少な主体を作り出していた。われわれは、英雄や殉教者など当時の教育がまねるように勧めた例外的な人物をもてはやしていた。かつては手本にするように引き立てられたこういう人物を、暴力が産み出すのである。これらの例、つまり閉じた社会に風穴をあけるとベルクソンがいうチャンピオンたちから、ルネ・ジラール(*61)により分析された贖罪の山羊を読み取っていただきたいものだ。

危機に遭遇して再び一つになった集団は、一人の犠牲者を、こうして世の過ちを負わされた山羊に変える。集団は彼を処刑する。もっとも、後になると彼を神として崇めるのではあるが。集団は彼の種を変えてしまうのだ。集団は一人の人間を動物に変え、これを殺す。ついには、神格化を行なって、彼を神に変身させるのである。通常の意味でも語源的な意味でも悲劇的な——ギリシア語のトラゴスは山羊を意味する——人物が個別化の過程を蒙るのであるが、その周知の原理が、身代わりをただもう残酷に殺すというこの供犠に帰着するのである。殺人によってこの自我を創り出すことにより、集団はわれわれになる。

まだそれぞれは個別化していない男たちや女たちがこぞって集まり、殺人行為の被害者である最初の諸個人の周りで集団を結成するために一つになる。個人がいないのに、集団が個別化する。集団が遂行する殺人行為こそが、個別化の原理にほかならない。自我が出てくるのはわれわれからであるが、その逆も成り立つ。英雄、殉教者、王あるいはチャンピオン、すべては生け贄の殺害から生まれる。もう一度いうが、〈悪〉からこの主体が生まれるのであって、その語根 sub-jectus が指示するのは、誰か下に投げ出され、踏みつけられ、蹂躙され、石で打たれ、リンチを受け、犠牲にされる者にほかならない。

模範悲劇

古典主義時代の精神の、そしておそらくは人間精神そのものの傑作であるコルネーユの『オラース』は、この生死のかかった過程を正確に描き出している。そこでは、二つの都市ローマとアルバが自分たちの代わりにその軍隊を戦わせ、残余の者はその見物に回ろうとするのであるが、今度はその軍隊が軍隊でキュリアスとオラースという猛者を、自分たちの代わりに戦わせるべく前面に押し出して、残りの兵士たちは見物に回る。挙句の果ては二人の義兄弟の決闘であるが、その間にも他の四人は臨終の苦悶にあえぐのである。こうした引き算の繰り返しから生まれるのが見世物なのだ。ついでながら、誰かを自分の身代わりに戦わせることと、彼に死刑を宣告することの間に、どんな違いがあるのだろうか。だからこそ、『オミネサンス』では一切の戦争を定義して、それを布告した老人どもが行なう、彼らの子供たちを殺せという決定だというのである。この邪悪な者どもは、身を危険にさらすことなく見世物を眺めて悦に入っているが、それは彼らが権力を握っているからである。

見世物そのものを理性的に基礎付けるだけにとどまらないで、『オラース』は、この必死の選出過程から生まれる最初の主体や、この個別化を産み出す見物人に洗礼を施す。そのために、ティトゥス・リウィウスやコルネーユはある集団的な戦闘を舞台に乗せるのであるが、この戦闘がやむと、それに代わって個人的な犯罪が義弟に対して、ついで妹に対して加えられ、最後に招集された法廷の場では、断罪か礼賛かの間でためらいが生じる。この入れ子式の一連の見世物が次々に産み出すのは、供犠的、立法的、政治的な王、軍事的、法律的、ほとんど宗教的な英雄、それ自身最初は人間の生け贄から生まれた悲劇的演劇、そしてそれに取って代わるしそのことを知っている法廷である。この傑作は、その固有の法則を自らのうちに持っているが、それに加えて演劇、その上演、個人的あるいは法的主体の生成を、さらには裁判の出現を含んでいるのである。

集団的でより完成されているとはいえ、ここにおける過程は、デカルトの『省察』が辿る過程とさして異なるものではない。というのも、デカルトの場合、思惟の主体が生まれるのは、悪しき霊が彼に対して戦いを挑み、一方が他方を殺さずにはおかぬ根本的懐疑という、これまた芝居がかった見世物においてだからである。悪の二つの化身である死と悪霊と対決することにより、コルネーユの英雄とデカルトのコギトは個人になる。この模範的な悲劇は、供犠宗教の力強さ、王権発生の政治過程、集団の中におけるそして集団による法と主体の誕生を結集している。哲学が、ほとんど並行して懐疑の法廷で思惟の主体を創り出すことにより、この悲劇に同伴している。カントの先験的自我でさえ、〈批判〉において、つまり法廷の傍らで生まれるであろう。それは、弁神論が神自身に世界〈悪〉の前でおのれの責任と直面させた後の話になるが。

それゆえ、激しい第一幕から裁判が行なわれる最終幕にわたって、『オラース』は変換過程を展開するわけであるが、現実の世界ではこの過程はこのモデルよりもずっと時間がかかると、観客は考える。万人の万人に対する戦いから社会契約までには、そんなに迅速に、またそんなに簡単に移れるものではない。たとえば、ホッブズはそのうえ、始まりの暴力がこの取り決めの中に消え去ってしまうと信じているようだ。いや、そんなことはない。物理系のエネルギーが一定であるのと同じように、暴力の総和は変わらないのである。それは徐々に変換されていって、宗教的熱狂、政治的権威、それに立法の中に固定されるように見える。一つ一つの行為、一つ一つの時代、制度につぐ制度、神々、王、法がそれを凝固し、隠すのである。こういった外観のもとに凍結された状態で暴力が現存していることを、はっきり認識しておいたほうがよい。

毒を用いて製造されたチャンピオン

古典主義時代の劇場から現代の競技場に移ることにしよう。法的には追及されるものの、事実上は許容されているドーピングは、スポーツにおける不正行為および健康上の危険として知られている。ドーピングは競技者間の公正な対等性をごまかし、彼らの健康を危険にさらす。ところで、機会均等のモラルや医学的な防護をどれほど根拠にしても、今日、一切の反ドーピング法は、世界中にわたって人を熱狂させる見世物の、巨大な社会的、メディア的、財政的要求に膝を屈するのが落ちである。大衆の声や大物の財布など、社会全体がやらせておけばいいと圧力を掛けるのである。なぜか。

悲劇的な競技場で、スポーツ選手たちが古代ローマの剣闘士と絆を結び直しているからである。剣闘場に入る前に、剣闘士たちは皇帝に死ぬ前の挨拶をするのであった。*Ave, Caesar, morituri te salutant*［皇帝万歳、今カラ死ナントスル者ガアナタニゴ挨拶イタシマス］(*62)。われわれは剣闘奴を相手にする網闘士の戦闘を野蛮だといって非難する。彼らが互いに殺し合おうとするからである。だが、戦闘の熱気、しなやかさ、戦術の細部が観客の目に隠しているのは、われわれのもその他のも含めすべての社会がそれに没頭しながら抑圧している人間の生け贄の必要性である。実際、今日、テレビで繰り返し報じられる見世物の中に、死体のことしか報道しないニュースの中に、この人間の生け贄を認める人がいるであろうか。ドーピングはこの実践を再開し、またそれを隠蔽もするのである。長い目で見れば、スポーツ選手たちも殺し合っているのだ。いうまでもなく、ときたまのボクシングやラグビーでの出来事をのぞけば、彼らが死ぬまで戦い続けるわけではない。だが、彼らは現役のただ中か、その数年後かにベッドの中で自殺するのである。それは、一種の神が死ぬことにより、失われていた社会的絆を亡骸の周りに蘇らせるのを、見世物として眺めたいという群衆の根深い欲求を満たすためなのである。

パンと競技という施策を人々が政治的課題に取り組むのを妨げる麻薬だといって、非難するだけでは足りない。とりわけ必要なのは、金銭によって破壊された社会的絆を享受する機会がもはや誰にもなくなっていることに気付くことである。どうやってこの絆を再創造したらよいのか。最古のレシピによってである。生け贄、それもとりわけ、最も古く、最も有効な人間の生け贄によってだ。スポーツは、乱闘の最中に、自らを見世物として差し出す人間の男女の死が徘徊するスペクタクルにいつの間にか変わる。スポーツは、われわれの見世物が仮想的に見せることを、現実にやっているのである。そうなると、ドーピングは麻薬から毒に変わり、ドーピングを受けた者は生け贄にされる被害者となる。それどころか、こういう効果が実現するように金銭が目を光らせており、組織しているのだ。こうして、金銭は麻薬との類似点を露わにする。高すぎる報酬を受け取る者、過剰なドーピングを受ける者、これが勝者であり、チャンピオンなのだ。コルネーユの『オラース』の場合と同様に、ことばなき対決の場である競技場では、悲劇の起源が、そして裁判の起源が演じられているのである。

英雄の死、殉教者の責め苦、苦行者の苦行、禁欲生活、試練、そして現代にきては、きわめて苛酷なトレーニングに立ち向かい、身体に無数の耐乏やドーピングという致死的な危険を強いるチャンピオンたちの苦行、これらのことが示しているのは、例外的な諸個人たちが生まれてくるのが、あらゆる種類の悪の大本になっているのと同じ動力学からだということである。つまり、例外的な個人と、その周囲にわれわれという集団が同時に生まれるのである。上記の英雄たちは、ベルクソンが主張しているように、社会を開くのであろうか。

いや、そうではなくて、彼らは社会をさらに閉ざすのである。それも厳重に戸締まりをしてである。というのも、この道はたちまち行き止まりになるからである。実際、各人がこの独特なやり方で個人として生まれるためには、万人が犠牲者にならなくてはならないことになるだろう。今から範例あるいはチャンピオンによる教育法を創設するためには、各人は、殺害あるいは賛美するために他のすべての人々が自分の周りに集まってくるような動力学の中に入り込まなくてはならないであろう。そんなことはあり得ない。きりがない。矛盾である。同じ議論が、悪党どもを投げおろすタルペイアの岩、そして栄光に包まれた人が祀られるカピトリウムの丘についても成り立つ。これは、鏡映関係あるいはセットになった二つの見世物であり、都市の全住民の、今日ならば世界中の人々の見物を要求するのである。すべての人が王になるわけにはいかない。もし各人が名声を得ようとしたら、彼はそれをすべての人から得るよりほかはない。ところで、すべての人が名声を欲しがるのだから、誰もそれを与えることができないし、与えたがらない。神話すなわち例外の製造は、この名声という矛盾のために死ぬ。

その時、現代の二つの狂態が明確になり、互いに関係付けられて、明確な裂け目を持つ終末の上端と下端をはっきりさせてくれる。自分のいうことを聞いてもらうためには、したがって有名人になるためには、各人は悪者を狩り出して評判を得るか、あるいはもっと手っ取り早く犠牲者に取って代わろうとする。自分はすべての人に狙われていると叫ぶのである。だが、ほかならぬすべての人が、すべての人に狙われることを熱望するのだ。というのも、この苦難のタルペイアの岩は、権力と栄光のカピトリウムの丘に隣接し、先行し、続くものだからである。各個人が引きずり出されることを熱望するこの法廷、すなわち神は告発されて死んだがゆえに神になったと説く弁神論を金に換えながらこれに取って代わるこの一般化した弁人論は、かつて神話がそうであったのと同じほど危険なパラノイアの中に、最先端の文明を自慢する多くの集団を投げ込むのである。

逆向きにこれを補完するように、今日のメディアは非の打ち所のない英雄を何の取り柄もないひと《オン》からでっち上げるすべも心得ている。美しくもなければ天分もなく、英雄でも聖者でもなく、業績もなく記録も持っていないあれこれの男女が、必要とあれば、人から羨まれるスターになって、その平凡な日常を公開してみせる。みんなは自分もそうなれると思いこむ。われわれがこのような製法に眉をひそめるのは、われわれが今なお、例外に対しては血と死を要求する神話に毒されているからである。

狂ったように行なわれる悪者狩りあるいは犠牲者になる競争が示しているのは、数千年にわたったある過程の終焉、その発言とは裏腹にニーチェの時代にはまだ生きていた神話を産出した諸過程の消滅である。というのも、ニーチェはまだ超人を夢見ているし、ベルクソンは彼に最後の息吹を与えているからである。ベルクソンは、天才、英雄、聖者に関する自分の理論が神話そのものの最終的な焼き直しであり、それによって希少な人物が産み出される機構を表現していることに気づいていなかったのであろうか。今日ではこの神話はあまりにも使い古されてしまったので、われわれはその矛盾を目睹することになったのである。

これとは逆に、陳腐な第二の製法は新たな時代を切り開いており、われわれはこれを喜ぶべきなのである。ここにあるのは真の発明なのだ。私は、各人がチャンピオンになる権利、そしてかつては血と死とであふれていたのにいまや空虚で非攻撃的になった栄光を行使する権利を擁護する。人類学の長い道の果てに、われわれは間違えようもなく、偽の神々の正真正銘の虚偽性と、虚栄心の空しさとを発見する。

これらの過程により形成された自己の意識は、それゆえ、悪の意識から始まる。ナルキッソスはしまいには、自分を映す円の中に溺れてしまう。自我は悪から生まれる。だが、同じ過程によって、われわれという集団もまた、悪のもう一つの形態である供犠的な暴力から生まれるのである。

無限性と定義

ライプニッツの言によると、悪は被造物の生来の限界と分離できない。これは、悪が被造物の定義と関係するという証拠である。実際、限界がなければ定義は存在しない。たとえば、悲劇的な響きを込めてわれわれが有限性と呼ぶような限界である。それでは、この有限性なるものはわれわれの田畑の溝、地方の入市税関、国々の国境のようなものであろうか。この生来の障壁というのは、馬が逃げないようにするために農場の前においた障壁を再現するのであろうか。そう、この閉鎖、この境界標は私の家畜、私の家、私の祖国といった所有物の場所を締めくくり、区切る。まるで人間に固有のものとは彼が占有しているものに帰着するかのようだ。

所属関係とアイデンティティーとの間の新たな混同。ある部分集合に所属すること、すなわち物や生き物が所属するのは、この所属関係に巻き込まれている人にであるという感情を持つこと。境界に接近し、これを乗り越える見慣れないものはすべて、戦い、制圧し、殺すべき敵になる。彼と別のもう一人が同時に同一の状況下で同一の場所に滞在することは不可能なのだ。これは、所属関係、有限性あるいは限界付けから完全な形で出現した矛盾律と第三者排除の原理である。そうすると、そう、私には悪の起源が、ライプニッツの考えた通りに理解できる。確かに悪は、境界の近くで、第三者を排除することにより産み出される暴力に由来するのである。

われわれはその後、かつては同義反復的であった同一律を組み立てるすべを心得ている。それは、第三者の発見とその排除とに、文字通り第三者排除の原理に帰着する。それゆえ身代わり山羊の発明に、再びそれゆえ暴力と悪に帰着する。自我の形而上学のみならず、最も純粋な論理学までがその基礎を、あるいは少なくともその等価物を人類学の中に見いだすのである。そうすると、有限性の高尚な礼賛は、*pro aris et focis*[*63]、つまりわれわれの祭壇とわれわれの炉端のために、国境を守るためにという弁明にあまりにも似通ってくるから、これは、私の部族、私の文化、私の財産の安全を防護する伝統的保守主義に傾いた愛国心ではないかという疑いをかけないわけにはいかない。

土着の土地の終焉

西欧近代は類いまれな好運の恩恵に浴した。それは、輸入された宗教に少しずつ、ついで大挙して改宗した。この宗教が生まれたのは、西欧とは異なる別の土地、よその場所にある〈約束の地〉、すなわちパレスチナであって、そこは聖なる歴史、選ばれた民および来臨したメシアによる救済の歴史が繰り広げられる場所である。救済のための決定的な出来事は西欧以外の別の場所で生じているし、西欧文化の祖先とは異なる人々に関わるものである。神聖な地理も神聖な歴史もその足下で繰り広げられるわけではないし、それに関係する人物も西欧の言語を話すわけではない。こうして西欧の人々は、もはや自分自身の土地を神聖化しないことにより、宗教的信仰を地下の根から切り離した。こうして彼らは、彼らの田畑のちっぽけな神々、つまり異教《パガニスム》の村《パグス》を後にした。この脱領土化を、西欧はそもそもの始まりからやり遂げた。あるいはむしろ、西欧はその急激な分岐を、この土地からの離脱に負っているのである。

〈約束の地〉を目指すヘブライ人たちの〈エジプト脱出〉に始まり、最極限にまで延長された神聖な冒険は、この蜜と乳の流れる土地がこの世では到達不可能だとキリスト教徒たちに思いこませることになった。われわれ流浪の民は、あそこにはもう戻れないであろうから、今後は天上のエルサレムを待ち望むことにしようというわけだ。現代という時代は、内在的な土地をこのように捨象することなしには、聖アウグスティヌスが説いた〈地上の国〉から〈神の国〉へのこの移行なしには、出現しないし、考えられもしないのである。われらの溝に不純な血を注げと叫んだ祖先たちの聖なる土地である祖国のため、ワレワレノ祭壇トワレワレノ炉端ノタメノ戦争の時に際して、この希望が土地という祖国のための死からどれほど多くの人々を免れさせてくれたことであろうか。今日もなお、いかに多くの死を節約することになるであろうか。

血の絆の終焉

父親が子供を作らず、息子はこの世では養父だけしか知らず、母親が処女のままであるとなると、血の絆とともにさらに家族の図式も崩れてしまう。『オミネサンス』が記述したのは、このようにしてこの鎖から解放された〈聖家族〉であった。われわれはもはや定義を持たない。われわれはある場所から生まれるわけでもなければ、ある明確な血統から生まれるわけでもないからだ。

西欧が生まれたのは、この二重の放棄、すなわち土地と家系の放棄から、そしてそれと関連した二つの抽象化からである。第一の抽象化は、限られた境界を持つ所有地を、そして土地全体をさえも、この世の外にある王国に明け渡す。第二の抽象化は、血筋を放棄して、養子縁組や、これからは友愛に基づく選択に委ねられる家族の拡大へ、人類一般への道を開く。すべての人間は、何処にいっても自宅にいるかのように、そしてすべての人のもとで家族どうしのように感じる権利を持つ。西欧が生じたのは、ローカルなものから離脱し、この〈普遍〉を孕むことによってであった。

西欧がこの巨大な発見を常に善用したわけではないことは、いうまでもない。だがその結果、西欧は自分自身とその文化から離別する。この二重の放棄によって、キリスト教は諸宗教からの退出を自らのうちに抱え込み、西欧は自らの退位を抱え込んでいる。私もわれわれもそこで生まれたわけでもなければ、西欧のいう通りに考えるわけでもない。土地も部族も持たないわれわれはいまや世界市民であり、人間の友である。科学が生じたのは、この新たな人類学からであるが、そこにおける二重の放棄が、結局は、私が今しがた記述した一切の神話の終焉を含意していたのである。

われわれが宗教的真理をいつも理解しているとは限らないのは、それらが巨大な歴史的、文化的な残像を持っているからである。これと対照的なのが、ほとんど即座に受け入れられ、理解され、利用され、まさにそのゆえに往々にして一時的である科学的真理である。西欧は少しずつ自分自身を理解し、この長くてゆっくりした解明にしたがってその歴史を展開している。だが、この解明は逆に西欧を消滅させるものでもあるのだ。それゆえ、われわれは、この離陸、血と土地とに関してこのように根本から引き抜かれることを認識するのに二千年以上を要したのである。そう、この限界と定義の不在、この無限性を認識するのに。

明確な形を取って、この無限性が今日、われわれの前に立ち現れてくるのは、古い農業の終焉、人口爆発、生物工学に直面するわれわれの行動を創出するために、要するに進行しており、かつわれわれの特性をなす自己進化に対するわれわれの責任を引き受けるために、われわれが必要とする活動としてである。逆に、この自己進化の思いもかけない出来事が生じ得たのは、この離陸という条件の中においてこそなのである。歴史において、あるいは自伝においてですら、土地と血に戻るということは、現代科学以前の異教に戻ることになりかねないであろう。それゆえ、残像であるとはいえ宗教的真理は、時によると預言的に理性に先行するのである。

暴力と生命

それゆえ、複数のであれ単数のであれ、つまり私とかわれわれといった主観的意識は、悪や暴力とともに出現する。ところで、意識が全く存在しない前から狼は羊を食べる。だが、食物連鎖のこの単純な法則が暴力と呼ばれるのは、この意識が出現するまさにその瞬間からでしかない。進化の過程がそこで、はっきり分岐するのであろうか。生命の日常的な法則をこのように命名するために、人間が出現したのであろうか。生き残るためには殺さねばならぬというこの宿命を、暴力および悪と呼ぶために。死が加えられ、与えられることを発見したこの動物は、それを避け、忌み嫌い、それを〈悪〉と名付ける。ここに、生を愛すると同時に嫌う生き物、生を巻き込むという理由で急に死を憎む生き物が出現する。この憎悪が彼の意識と道徳の土台になる。確かに抽象的な、たぶん想像上の点、そしてこの瞬間が人類の出現以来続いていて、まだ輪を閉じるには至っていないだけに点状というのもおこがましいこの点において、要するに意味にあふれたこの審級において進化は後戻りし、生きている時間の方向と向きが変わるのである。

というのも、われわれが自らをそこから解き放とうとしているこの悪、この万人の万人に対する闘争、あらゆる集団につきもののこの暴力、これらが生命を、ダーウィンの意味での進化を特徴付けているからである。この進化という苛酷な戦いは、われわれが地上の楽園を夢見てずっとそれから抜け出したいと願ってはいても、われわれの身体の皮膚に、そして歴史を超えてわれわれの〈大いなる物語〉の持続に貼り付いているのである。人間という非‐種が絶えず出現するのは、それが辛うじてこの種の戦争から離脱する時であって、そこから離脱しなければ再び種に舞い戻るのである。悪は生命と等価である。このようにわれわれが生命を定義することができず、しようとも思わないのは、生命が、突然変異や淘汰や適応によって長期的に殺すこの暴力、生き続けるための食糧を得るために日常的に殺すこの暴力、それから喰い殺されないために殺すこの暴力、そのうえ時によると楽しみのために殺すこの暴力に等価などとは認めたくないからである。それでは、生命そのものを放棄することなしに、悪から自らを解き放つにはどうしたらよいのか。というのも、生命は死、エントロピー、汚穢、そして犯罪と切り離せないからだ。

少なくとも二つの値を持つ生命

生命の定義をするすべを心得ているどころか、かりにその秘密が存在するとしてもわれわれはあまりにもそれについて知らなさすぎるから、生物学者たちは、最近、最も手っ取り早い道を選んで、もうそんなことは詮索しないことに決めた。こうして盲目になったわれわれにできるのは、生命を尊重する、つまり評価したり見積もったりすることだけである。そうなると、生命はもっぱら価値になる。ところで、われわれは敵を、そして時には隣人を殺すのだから、戦争をしてわれわれの息子たちを死刑に処し、貧者たちを死刑台に上らせるのだから、食糧に供するべく狩りをし、漁をし、栽培し、摘み取るのだから、さまざまな種を根絶し、雑木林を燃やし、森林を破壊するのだから、われわれの健康が寡黙に花開いている時にこれを忘却するのだから、豊かさの中で自らの首を絞め、われわれの生存を、仮想的な理想、ありもしない愛情、想像上の作品、夢や妄想、あるいは狂暴なスケジュール、馬鹿馬鹿しい企画、無益に蓄えられた金銭の犠牲にするのだから、明らかにわれわれは生命を嫌悪し、憎悪しているのである。なるほど、われわれわれは生命を愛しもする。というのも、時々、苦痛を遠ざけ、われわれの安楽を愛し、孫たちを愛撫するのだから。われわれは科学においても理性においても生命を認識してはいない。生命に関しては価値判断を抱くことしかしないのである。この価値という語が語源的に意味するのは健康もしくは生命力なのであるから、これ以上に正常なことがあるであろうか。少なくとも栄養、防護、保存と繁殖のためにさえ、生命は死を巻き込む。だからわれわれは生命を喜ばしくもあれば残虐でもあり、神的なものの顕現のようでもあれば致死的でもあり、プラスでもあると同時にマイナスでもあると判断するのである。至高善ではあるが、根元的な悪でもあると。

冒険と祝祭

私は生命の等価物を二つ提案する。まずは、これまた二つの値を持っており、予見不能で、感動的な、大胆で、骨が折れ、溌剌とし、緊迫し、創意に富み、危険な冒険とその苦難であるが、とりわけ祝祭である。

われわれは祝祭を持たないような文化を知らない。あらゆる文明は、定期的な祝賀行事、儀式、宗教的な祝い、記念日などを組織するが、これらは一人残らずすべての人々が日常性の忘却を試みる特別な瞬間である。祝祭ほど、時によっては奇妙な、いずれにせよ特殊なものはなく、その国と住民の特異性をさらけ出すものはほかにないが、しかしながら、習俗の世界地図上でこれほど分布しているものもほかにはないのである。これはパラドックスである。普遍的で共通な一つの習慣が、ある場所とある一日の特殊性を表わしているというのだから。こうして、生命は動植物界の普遍性によって自らを反復するのであるが、各個人の中で特異性を露わにもする。

ワインが樽から流れるのや男女が民族衣装を着て踊るのを見たり、コルヌミューズやミュゼット〔いずれもバグパイプの一種〕の間からラッパが鳴るのや電気ギターの轟音のもとでスピーカー・システムがうなるのを聞いたりすると、村の広場やスタジアムの群衆の中で催し物の喜びがはじけたかのようだ。そうでもあればそうでもない。というのも、祝祭は始まりと終わりとを同時に祝うものだからである。今ここで、死刑に処された一時期が終わる。王さまが死んだ、王さま万歳。一年が過ぎた、新年万歳。日光がこれ以上傾かなくなった、夏至万歳。埋葬が済んだ、〈復活〉万歳。始まりがかき立てる喜びには、喪の悲しみが対応する。こちら側には死骸が一つ残っているのであって、われわれが被害者、囚人、奴隷、雄羊、牡牛あるいは闘牛士、生け贄あるいはシンボルを犠牲に供した時、われわれは時折そのことを知っているのである。祝祭は、この犠牲《サクリファイス》のゆえに聖なるもの《サクレ》という名に値する。生誕と死亡、賛歌と哀歌、笑いと涙、花と灰、すべてが祭りの渦巻きの中で入り交じる。舞踏会の後では、嫉み合っている者たちが取っ組み合いを始める。七月十四日の行進が通り過ぎると、ちんぴらたちが車に火をつける。ワールド・カップで勝利を収めると、フーリガンたちがスタジアムを破壊する。祝祭の風向きがおかしくなって、しまいには全般的な乱闘になる。悲劇の誕生、それはワインが血に変わることである。悲劇的なものの反転と福音、血がワインに変わる。

冒険や大恋愛と同じように、祝祭は生命のように二つの値を持っていて、これらはすべて出現と葬儀という二つの時期を結びつけている。これらすべては、同じ混じり合った時間に跨っているのであるが、それは日常的であって特異な、例外的であって活気のない、単調であって熱狂的な、星が上昇もすれば下降もし、有頂天にもさせれば悲壮にもし、魅力的、神秘的で、誘惑のように甘美で、艱難辛苦のように悲痛な時間なのである。大麦をより分けるにはそれを扱《しご》かねばならず、穂から穀粒をすべり出させるにはそれを叩かねばならず、穀粉を舞わせるには穀粒を押しつぶさねばならず、最後にバゲットが黄金色に輝くためにはパテを地獄のかまで焼かなくてはならない。収穫の、脱穀の祭り、水車の輪舞、パンが実体変化する饗宴。愛情と冒険心に富んだ苦難《トリビュラシオン》は、扱き《トリテュール》、より分け《トリ》る。

長い間の経験と短い間の理性が教える生命の等価物のうちで、祝祭にまさるものはない。一方は他方と同じように、同一の色合い、同一の叫び声、同一の群衆、同一の複雑さの中で持続し、他方も一方と同じように、始まっては窒息して終わる。われわれの生に残されている持続によって、瞬間ごとのあらゆる息吹、欲望のあらゆる鼓動、欠乏と飽満、笑いと涙、苦痛の渇望、渇きと陶酔、悪寒と汗、黎明と黄昏、幸福と不幸、絶望と希望が、この始まり、この式典、この贖罪、この四旬節、この巨大な生の宴会をリアル・タイムで祝い、開始し、破砕し、熱狂させ、殺すのであり、そして涙の中にあっても絶えず気晴らしをするのである。この婚礼の素晴らしさときたら、そのために心が躍るほどである。

生のエネルギーを攻撃性の中に再び落ち込ませないで、攻撃性を生のエネルギーから一掃するにはどうしたらよいのか。死から生を濾《こ》し出すこと、これこそ道徳の土台である。時折ではあるが、けばけばしい色、平凡な花火、単調な音楽、鈍重なことばの中で催される往々にして見場のよくない祝祭が中断して、静かになり、次いで木々の枝や流れる雲、それに飛んでいく椋鳥の群れにつり下げられ、透明になって、軽やかに浮き上がることがある。その時、自分の襤褸だらけの挫折した人生を眺める者が涙するのは、もはや欠如のゆえでも悲嘆のゆえでもなくて、そこから歓喜が降りてくる美のゆえなのだ。

生命への愛と憎しみ

われわれは生命を愛すると同時に、それを憎んでいる。われわれとは誰のことか。生き物である。だがもう一度尋ねるが、誰のことをいっているのか。おまえ、私といった個人。われわれという集団。われわれの種や他のさまざまな種。これが生命の三つの主体である。この三つの意味で、生命は自らを維持し、永続させるために、生命を殺し、熱望し、再生産する。種としてのサピエンスは自分自身の種および他の種を愛し、嫌悪し、それらを根絶し、研究する。共通の壮大な力が、殺害と悦楽を輸送しているのだ。

それは認識を押し流す。われわれの知っている限り、安楽と武器を生産する認識、そして私心がない時もあるが、往々にしてギャングたちと同じほど競争に明け暮れる従事者たちを必ずしも向上させるとは限らない認識を。捕食動物のような人文科学は、研究される者がいつまでも研究する者より下位にとどまるという条件のもとで、人間や集団に働きかける。「実験室の中では、もはや生命とは何かなどと問いはしない」と生化学者はいう。それは、生命のない物質に関する科学である物理学や化学のもとで獲得した習慣のせいではさらさらなくて、私にいわせれば、すでに西暦紀元前五世紀にエンペドクレスが述べていた、この真に原初的な力のせいなのである。彼が直観したのは、〈愛〉と〈憎〉の法則がわれわれの公的および私的な存在、われわれの実践や知識、四元素、岩石、生き物を統御しているということであった。彼の発見を、物理学の合理的な法則、引力と斥力の法則だと理解しないでもらいたい。そうではなくて、〈愛〉と〈憎〉は一切の原理、一切の法則を支配しているのである。上流では、それらの力が存在と科学を産み出す。自然、生命、人間に関する深遠な真理がそこに突然に出現する。認識の中には、都市周辺や原始林の真ん中におけるのと同じくらいの暴力が君臨しているのである。認識をしながら、われわれは絶えず狩猟を続けていたのだ。策略、罠、辛抱強い待機、殺害。狩猟と認識はともに生命の一部をなしており、生命力から流れ出し、生命の流れとともに流れる。そう、生命の秘密は認識の秘密に類似し、両者はともに悲劇的である。

男らしい（viril）、生命（vie）、暴力（violence）、男（*vir*）、力（*vis*）、生命（*vita*）などの語は、ある同一の可能態、ある同一の潜在性の傾斜面を、ある奔流の両岸を、ある単一の主題のヴァリアントを表わす形象なのである。私が自らのうちに感じ、同類たちのもとで体験し、あらゆる生き物の中に見いだすのは、抑えがたく危険で、詩的であるとともに無分別な、川のように美しくもあればその氾濫のように恐ろしい、素晴らしくてすさまじい同一の力である。パチパチ爆ぜる私の生の可能態は、その火花で火事を起こすおそれがある。私がそれを愛するのは、単に体内にある内的で親密な私の近親者としてだけではなく、私がすべてを負っているもの、筋肉力から足の速さに、話し方の自信から知性の繊細さに、心の熱狂から性の優しさに、情緒の恩恵から破壊的な衝動の恐ろしさに至るまでのすべてを負っているものとしてでもあるのだ。だから、私はそれを愛するが、憎みもする。おそらく私はいかなるもの、いかなる人にもまして、この支配者を愛しさえしているのかもしれない。だが、はっきりいえるのは、この者がその胎内に抱える致死性の魅力を、いかなるもの、いかなる人にもまして、私が全面的に憎悪するということである。そしてたぶん私は、今日も、等量の〈愛〉と〈憎〉を燃やしていたことであろう。戦争という大燭台が〈憎〉の火を燃え上がらせるようなことがなかったとしたらの話であるが。だが、私はそれを十分保存していたので、悪魔の華々しさとその仕業とを、焦ることなく冷静に理解できる。歓喜を恐怖から区別する方法は誰も知らないままに、生命は歓喜から湧き出し、不安から流れ出る。単に見かけだけのあり方だけではなくて、この奥深く秘められた様態においても、生は死を包み隠しているのである。万人がこの経験を私と共有しているだけでなく、われわれはこれを、滴虫類からセコイアにわたってすべてこの運動する巨大なごちゃ混ぜの泥の塊の中に埋まり、引きずられているすべての界のすべての生き物とともに生きているのである。光だけしか食べないゆえに平和的だといわれる植物でさえも、その小さな縄張りの中で隣人たちを根絶やしにしようとしている。われわれは生きている。ゆえに、われわれは愛する。われわれは生きている。ゆえに、われわれは憎む。私は生命を愛し、それを憎む。ゆえに、私は存在するのである。

こうして、われわれは少しずつ、優しくて冷酷な、発明の才もあるが皆殺しもし、多情であると同時に死に取り憑かれた一つの属になった。そこに属する個人は、スターリンからアッシジの聖フランチェスコ、情け容赦のない狩人から介護者聖ジュリアン、寄生者から共生者、権力を愛する有象無象の連中からその能力を愛に捧げるごく少数の聖人たちとさまざまである。

暴力と認識

認識の全体的な枠組みや細部の事実を産み出し、破壊する〈愛〉と〈憎〉の入り交じったこの流れは、種の進化、人類の集団的な歴史、そして個々人の条件に影響を与える。突然変異は創始し、殺し、建設する。自然淘汰は殺し、破壊するが、適応させることにより、生物の精妙な細部を分析的に組み立てもする。この栄養を補給し、荒廃もさせる奔流の中には、存在と認識を誇示するすべての権力も含まれている。

この力の要求する代価の支払いを免れるにはどうしたらよいのか。その負の成分と折り合いをつけるにはどうしたらよいのか。生命がこの力を管理することにより構成されるのと同じように、苦難に揺り動かされる人間の文化もまた、この種の駆け引きの結果なのである。つまり、われわれが作品、技術、制度などを産み出すのは、この殺戮から自らを解き放つためにほかならないし、そういうものを産み出しながら、それに匹敵する破壊も行なっているのである。防護する者は危険に身をさらす。ネゲントロピーのポケットが何とか作られるのは、周囲のエントロピーを増大させることによってなのだ。火は輝き、温め直し、燃え上がらせる。力はひっくり返し、立て直す。運動は混乱させ、昂揚させる。生命は出産し、殺害する。

人間たちにとって幸福でもあり不幸でもあるのは、認識が退歩と進歩をもたらすことだ。すべてのことには、その代償が伴う。

どのようにしてある力が認識を含んでいるのであろうか。どうしてそんなことが考えられるのか。本当のところは私にも分からない。だが、憎しみがどんなに最も繊細な細部にまでも踏み込んでいくのを好むかを、私は幾たび体験したことであろうか。分析は小さな細片にまで切り刻み、いらいらしながら、発見をする。破壊することがこの細部を出現させる。詳細に知るには、破壊することが必要なのだ。分析《アナリーズ》という語は、ほどく、あるいは溶かすを意味するギリシア語の動詞ルオー（λύω）から来ている。ヘブライ人たちが崇めていた黄金の牛を破壊しようとして、怒ったモーゼはそれを細粉にし、崇拝者たちに飲ませたのであった。預言的な怒りは分析に終わる。この情景は神聖な山の麓に始まり、化学や薬学において完成に至る。分析するためには、あるいは真から偽を濾し分けるにはこれほどの激しい怒りが必要なのであろうか。

自己認識、あるいは人間とは何か

ソクラテス以降、西欧の知恵が要求してきた自己認識を洗練するために、われわれは知識の宝庫を動員して、われわれを、似てはいてもすべてが特異な個人として、見事なまでに分化した文化として、闘争する社会階級として記述した。だが、われわれはこの限りのない作業の中で、種としての人類の盲目的な行為の長きにわたる情熱を無視してきたのではないだろうか。〈大いなる物語〉の最終幕の途中で、まさにこれらの行為により種になったというのにである。たぶん、わずかに昔のアリストテレスと最近の幾人かの先史学者および生物学者が、われわれを樫の木や有袋類と同等のものとして定義しようとしているだけである。
〈大いなる物語〉、あるいはわれわれに先行する普遍的な伝承、そしてわれわれが行なった行為の中から明るみに出た諸傾向を念頭に置きながら、「われわれとは何者であるのか」という問いに、真正面から答えることを試みよう。さて、われわれとは何者か。生命と世界に対する関係がその独自性をなす、一つの種。それでは次の問いだ。世界と生命を征服し、宇宙の一部を知るような大胆なこの種は、これまでの長きにわたって何をしてきたのか、今日は何をしているのか、この先は何をするつもりなのであろうか。

何百万年というゆっくりしたヒト化の過程を考える時、人間はますます世界と生命、空間と時間の中で生きることが少なくなった。生の飛躍にますます従わなくなり、その〈愛〉と〈憎〉の流れに身を浸し、それに流されるがままにはならなくなっている。その結果、人間は進化の過程で、少しずつそこから浮かび上がり、身を引き離す。もちろん、この流れに依存していることには変わりはないが、繰り返していえば依存の度合がますます少なくなり、世界と自分の身体、生命とその諸法則からますます独立した生き方に向けて、一歩一歩が予見できない方向に向けて、ねばり強く進んでいるのである。

生命から逸脱する彼の旅のさまざまな段階は、奇妙な飛躍によってしるし付けられる。まず第一に、居住環境の多様化と広範な雑食性が、たぶん草食性で場所に縛られていた最初の種から人間を区別する。ついで、海陸に跨る移動が彼を居住地から引き離す。何でも食べる放浪者は、欠乏することのあり得る唯一の食糧源からも、状況次第で奪われかねない休憩所、縄張り、あるいは隠れ家などからも同時に解き放たれる。ただ一つの生態環境の外に出て、人間はエコロジーから逸脱して生き始め、生き続ける。場所の外《オール・リュ》に、つまり『オルラ』(*64)（*Horla*）である。

〈大いなる物語〉の最終幕第一場

その移動の途中で、偶然に自分より強い捕食動物のいない恵まれた平野に来ると、人間は以前と同じく、精を出して多数の種を絶滅することには変わりはないが、身近な動植物界を支配し始める。最初は農業と牧畜という部分的なやり方であるが、認識や博物学が始まって以降、やり方は累進的になる。動物園に動物を、植物園に植物を収集するこの奇妙な動物は、種の〈皆殺し屋〉としてずいぶん長く生きてきたし、今後も生き続けることを知る以前には、自らを種の〈救済者〉と自称していた。またもやこの動物は肉食獣、ほかの雑食動物、あらゆる捕食動物や寄生生物との違いを明らかにするのであるが、それは自らの背後に残すのが、内側あるいは外側から貪り食われた個体の死骸だけではなくて、属の全体だからである。暴力と収集という同一の運動のもとで、彼は殺し、認識する。あたかも「創世記」の物語が教えていたのは、知恵の木には堕落と罪が生《な》っているというこの真理であったかのように。*Homo specierum exterminator*［種ノ絶滅者デアル人間］。

生き物に対するこの搾取の最極限において、そしてその究極の計画あるいは無限の課題として登場するのが、生命そのものの認識、もちろん思弁的では全くなく、積極的、実践的な現代のそれである。人間はその秘密を研究するどころか、その可能性を利用しているのだ。生命のない物質に関する前世紀の産業的諸発見を利用することにより、人間はもはや鷲鳥の素晴らしさ、個々の牛あるいは馬という種の力を使用するのではなくて、いまや使用可能になったあらゆる生き物の生の飛躍を噴出状態で使用するのである。要するに、いまや暗号を解読し、遺伝工学を実践するこの動物を定義するのに、少しずつ生き物から脱出してくる何十億年にもわたるこの出現の運動の中でこれを捉える以外に方法があるだろうか。もはや問題なのは生の運動などではない。生の飛躍などといっても、いまやわれわれには外側からしか関わってこないからだ。われわれはいまやその生産的な秘密を握っている。そして、それがわれわれの生命にも関わるのであるから、われわれは自己進化の途上にあるのだ。

皆殺し屋

この新たな閾に到達して、われわれは自分たちが生命の外へと出てきた過程をなす〈大いなる物語〉を思い起こす。そして、何百万年にもわたって絶えざる戦争、ダーウィンの法則、生存競争、殺すことが要求される日常的な義務、弱い者がとりわけ自分の子供たちが死ぬのを眺めなければならぬ毎日の不幸のために、どんなに苦しんできたかを思い起こす。孤独な個人を魅惑したり痛めつける記憶の手前にある黒い記憶、種に特有の記憶がわれわれを再び投げ入れるのは、人間という動物がそこから出現した進化の流れの中である。人は思い出し、属が記憶の中に入る。私を動物に接近させるほどの強さを持つ、私の中のある種の哀感が、動物たちの不幸を私に教える。われわれの不幸を。殺すことの必要性を。日ごとの殺害を。そう、私は自分が昔そうであった狼のことを、涎を垂らす犬、偽善的な仔羊のことを、それからカラスや虎のことも、キチン質の皮をかぶった乾いた昆虫のことを思い出す。私はそれらを物神の中に、そして『変身物語』の血なまぐさい恐怖や『寓話』の憂鬱の中にまた見いだす。私は人間の間の力関係を目撃するごとに、一方の苦しげな首が他方の牙の間にある二頭の獰猛な動物を即座に見ないわけにはいかない。私が見る彼らは衣服も着ていないし、ことばも発しない。私は昨日のことのようにそれを思い出す。彼らの日常の振る舞いの残酷さときたら、それを思い出すのに何の苦労も要らないほどである。

そうすると、われわれは何者なのか。〈皆殺し屋〉である。食べるために狩猟するだけではなくて、浪費しながら殺す種なのだ。その浪費の程度たるや、個体だけにとどまらずさまざまな種全体を破壊し、その暴挙によって全滅させるほどなのである。生きながらえるために、すべての生き物は諸個体を狩り立てるか、それに寄生するが、人間は他の種を根絶する。だから、人間という動物の第一の定義はこうだ。さまざまな種を絶滅する種。この種が熱中するのは、単に父親の殺害、戦争における息子たちの殺害、敵という兄弟の暗殺、女性の隷属――なぜ私という個人的な主体だけに限られた選択が行なわれているのだろうか――にとどまらず、われわれという集団的な主体のためにする、万人の万人に対する戦争、同一種の内部での殺害であり、それに加えてさまざまな種や界の破壊なのだ。ここ百年も前から、われわれは単細胞生物に対して宣戦を布告しているのである。だがそのあげくは、すべての、生命はなくても動き、立ち上がり、傾くものを破壊することに熱中するのである。これらは、ひと《オン》という生きた主体のためなのだ。破壊をこととするおぞましき種。われわれはその考古学的な痕跡を世界中の大陸や島々に無数に持っている。

多くの種に対して夜間にだけしか外へ出ないようにさせるこの憎悪の大海、この激しい恐怖を、私は思い出す。われわれには三つの記憶がまといついている。私が思い起こすのは、父親がコップの水を何杯も私の顔に浴びせかけて鎮めてくれた私自身の暴力であり、とりわけ、最近の戦争の暴力、すなわちスペインの暴力から世界大戦へ、その惨禍から民族解放へと続く戦争の暴力である。その時、われわれの内部で最終的な絶滅を辞さぬほど憎悪を燃え上がらせるこれらの残虐行為は、書かれた〈文化〉、つまり古代フランス語の『ローランの歌』、ラテン語の『アエネイス』、ギリシア語の『イリアッド』、不断の敵対関係を物語る『聖書』が私に教えた悪夢と結びつくのであった。その先は、ダーウィンを読むだけで、文書記録や、同じ道筋を辿って私やわれわれに限定された主体の外に抜け出し、われわれの農業的、それから学校教育的な、生気にあふれているがのちに芸術的ともいわれる文化を超えて、われわれの種の中に、全く別種で大規模な殺戮者を見いだすことができた。その規模ときたら、栄養と生存のための狩猟が必要とするだけの範囲を超えており、最も血なまぐさい捕食動物よりも残酷であり、最悪の寄生生物よりも悪賢いのである。われわれは二つの点で動物とは異なる。一つはこの普遍的な殺戮によってであり、もう一つはわれわれがそのことを認識したという驚くべき出来事によってである。

罪責感について

この普遍的な記憶、そして私の記憶に名付けるに、私はまたもう一つの名前、罪責感をもってする。つまり、われわれのみならず、われわれの兄弟たちの胸郭および腰部に永劫に穿たれた底なしの、この属に特有の穴であり、われわれにまだ時折、涙のただ中で殺し合いをためらわせ、われわれの破壊的な事業の途中で、きわめてまれにではあるが時折、われわれの手を抑制するもののことをいっているのだ。罪を犯したというこの思い出は、いかなる個人に所有されるものではなく、いかなる伝統にも、またいかなる単一の宗教にも固有のものではないが、〈皆殺し屋〉の肉体に押された焼き印なのだ。男たちも女たちも普遍的にこれを共有しているのである。これが今日、環境を巡るわれわれの不安を吹き込むのであろうか。同様に、これがわれわれに〈自然契約〉を命じるのであろうか。あらゆる緯度帯や文化にわたって、世界中で最も行き渡っている罪責感は、相変わらずきわめて有用なものであるから、たとえばナチスやスターリンの死刑執行人たちの場合のように、これがなくなってしまうと、現実の犠牲者たちがその生命でもってその消滅の代価を支払う羽目になる。何の疑問も感じることなく仔羊を殺した狼から出発して、われわれを人間にした過程の中で、罪責感の果たした幸せな役割を論じる人がいないものであろうか。これこそが人類という種を洗礼盤の周りに引き留めたのだ。

というのも、彷徨の諸状況により偶然に危険な捕食動物のいない楽園に入り込んだがゆえに、生命がこの憎悪の法則に普遍的に従属していることを、突然、知り、理解し、どういったらよいか、いずれにせよよく考え、その結果、憎悪から十分に距離を置いて、それを憎悪と感じたり、さらには〈悪〉とさえ呼ぶことができた初めての種が、そのことによって人間になったのだからである。人間が種として出現したのは、この普遍的な殺害の意識と同時なのだ。単一の個別的な自我や集団的なわれわれが〈悪〉から生まれたのと同じように、総称的なひと《オン》もそこから出現した。われわれの身体、文書、遺伝子、生命体験に絡みついた四重の時間的根っこがわれわれをこの出来事に結びつけていて、そのことを思い出させる。われわれは絶えずそのことを思い出す。罪責感とわれわれが呼ぶものが、一つの種に属し、かつそれを定義しているという確信とともに、この出来事をわれわれの目の前に連れ戻すのである。この罪責感がわれわれのうちに、〈悪〉からの救済という狂ったような希望をかき立てる。だが、われわれがすぐさま学ぶように、この力から〈善〉を抽出するのは、一片の合金から迷子になった金を取り出したり、香水から香りのエッセンスを濾過したりする類いのはかない望みである。こうして、この不可避的な絆のために、われわれの罪責感は、善良な事物からさえ生じもするのである。罪責感はわれわれを取り巻いていて、われわれがその後〈善〉と〈悪〉と呼ぶことになる〈愛〉と〈憎〉の入り交じった流れと同じように、われわれをもみくちゃにする。

もう一度いおう。われわれが進化的な生の外に出たのは、われわれの地位とわれわれの皆殺し能力によってである。殺しまくることによって戦闘に勝利した、一人の想像を絶する祖先は初めて死体に覆われた平原を見た。彼は同類たちと自分自身に恐怖を感じた。彼は自分がどこから来たかを知った。彼はダーウィンの悪夢をそこに見た。ダーウィンの、ほとんど宗教的ともいえる巨大な成功の一因は、この原初的な光景を彼が再演してみせることにあった。想像を絶すると同時に科学的な、太古的であると同時に最新の、この祖先は哀れみの念を覚えた。この憎悪の大海の中を、愛の希有の流れが通過した。彼は知った。彼は愛と生命とを、憎しみと生命とを、平和と暴力とを、〈善〉と〈悪〉とを区別できると考えた。文書記録を越えて、今もわれわれの身体に働きかけるこの原初の認識をわれわれは思い出す。われわれは、憎しみの外にほとんど出ていないことに、今なお毎日そこに首まで漬かっていることに、非金属の中に迷い込んでいる金を見ることに安らぎを感じるようなことがあるであろうか。〈悪〉の子供として自由に生きながらえることに。原初の日々のようにいつも殺し、原光景のそのまた前の光景、つまり認識に先立つ光景を絶えず再演することに。こういうわけで、超歴史的であって、いつも今日と同じくリアル・タイムで犯される原罪の定義は次のようになる。生きているすべてのものに向けて行使される暴力。こうして、この種は、たまたま移動の過程で発見された楽園から自らを追放する。生命に関する真の知が、常に近似的、部分的であって、認識や、〈善〉と〈悪〉を弁別するという難しい問題と異なるものではないということを理解するには、人間のジャングルの法則が、毎日のように、引き起こしている災禍を見るだけで足りる。そして、〈悪〉というものは、往々にして、善悪を区別していると考えているところから生じるのである。

この明白な事情が、文字であれ口述であれすべてのことばを乗り越えて、さまざまな科学や哲学、知恵の周りを取り巻き、限っている。その透明性は、音楽が表現する憐憫と歓喜の入り交じりのかなたを飛翔する。その地下に埋もれた真理は、感動やすすり泣きのさなかに現れ出る。口や舌が発することばの下には、喉の調子や身体の身振りが隠れている。これらの挽歌や悲嘆の下では、記憶の悲壮な奔流がわめいているのである。いかなる言語においてであれ、音楽的に響かないようなテキストが真理を語ることはない。いかなる音楽も、われわれの源であるこういった涙を流させなければ、感動させることはない。

われわれの文化の初期のテキストは、世界、地球、さまざまな種のいずれに関してもその始まりを語ってはいないが、ある一つの文化に対しては人間の文化の始まりと、それがどのようにダーウィンの法則から分岐したのかを語ろうとしている。確かにこれらのテキストは〈大いなる物語〉を語ってはいないが、それがどのように完成されるか、そしてその最終幕第一場である歴史がいかなる分岐から始まるかを、どちらも偶然的なものとして語っているのである。これらのテキストは、われわれの遺伝子の記憶を文書的な歴史に、生命を文化に、普遍的な破壊を兄による弟の暗殺というようないくつかの選択的な殺害に結びつける。この小さなローカルな罪は、普遍的な殺戮というグローバルな破局を覆い隠す。それゆえ、これらのテキストが物語るのは、罪責感の誕生であって、その三重の記憶が三つの主体を持つ人間を産み出し、〈皆殺し屋〉に時折哀れみを覚えさせ、〈憎〉の法則を奇跡的なほどまれに彼が伴っている〈愛〉の法則に変える。これはほかならぬダーウィンが書いていたことなのである。

悪と解決の普遍性

ローカル－最小的な解決策、グローバル－最大的な解決策

われわれは何者なのか。〈皆殺し屋〉だ。われわれはどこから来たのか。われわれ自身に対して流した普遍的な涙からだ。まず供犠的な暴力から私とわれわれとが生まれ、最後に生の暴力から生まれるのがひと《オン》である。だから、すべては普遍的な悪から生まれるわけだ。われわれはどこへ向かっているのか。われわれにパンという接頭辞を冠した名前を与えるわれわれの新たなグローバルな能力によって、今日われわれは普遍的な地平に直面している。人間の文化、さまざまな生物種、生命のない物質、地球の、われわれの手による絶滅の可能性である。われわれはこのどうしてよいか分からない権力を持っているのだ。

悪という普遍的な問題については、われわれは不可避的に常に存在する悪を一時的に処理するローカルな、最小的な解決策を発見してきたし、これからも発見していくであろう。だが、ここで登場するのは、ヒト化以降初めての、〈大いなる物語〉のわれわれの部《パニック》で初めてのグローバルな、最大的、普遍的な解決策である。これはまだ発見されていないとはいえ、破壊という地平のあふれんばかりの現存が突きつけてくる解決策なのだ。絶滅の普遍性が、われわれの暴力と悪の普遍性の前に立ち現れる様子は、先に宇宙そのものが、パニュルジュの手にした無限性の前に立ち現れた様子に似ている。今日、この最大の危険の意識が、政治哲学、実践、制度にさえ先んじて、世界的な世論を生まれさせる。いまや目にも見え、手の届きそうになったこの脅威的な地平を前にして、何をしたらよいのだろうか。選択の余地はない。たかだか倫理か、少なくとももう一つの権利を基礎付ける新たな契約である。

鷹揚で漠然としたこの解決策は、直接的ないしは具体的な力を何も持っていない。というのも、個人たちはどうすることもできず、政府は一世紀も遅れたままだからである。この解決策は、今ここで、いかなる個人、いかなる責任者、あるいは人類一般に対しても特定の行動を義務付けるわけではない。それは調整的な力しか持ってはいないのであるが、その影でもって、知覚と思惟を包み込むのである。

大数による証明

悪の恒常性と普遍性を、数に頼って、証明してみよう。理論的な探索が効を奏さず、われわれが悪の起源を全く見いだせなかったとしても、われわれはやはり悪を一掃したいと思うことであろう。悪に対する戦いの例。頭痛の特効薬であるアスピリンは、それ以外にも、血を流れやすくし、その凝血を、それゆえ同時に塞栓症と傷口の閉鎖を妨げる。アスピリンは世界中で一年に一億人以上の人々の苦痛を和らげるとともに、数十人の人々を殺しもする。それが多数の人々の間に普及する時、危険度が零であるようないかなる治療も存在しない。大数の法則は黒と白、真と偽、善と悪などと割り切って考えることを禁じるのである。測定をすれば目減りが生じる。あらゆる挙動には、割り切れない剰余が伴っており、何回もそれを繰り返せば、剰余の代価が利いてくるのである。

ローカルからグローバルへの移行――大数と呪われた部分

何回もオムレツを作ったことのある人で、冷蔵庫とフライパンの間の移動中に卵を一度も割ったことがないような人がいるであろうか。何十万という料理の達人たちが、二十年の間には、何トンという卵を運び、数ダースぐらいを壊して、使い物にならなくすることであろう。少量から多量へ、ローカルからグローバルへ、孤立した事例から多重な事例へ、ついには普遍に移行すると、破損を避けることは不可能なのだ。薬や薬効が問題になっている場合ですら、間違いなく大数とともに、悪行、事故、不手際、過失、大惨事がまた生じるのである。優れた教育者が数千人いれば、必ずその中には一握りの少年愛者が見つかるのが常で、根絶しようがないのである。自然科学、医学、人文科学の専門家たちは、こういった除去し得ない近似的な割合を前にして、疑問を感じ、躊躇するが、他方、まれにしか起こらぬ嘆かわしい事件という見世物を前にして、警察や司法の活動は割り切ろうとするし、割り切らねばならず、復讐的な発言を前にして呆然とした群衆の眉をひそめさせる。尺度の変更から生じるこの陰鬱な結果を回避するにはどうすればいいのだろうか。

メディアや政治は大数と事例、集団と個人を同時に操作する。広告、情報、調査、新技術など、要するに無数の通常の業種が、今日では以前にもまして、大数の域に手を掛けており、時には、保険や強制予防接種の場合のように、全体にまで手を伸ばしている。そのために、悪の問題が第一日目と同じようにまた現れてくるのであるが、その現れ方が違っているのは、大数により呼び戻され、強制されて、容赦なく戻ってくるこの百分率のゆえである。

この安定性に奇妙にも目を閉ざす支配的なピューリタニズムは、何千億とバクテリアが繁殖しているところでその不在を要請し、したがって無菌、欠陥の不在、危険の皆無、零のリスク、でこぼこがない滑らかな世界を要求する。ところで、さまざまな問題が普遍性を帯びると、こういった大数が呪われた部分を残す。これは除去不可能なのだろうか。私は不可能だと思う。この部分というのは、私が最前、ある物理系のエネルギーの恒常性にたとえた、あの暴力の総和に非常によく似ているのである。それでは、集団的なものの中にも、力学の第一原理のようなものが存在するのであろうか。私にはよくは分からないが、存在すると思われのである。

二度目のパニック

ローカルからグローバルへのこの移行は、われわれの推論の仕方を変化させる。われわれは諸科学においては厳密性、精密性、正確性について論じ、古い形而上学からは〈存在〉と〈無〉、〈悪〉と〈善〉、〈憎〉と〈愛〉といった二値的なカテゴリーを借用して用いていた。聖ゲオルギウス対〈竜〉の、〈善〉と〈悪〉との芝居がかった戦いは、ゲオルギウスの一団が〈竜〉の群れを狩り立てることになると、非効率的で馬鹿げてくる。それぞれが固有名詞ではなくなってしまうのである。この種の出し物に集まるのは、凡庸な観客だけであった。人口の増大やグローバリゼーションは、大きさ、力、それに効果という点で尺度を変化させる。ところで、ものや道具が、モグラの巣穴の丈からエヴェレストの高さにまで大きくなれば、もはや同じ法則には従いはしない。蛙は牛のように食べ、子を産み、生きるわけにはいかないのである。一国の政治が、一企業の経営や一家族の構成と同じようにいくものではないことを知らぬような人がいるだろうか。

ヒロシマやセヴェソ[(*65)]の大惨事や遺伝子操作などから少しずつ強制されて、科学の倫理が生まれてきたのは、科学がここ半世紀このかた「ビッグ・サイエンス」と呼ばれるものに移行したこと、あるいは少なくとも、技術が原子爆弾、核廃棄物、ネットワークなどのように私が客体 - 世界と命名するものを目指して上昇したことに由来するのではないだろうか。またもや尺度の変更は、大数に固有の呪われた百分率を押しつけてくるのである。ライプニッツが折に触れていっていることであるが、悪の問題は、われわれが事物を把握する仕方の大きさに依存する。近くから見れば浮き上がって見える絵柄も、遠くから見れば調和して見えるというわけだ。この光景を主観的にし、観点に依存させる遠近法を利用する代わりに、どうしてこの保険の理論家は、大数から出発すれば簡単な計算によって、ある人口中に占める不可避的な死亡者、不治の病、事故、悪事、汚職の数が正確に予想できることに気がつかなかったのであろうか。六人のキャンパーなら三日の間、ある海岸でたいした問題も起こさずに過ごすことができるであろうが、一万人の人間になるとそこを汚水溜に一変させる。観光事業は、地球を略奪に任せ、観光名所を下水処理場に変えるのである。これは現代の十個のスキャンダルや予見し得るパニックにも通じることである。そう、ここではパニックということばが打って付けである。というのも、パニックが意味するのは、みんながあらゆる場所に接近するということだからである。多数は恐怖をもたらす。悪は大数の中に潜んでいるのであろうか。

悪が生まれるのは、少数から多数へ、小集団から大人口へ、ここから世界へ、私からわれわれへ、われわれからひと《オン》へ、個人から集団あるいは種への移行からであろうか。悪は〈普遍〉への上昇に付随するのであろうか。悪は、〈大いなる物語〉が一切の事物を押し流すがゆえに、それと一緒に流れるのであろうか。大数に固有の呪われた部分が横たわっているのは、個別事例と取り集められた集団的なもの、個人的な主体と共通的な主体、要素と集合とが交差するところである。私とわれわれとひと《オン》が悪との遭遇から生まれるとするならば、悪は、ひと《オン》、われわれと私の間の遭遇から生じる。自己産出とフィードバックする栄養補給の環が、悪と三つの主体を結びつける。死が取り憑いて、私という個人的主体を創り出す。われわれ西欧人は、ラテン、ギリシア、エジプト、アッシロ・バビロニアの死者たちを生き返らせた。今朝ですら、ひと《オン》は種として、種の自己根絶の地平から生まれてくる。そして、今日、一つあるいは二つのわれわれの中にいる何人かの私が、ひと《オン》を死刑に処するかもしれないのである。

ローカルで、実践的な第一の解決策

この抑えがたい成長がもたらす呪われた部分に安住するどころか、反対に、知恵が近接性の道徳を目覚めさせ、この百分率を扱うに今までに倍する注意と活動をもってし、これを慎重に管理し、ねばり強くさらにいっそう厳しい最小値に押さえ込む。

だが、この新たな知恵を実現するためには、事例が法則をひっくり返すこともあり得ることを知っておかなくてはならない。さまざまな惑星の高みから墜ちてくるこの小石は、いかなる危険ももたらさない。だって、頭に隕石の一撃を食らった人などおりはしないではないか。しかし、ごくまれにしか生じない例外がこの頻度を否定するかもしれない。われわれはこの事例を例として引用することはできるが、それを法則にするわけにはいかないのである。このまれに生じる痛ましい光景に、往々にしてその正反対を主張する法則の内容をつきあわせてみよう。ある薬がある場所で人を殺したのは確かなのだが、往々にしてほかの至る所では病気を治しているのである。

こうして、事例ではなくてむしろ法則に基づいて決定すれば、われわれは民主主義を定義していることになる。というのも、民主主義は選挙に、したがって、大数の法則に基礎を置いているからである。それゆえ、民主主義にはすべてと同じく欠点がある。これとは逆に、例外に基づいて決定すれば、われわれは貴族政治や決疑論を復活することになる。それはさておき、呪われた部分を最小に抑えるようにしよう。

パニックをもたらす混合

欠点のない善は存在しないが、逆に、根元的な悪もしかりである。悪徳を持たないような有徳の士はいないし、何らかの善良さを持たないような罪人もいない。最も〈恐るべき雪男〉が、ある晴れた雪の朝に、路上のサマリア人と同じように、よき行ないをすることもある。最善の道徳が最悪の善を説くこともある。人類の敵が同情し、憐憫の情を覚える。こうして、彼は過ちを償う。悪の問題に対するもう一つのローカルな解決策である。反対に、時たま、愛が嵐の夜にヴェールを脱いで、憎しみを示すことがある。昨日、現行犯で逮捕されたある男は、これまでの生涯の間、その仕事の大部分を正直に処理していたし、時には気前のよさも見せていた。個人的な特異性でさえも、その遭遇や状況や偶発事の中で、大数を操るのである。万事のありようはまるで、大数が混合物を濾過していたかのようであり、大数の増大とともに悪が澄み透ってくるかのようであり、大個体群が悪に対して現像液の役割を果たしてきたかのようなのだ。無数の間道の中で動きがとれなくなった私は、正直に幾年月を過ごしたのに、今は身を誤ってここにおり、何回も略奪を繰り返したが、今は正直になってここにいるのだ。あらゆる時と場所で倫理を遵守してきたとうぬぼれることができる人がいるであろうか。絶対に断罪する必要のある人間とは誰であろうか。(＊66)

このパニックを呼ぶ混合物にどうやって火をつけたらよいのだろうか。

〈白熱するもの〉の漂白

神聖なものは、それが白くない部分を残しているほどそれだけよく燃え上がる。神聖なものが輝くのは、そのうちにある汚れた可燃物をできる限り燃やすからだ。それゆえ、〈愛〉の焔が白熱に輝いて高く上昇するためには、神聖なものはたくさんの〈憎〉を含んでいなければならない。この焔は燃え上がりながら、神聖なものの邪魔をしていた石炭を少しずつ除去し、残りを白くする。

私がこれを表現するすべを心得ていたとすれば、この教訓は、〈悪〉を燃やすという、見いだすのが困難な秘密を明らかにしたことであろう。そうすると、〈善〉とは何だろうか。焔そのもの、私のうちにあって、他人に要求する必要もなく、私に決して欠けることのない〈悪〉を焼き尽くす焔でないとしたら。悪に対しては、個人的な共生の練習を始めるほうがよい。一緒に生きるのだ。この汚濁をどのように扱えばよいのか。私はそれを私の最良の燃料にし、そこからエネルギーを引き出す。私はそれによって白熱的に燃え上がる。悪はそれ自身の内部に、この優れてローカルな、もう一つの解決策を含んでいるのである。

主体は悪の問題とともに始まる。というのも、それが表わしているのは、悪を解決するのに適した一つの審級だからである。われわれ、ひと《オン》、集団的なもの、種のいずれもそこに到達できないのは、まさに大数あるいは暴力の恒常性のゆえである。ある一定の量を上回ると、死、倒錯、苦痛、あるいは病気の割合を零にすることは不可能であって、このことは、あなたが人間や事実にいかなる名前を与え、一切の生命現象に不可避の汚水溜、塵芥や汚物をいかなる名称でいい表わそうと変わらない。いつだって残滓、ロス、機械の効率からのずれ、コスト、代償が存在するのである。無償のものは何もない。百パーセントということもなければ、欠陥が皆無だということもなく、零という許容誤差もありはしないのである。

完全に殺菌されて、一切の微生物が存在しない無菌の場所などというものを、われわれは知らない。もしそのような場所が存在するとしたら、何十億個というバクテリアがわずかな裂け目でもあればそこに侵入しようと待ちかまえていることであろう。それは、極度の危険、最も危険にさらされた場所に対する逆説的な表象として役立ちさえもするであろう。というのも、それが存在するためには、計算したら無限になるような障壁、防御物、安全装置を必要とするであろうからである。今回だけは、滅多にないことだが、形而上学的で道徳的な問題が算術を使って解決できる。というのも、大数の法則は、掃き溜が安定して存在し、根絶しようもなく永続することを教えるからである。リスク、危険、要するに〈悪〉は、ほかならぬ生命の機能、存在そのもの、多数の成員を持つ集団、多くの個体を含む種に結びついているから、いつまで経っても除去できないままである。
だから、主体が〈悪〉の問題とともに始まるのは、それが、少なくともここかあそこで、少しだけではあれ、悪の鎮静化、悪の緩和に寄与し得るような者を創り出し、奨励するからである。私は少しも完全な解決にとはいっていない。それは、先ほどの地平以外には存在しないからだ。そうではなくて、悪の相対的な改善に、悪の同化にというのである。主体は所属関係の外に出、排除を前提にする部分集合から離れ、絶滅を前提にする集合から抜け出すことができるのだから、彼はわれわれから離れ、ひと《オン》を忘れて自分の個人的な生活や特異な意識に没頭し、排他的でもなく種の絶滅者でもなく振る舞うことができる。

私は復讐を拒むことができる。暴力を拒むことができる。この限りでは、暴力は私に依存している。集団的な暴力となると、私には全く依存しないし、種の暴力も同様である。往々にして平和主義者でもある、きわめて良心的な政治活動家たちは戦い、それゆえある意味では闘争を普及させるが、その恐るべき暴力が暴露されるのは彼らが権力を握った後のことになる。もっと深刻なことには、圧力団体は、それが圧力団体である限り、この上ない善意でもって根絶しようとし、かつ除去することを闘争過程の目的にしているのと同一の悪を、自らのうちに抱えているのである。こうして、「政治参加した者《アンガジエ》」は盲目的な、それゆえ馬鹿げた忠誠を余儀なくされるか、裏切者となって彼らの行動の最初の理念を拒否する羽目になる。これとは逆に、私は私の内部でこの暴力を、下水溜の汚物やごみを燃やすことができる。そして、私の隣人に勧めることができる……私は君の仕打ちに同じ暴力で報いないで、君に勧める。少なくともこの例に倣って、君が君の隣人にこのことを語り、行なうようにと私は勧める。その隣人が隣人で、また同じことをしてくれるようにと。私は決して集団や人類、集合体には呼びかけない。私が呼びかけるのは、末端にいる私の隣人にだけ、そして解析接続によって私の隣人の隣人にだけである。私は、この近くから近くへという伝達しか受け入れることができないのである。

同じようなわけで、科学の倫理の問題が解決されるのは、常に最終的には歪曲される法令、一般的原則あるいは集団的な決定によってではなくて、むしろ私が『科学の事典』(*67)の序文の末尾で提案したような、またもや優れてローカルな、個人的宣誓によってであろう。

チーズとワクチン——経験について

牛乳の上にある種の腐敗の種が播かれた時、往々にして生じるのは素晴らしい結果、すなわちチーズである。こうして、ある種の調理法は腐敗をわれわれに役立つものに変える。このチーズを、あるいは神々の贈り物であるワインを手本にしようではないか。身体を洗うがよい、よく洗うのだ。だが、洗いすぎてはならない。病気に罹るといけないからだ。有機体や、皮膚や、各部位の粘膜を無菌にするということは、それらを脆弱にして、死の危険にさらすということである。

予防接種をしてもらいたまえ。そして特殊な防護活動が生まれるように、少量の悪を体内に受け入れたまえ。縮尺模型である運動場の中で、暴力を体験したまえ。暴力をルールの中に閉じこめているボクシング、フェンシング、ラグビーの練習に励みたまえ。湿った森林の瘴気や蚊の飛び回る沼沢に身をさらしたまえ。空間の中や、社会を旅したまえ。悲劇を見に行きたまえ。社会の底辺に出入りすることを厭わないことだ。権力を社会的事実としてではなく、社会の下水溜だと考えたまえ……。体験はわれわれを強くする。殺さないものが強くしてくれるのだ。病原菌とともに生きたまえ。過ちを犯す以前の無垢なイヴとアダムという白く輝く二人の堕罪前予定論者と、白くされて贖われた人類の間にうごめいているのが、灰色の魂をした無数の群衆、つまりわれわれなのだ。

もう一つのローカルな解決策——二つの寛容

二つの寛容を区別しよう。高潔な第一の寛容は、差異を受け入れる。モンテスキューと同様にアキテーヌの人間である私は、久しい以前から私のペルシアの友人たちにもはや驚きはしない。私は左利きであるが、多数を占める右利きの支配下にあっても自由に生きられる。バマコでは、私の肌の黄みがかった白さを腐敗的だと感じたことがあった。そう、もっと陽が当たる南半球の北部に住みたいものだ……。これらの受容の苦労を誇張しないようにしよう。これらは、われわれの気候的あるいは文化的な習慣におけるいくつかの変化により表現した寛容に関する *lectio facilis*［易シイ読ミカタ］だからである。この平均的な良識を欠くためには、多大な不適応が必要である。

だが他方で、生理学や医学は、免疫系を攪乱しかねない毒性を持つ化学的あるいは物理的物質による、往々にして急激な介入に、有機体が病気にならないでどこまで耐えられるかという適応能力を定義している。それゆえ、他者に対する寛容の傍らに、〈悪〉に対する寛容という、この語の *lectio difficilior*［最モ難シイ読ミカタ］が存在するのである。この身体的な徳が重要であるように私には思われる。われわれは他者を一つの〈悪〉だと考えることは決してしないであろう。もしわれわれが〈悪〉を一つの他者として受容するならば。私の中の他者たちの一人として。私の共生者の一人として。欠陥よ、私の双子の兄弟たちよ。

道徳的経験

天使のような生き方をしている人は誰もいないのだから、道徳的なお説教には噴き出したくなるとしても、また説教をする人が気に入らないとしても、生の経験はきわめて重要である。哲学者が倫理の教科書を書こうなどとするよりは、現実のニュースを物語ったほうがましである。そこでは、何人かのヒーローあるいはモデルが世界そのものに積極的に立ち向かっているからだ。愚かな生き方は危険を冒さない。よい生き方は、発明をしようとする時の知性のように、危険に身をさらす。よい生き方が飛び込んでいくのは、貧困、病苦、挫折、欲求不満、過ち、罪そのものが、この世の他のすべてにまして、多くを教えてくれるこの経験、例外的であると同時に日常的なこの冒険の中である。

われわれは悪を押さえつけるのではない。そこから自らを解き放つのである。その証拠に、われわれは悪を体験したではないか。悪性の微生物や細胞を殺す代わりに、治療学は共生する方法を探るべきである。われわれは試練を通じてのみ、真価を発揮することができる。安易な誘惑に取って代えるに、困難な体験をもってするがよい。諸科学が現場に赴くのと同じように、モラリストは、よくいわれることだが、炭火の上を歩く〔つらい仕事を引き受ける〕ことをためらわない。彼はそこから真っ白では出てこられない。その時、彼は燃えることができる。その身体がいかなる焰も、いかなる白熱光も発していないような人の説教には、耳を傾けるべきではない。

集団への回帰

確かに大数の法則は、呪われた部分、この除去し得ない炭火が恒常的に存在することを示している。この悪の重力には、その限度内では悪を順応させたり、時にはチーズや悲劇の場合のように、悪を教化して善や美に変えたりできるような下限が存在しないのであろうか。もしそれが存在するのであれば、そうなるように働きかけてみる価値があろうというものである。医学と同じように、社会学もまた、ある与えられた共同体について、その存続や安定を脅かす陰謀に対する寛容の閾を定義している。ところで、ある割合の殺人者や変質者がいないような共同体は存在しない。共同体はこれらの人々を最大でどれくらい許容できるであろうか。共同体は、もちろん、小ボス、暴君や居候、広告業者、それに汚職で共同体を汚し、繁文縟礼でその動きを悪くする役人たちを大目に見る。最良の集団とは、その内部にできるだけ多くのリスクを許容する集団ではなかろうか。そうすると、想定し得る最良の世界は、この寛容の閾によって定義することができる。最良の生が危険を冒すのと同じように、最良の社会はこの閾の窓をあけ放つ。

〈悪〉の問題を解決するためにライプニッツが七度の和音、つまり不調和ではあってもその分裂が、その隔たりのゆえに、合奏の調和を低めるのではなくて高めてくれるものについて語る時、彼は音楽的に、チーズという私の生化学的な解決策に近づいているのである。いやなことであっても必要とあらば受け入れるという立場は、ここでは、根絶し得ないものを受容・同化すること、難しいほうの意味での寛容ということなのである。一切の仕事は、悪をこの受容の限度内にとどめることである。

経験一般

ここで私が、悪に対する非暴力的で節度ある関係として道徳的経験と呼ぶものは、単なる経験そのもの、つまりわれわれが生活や自然について持ち得るそれに非常によく似ている。というのも、あなたが海や山、砂漠や湿地、植物や動物に対するいかなる讃辞を聞き、いかなる愛情を公言しているとしても、自然は人間たちの友として振る舞うわけではないし、人間たちの共生者としてさえも振る舞わないからである。自然が波浪、火災、台風、中毒や貪食によって殺すやり方は、重いものが落下したり、鷲が仔羊を食べるのと同様に平然としたものである。自然はいかなる過失も容赦しない。

あらゆる人間文化は、人間の暴力や荒廃と同程度に、かつ同時に自然の暴力や荒廃を管理することにより出現する。自然を支配するためには自然に従うべしという勧告は、単に科学上の実験に対する指針であるにとどまらず、また火を利用する工芸にも、食物の採集、狩猟、漁労、技術一般、農業、牧畜、鍛冶にも妥当するし、さらには医学にも、挙句の果てには道徳にも妥当する。この勧告は経験一般に当てはまるのである。一切の文化は、ローカルで一時的な、根気を要し長期にわたる管理の結果であり、私が根絶不能な呪われた部分に関して勧めるものと同じくらい限りのない理解と交渉の結果なのである。あなたはこれから文化と同じくらいに自然を、そして自然と同じくらいに文化を抑圧しないようにするであろう。都市や部屋の中に、信頼できる防御装置に囲まれて、あなたの閉じこもり場所をいかに堅固に構築しようとも、あなたの生活がいかに無菌的に、かつ「文化的に」営まれようとも、どこかにちょっとあいた穴から、風と苦痛の暴力がいつも何らかの形で舞い戻ってくるし、それと同時に第三の暴力、つまり人間の退廃が吹きかける暴力も入ってくるのである。だからこそ、人間の住居は一緒にまとめて、そしてしょっちゅう建築されるのである。文化と時を同じくして、モラルも、これに似たような運動から発生する。もちろん、われわれが身を守る仕方は、相手が病気の場合と嵐の場合、殺人者の場合と寒波の場合では、それぞれ異なるが、文化はこの種の防御を一挙に準備し終えることにより生まれる。文化が生まれるのは、一家の父親が備えていてしかるべきこの用心深さからにほかならない。その知恵が自然とその諸制約、生命と病原菌、人間とその暴力を統御するのである。文化は、こうした自発的な共生から生まれる。

哲学者は毎日毎日、文化を再び組み立て始める。彼は、この三重の経験、〈悪〉の問題に対するこの最小限の解決策を生き、範例によってそれを教えるだけである。

ブラック・ボックス

〈悪〉の、証明可能な、普遍性に結びついているのが、地球上における悲惨事の、目に見えかつ体験されている、広大な一般性である。万事のありようはあたかも、文化的、政治的、社会的歴史の移り気な栄枯盛衰が、それらの騒々しいごちゃ混ぜの中に、今日に至るまで解決しようのない、不動で沈黙の、ある不変元を、ある焼き印を抱えていたかのようなのだ。実際、いかなる集団、文明であれ、人間的時間のいかなる瞬間であれ、空間中のいかなる場所であれ、同類たちから、貧困という、足下に目も眩むような底知れぬ井戸を締め付けられたような状態に追い込まれた奴隷たちの群れを知らなかったものがあるであろうか。今日、民主主義を、あるいは科学を自称するもののうちで、こういう暗い箱や穴を忘却させようとしないものがあるであろうか。このおぞましい特徴によって、あなたはわれわれの人間的－非人間的社会をそれと知ることができる。渡り鳥と同じように、われわれの集団は、この箱を腹の下に隠して運びながら歴史を横断するのである。人類に対する人類の罪が人類を定義する。哲学などというものは、このように自らの一部を殺害することのない集団への展望を開くものでないとしたら、一時間の労苦にも値しないのではなかろうか。

人間の定義が横たわっているのは、暗くて、ある種の条件のもとでは到達不可能な、この箱や穴の中である。というのも、この箱とか穴とかいうものは、通常の対象を構成するものではないからである。そこで何が生じるのかを知るためには、そこに入ることが必要である。単にそれらを、外部から、開くのではなくて、長きにわたってそこに入り込まなくてはならない。そこで生きなければならない。そこで生きながらえなければならない。この死から、そして集団がその本性からして遂行するこの犯罪から生き残った経験を持たなくてはならない。

そのうえ、このブラック・ボックスはブラック・ホールのような振る舞いをする。人間のうちでも最も卑劣な連中は、十二分に保護されている金持ちを非難するのではなくて、いかなる防護手段も持たない最も貧しい者たちに襲いかかり、暴行を加え、搾取するのである。首領やマフィアや下劣な小ボスの好餌にされてもなすすべのない貧民層は、最悪の暴力の中で生きている。自分たちより弱い者を攻撃する惰弱な連中を厳罰に処すことが、人間の義務宣言の第一条になってほしいものだ。この条項が支配者連中の多くに適用されることになるといいのだが。

惨めな人々

絶滅あるいは強制労働のための収容所、牢獄、さまざまなスラム街、こういった極限的な条件における人間の密集は、付け足しや目隠しなしにあるがままの人間の条件を露わにする。ここにあるのは、鉋で削られ、傷つけられ、本性まで透明になった、個人としての人間なのだ。ここにあるのは、密度と選ぶところがないほど詰め込まれた、集団としての人間なのだ。そして両者とも、その短絡から白熱状態にもたらされたのである。

ガウンを羽織ったり、担架に乗ったり、回転椅子に座ったりした汚らわしいものを扱う工場としての病院、由緒あるリセの悪臭を放つ共同寝室、小学校の真ん中にある運動場、ハンモックの揺れる船員室、監房が超満員の刑務所、こういう雑多なものの堆積を、人口過密の都市は寄せ集めている。決定的体験というのは、両立しがたい差異の詰まった、こういう狭い場所で生きること、これらの地獄へ下っていくことである。

実際、動物種と同じほど多様な諸特異性を無理やりに、耐えがたいまでの同質性の中で協力させるのは、狼と仔羊、ライオンとノロ、雄羊、雄山羊と雄牛を一緒に詰め込み、ジャングルを作り出すことに帰着する。そのジャングルでは、掟が不在であるためにたちまち最大の苦痛と道に外れた暴力が招来される。これが、貧困のいうにいわれぬ苦痛の一つである。というのも、ホスピスにおける私の特異な苦悩、刑務所での私の特別な苦痛、小学校の校庭に見合った私の知能、海上勤務中の私の戦争と平和に関する個人的な考え方、共同寝室における私の睡眠と内密な夢は、他人のものとは異なっているし、私の身体はあらゆる点で隣人の身体とは違っているため、この密集が強制する近接性は英雄的精神あるいは憐憫能力を要求し、それらを欠いていたのでは、いっそうの貧困への限りなき転落が生じるからである。

密集は、決死の戦いも厭わぬほど個人性を昂揚させ、このような激烈な仕方で出現した個人性は類的なものと衝突する。私の顔と私の四肢、私の飢え、私の不安と私の苦痛、私の暴力と私の夢想、私の体臭と私の排泄物がこの上もなく激しく大数に突き当たるのである。ここに対立したまま集まってくるのは、かけがえのない個人と共通の類という、人間に関する、具体的および抽象的な二つの定義である。実際、われわれは身体や知覚によって生き物あるいは特異な主体として存在するのではあるが、それと同時に、識別と分類が可能な類あるいは種としても存在するのである。このように身体を積み上げることは、この二つの定義を同時に否定することである。こういう場所では、同類と似たところがほとんどなく、往々にしてそれと対立し合うことに驚く人格が一様な堆積のために抑圧されるから、二つの定義が互いに重なり合ってしまうのである。だが逆に、このような貧困に苦しむ者は、二つの定義と二つの尊厳、つまりかくも残酷に抑圧される個人の尊厳と類としての尊厳の必要性を痛切に体験する。二つの人間的普遍の、比類がなくかつ悲劇的な、くぼんだ形での体験。この惨めな者だけが、人間そのものを認識する。そのうえ、彼は下側から眺めることにより、われわれというものを認識する。社会学者は、貧民が社会学を知る程度以下にしか、貧困を知らないのである。

栄誉、富、科学、権力、政治、文化は、貧困がそれらの地ならしをしながら直接に体験するこの基本的な知を、優しげに覆い隠す。その結果、この知は形而上学的な、少なくともメタ歴史的な地位を占める。これは、世界の開闢以来、その苛酷さから免れるために、少なくともそれから身を守るために創設された科学や政治、文化や権力には知られていない地位である。これらが盲目にならないですむすべがあり得るであろうか。ある文化は個人を重視し、他の文化は集団を重視するが、いずれにせよ人間だけのという限定がつくことには変わりがない。だが私の知る限り、個人の特異性と共通の類の間にある厄介な矛盾を同時に、かつ同じ場所で理解しようとする文化は一つとして存在しないのである。この矛盾に遭遇するのは、貧困だけなのである。

神々と人間

オミネサンスの過程が展開する文化において、平均寿命の絶えざる増大は、この規則的な進歩の極限的な地平に、不死性という神話的な希望を描き出している。消費文明の果てしなき饗宴、コミュニケーションのチャンネルに乗ってあらゆる場所に仮想的に立ち会える可能性、鎮痛剤の薬学、強弱のエネルギーを扱う技術におけるある種の全能性に促されて、われわれは、数少ない西欧居住者を、ラテン人や古代ギリシア人たちの古い神々になぞらえるに至っている。ギリシア人たちが夢見ていたことを、二十世紀末が実現した。つまり、われわれは多神教のパンテオンに到達したところなのである。ところで、この宗教は血なまぐさい生け贄によって神々を製造していた。貧困層に対して加えられる果てしない犯罪、それに付け加えるに殺人、戦争、テロ行為、パニックなどメディアに毎日登場する人間の犠牲の表象をもってすれば、比較どころか同一だといってもよいくらいである。毎日流された血から神々を製造しているわれわれは、おぞましい儀式が神々を作り出していた最も古い多神教に舞い戻っている。神々たちはその山の高みから、死すべき人間どもを高らかに嘲笑っていたのである。

社会の階級への分裂と階級闘争だけでは、グローバリゼーションの途上にあるわれわれの集団を記述するのに十分でないというより、大いに欠けるところがある。これまでの二世紀の間、この分裂により定義される対立者たちは、少なくとも労働と生産という共通の土俵の上で、戦っていたのであるが、今日、この二つは別様の分割を受けている。西欧と第三、第四世界の間では、いまや断絶がきわめて大きくなっているから、われわれがこれらの世界をもっとよく理解するためには、そこに神話によって穿たれた深淵の深みを見なければならない。金持ちがオリンポスの山上で饗宴に耽っているのに、死を宣告された者たちは取っ組み合って戦っている。肥え太った神々が、時間をかけることもなく空間のあらゆる地点で自在に意思を通じ合い、満腹感を抑えるアンブロシアのような薬を腹一杯に飽食しているのに、死すべき人間の大群衆が、数時間なりとも飢餓や苦痛もなく平和に生きられる希望を失っているのである。この二つの世界の間の距離は、古代の神統記が予見していた新たな空間に従って測られる。

ところで、ギリシア人たち自身は、死すべきものとしての人間が、そして彼らだけが人間性の秘密、換言すればその本質を握っているということにすでに気付いていた。そして、神々はそれをなくしてしまったことに。したがって、この古代人たちは、われわれが忘れてしまったこと、つまり、最も頼りない状態の貧困と神のごとき全能性の間にある人間は躊躇なく弱さと脆さに加担するということを知っていたのである。そしてたぶん、彼らはこの寓話によって、集団がお偉方の歴史しか書かず、高所に住んでいる人々の風俗しか描かないが、われわれの状態の真理が横たわるのは、死や貧困が人間の生身を苛む下方の谷間であることをわれわれに教えたのだ。神々が飢えも渇きも覚えることなく飽食し、苦痛や死を追い払っているからには、第三および第四世界にしか人間は存在せず、彼らの中にそして彼らのためにしか歴史や分別は存在しない。狭い集団の中では人間が樽や貧民街に身を隠すのと同じように、グローバリゼーションの結果、人間は圧倒的に多数の貧民たちが住む世界の中に隠れているのだ。最近になってオリンポスの頂上に登った神々が分別を失ってしまったのだから、いまや分別が出てくるのは貧困というブラック・ボックスからでしかなく、そこから出てくるのは抑えられない哀願、人間の本当の声である。ところで、ご馳走が山盛りのテーブルの下にあるというのに、この箱はもう饗宴の屑さえも受け取れない。それどころか、白いテーブル・クロスの上に積み上げられているのは、神々が死すべき者たちの口からまたもや取り上げて、輸入した料理なのだ。これらの神々は、暴力のブラック・ホールを見誤り、それゆえその幻影を増大させることにより、これを爆薬で満たしているのである。苛立っている彼らは、雷が鳴っただけでもびっくりする。

二つの見えざる手

ブラック・ボックスは、それをあける者がいなければ、いつまでもそのままである。羊飼いのギゲス(*68)が王になれたのは、自分を見えなくしてくれる指輪を自在に操れたからにほかならない。換言すれば、世の中の人は誰も権力の起源や土台を知らないのである。コンピエーニュの三人の盲人(*69)の各々は、自分以外の二人のどちらかが、慈悲深くて陰険な手から、あるいはむしろ恵みを与えると公言している者の口から施しものを受け取ったと考える。いいかえれば、世の中の人は誰も社会的な絆、あるいはそれに取って代わるものに関していつまでも無知なままである。世界と同じくらい古くからあるこれらの物語は、集団の中には容易には手の届かない諸力が存在していることを示している。さまざまの経済理論がこういった伝承や神話を裏付けている。アダム・スミスの考えによれば、目に見えない手が〈市場〉を支配し、組織している。ブラック・ボックスだのブラック・ホールだのという私のイメージは、この未知の腕より雄弁に語っているわけではないし、この腕は腕のほうで、この三人の盲人や一時的に姿を隠すこの王－羊飼いよりも話に詳しいわけではない。集団の中には、正体の分からないものが残っているのである。

私がすでに論じた、この手の不可視性が各人に一切の責任を拒否することを許容する。何人もこの手を動かすような脳も腕も持ち合わせてはいないからである。貧しい人々に飢餓をまき散らしている経済的破局の責めは誰に帰すべきなのか。あれこれの個人ではなくて、〈証券取引所〉、〈市場〉、〈貨幣〉といった地球規模の実体である。この活動的な不在に直面して、ブラック・ボックスは受け身で、暗いままである。そこに働きかける者もなく、それを統御する者もいないから、ブラック・ボックスは絶えず同一の不可視性を保っている。だから、それは予見不能な仕方で爆発する。テロ行為は、アダム・スミスが正当にも個人の手に届かないと論じた機構の、完璧な対をなしている。見えざる手を備えた〈市場〉は、いまや、見えざる腕を備えたブラック・ホールと対峙しているのである。

以前には、宣言されるがゆえに明確な、したがって法的には周知の戦争や闘争が、はっきり定められ、区別された国家や階級を対立させていた。法や政治の概念である、これらの紛争は、休戦協定や条約、つまりこれまた法律用語で起草された文書で決着がつけられるのであった。テロリズムの拳と〈市場〉の手という、この二つの不可視物の、さしあたり非‐法的な、対立の考察を可能にしてくれるのは、どのような新しい概念なのであろうか。

ローカルな解決策——再論

今日に至るまで、ギリシア神話はその機能を果たしてきた。つまり、神々は人々に互いに争うようにけしかけていた。時々、アテネやポセイドンが人間たちのもとにやってきて、いっそう彼らを憎み合わせるのだった。あるいは、巨人たちの争いが神々を対立させていた。あるいは、ギリシア人やトロヤ人といった人間どうしが殺し合っていた。だが、神々と人間たちとの間の垂直的な争いは一切考えられていなかった。今日、地面すれすれのところで切り刻まれるこの人間たちが耳にするのは、神々が安全に機銃掃射を行なうべく六千メートルの高度で飛ぶ音である。ギリシア人たちは彼らの神話の果てまでは進まなかった。

奇妙な後戻りをして、われわれは現代の多神教の終焉に、神々の第二の死に立ち会おうとしているのであろうか。最近の諸世紀は一神教の唯一神に死刑を宣告したのであった。これらの世紀は、そうすることによってオリンポスの神々の古いパンテオンを復興していることが分からなかったのであろうか。ここ数十年来、アンブロシアに酔いしれて、われわれは、オリンポスの神々がやっていたといわれるのと同じように、饗宴を催している。飢えた人間たちは、テーブル・クロスを引っ張って、テーブルをひっくり返すのであろうか。深遠な宗教史が、きわめて表面的な通常の歴史を取り戻すのであろうか。この全体的な終末がわれわれを脅している。

これを回避するために、いつの日にかこの黒い汚点を諸集団の腹の下に隠してしまうことはできないのであろうか。最大の悪であるこの問題に対するグローバルな解決策が存在するのかどうか、私には分からない。だが私はフランス語が貧しさ（pauvreté）を貧乏（indigence）と極貧（misère）とに区別していることを知っている。極貧とは食糧と住居を欠いていることをいう。貧乏の場合には、飢えてはいるが、屋根は備えている。われわれは今後、貧しさを共有しなければならない。豊かな富をではなくて、余りにも過剰な貧しさをである。莫大ではあるが数少ない富に数知れぬ極貧を加えたものは、中くらいの、共有された貧しさに等しい。つつましくてローカルではあるが、この解決策は、数字を考慮すれば、たちまち納得されるであろう。今日以降、貧しさは倫理的な徳、政治的な必要、哲学の土台になる。

発見《デクヴェルト》＝露天掘りに先立つ作業

歴史や文化は表面的であると、私は述べた。掘り下げてみよう。鉱山のくぼみで、土木事業はいつでも露天掘りによって野外で採掘することから始まる。つまりブルドーザーでならし、クレーンで掘り出し、野菜や耕作物の腐植土、砂、凝灰岩、鉱物を覆っている厚薄さまざまの外皮をトラックで運び出すことから始まるのだ。鉱物といったのは、有用な砂、岩石、金属のことをいっているのである。採掘現場ではよく知られているこの意味を知らないために、辞書の編者たちはこの作業に適した起重機を運転できないでいる。銅が砂や石の下に隠れている時、露天掘りの作業が行なうのは、まずこれらの覆いを取り除くことである。

たとえば、ある種の哲学者たちは、彼らが根元的だと称する企てを計画する。デカルトは、いかなる例外もなしにすべてを疑う。ライプニッツは世界をその根元で捉える。フッサールは現象学的なエポケーに精を出す。あらゆるものからその日常的なあるいは偽りの外観をはぎ取り、時間に汚される前の、一種の純粋な起源に向かって遡ることにより、これらの勇ましい人々は、飾り物の背後に隠された秘密を探し出そうとする。ちょうど、黄金探索者が、川、土、時間により汚染された金属を含む粗鉱の中から金属片を取り出すように。露天掘りのもとで、そしてその後に、ありのままの現実が姿を現わす時に、私は何を見るであろうか、何を考えるであろうか、何を体験するであろうかと、彼らは語るのである。

上記の哲学者たちは、世界、他者、思惟を本当に発見するに先立って、こういった外層を圧縮空気や酸の噴射により一掃するような予備作業の必要性を理解していたのである。

誰が本当にそれを行なうのか

ところで、困難であり、往々にして痛みを伴うこの一掃作業が行なわれるのは、身体とこの上もなく無情なものの間に金銭、栄誉、砂糖菓子、あるいは幻想といったどんな柔らかな緩衝物もすべり込めないような極端な貧困においてであり、おそらくその場合だけなのである。犬儒学派やフランシスコ会士によって踏み出された一歩を跳び越えるという、今回だけは正真正銘の哲学的勇気を、これらの思想家たちが全然持たなかったのではないかと疑ってみよう。公共の場で裸になった樽の中のディオゲネスや、ポルツィウンコラ(*70)で法悦に浸る聖フランチェスコは、根元性に関する限り、若い頃からサロンの有名人であり、芝居がかった炉部屋という十分暖かい場所で瞑想に耽るデカルトや、書庫に入ったり、大公たちのヨーロッパを駆け巡るライプニッツ、それに圧力団体が青白く小さなクローンを使って反復したり増殖させたりする大学教授などより忠誠を示しているのである。この忠誠という語は、同時に嘘の欠如およびある種の正統性という意味に解していただきたいのであるが。確かに懐疑、エポケー、根元的な企ては、いくつかの馬鹿げた慣例を打ち壊しはするのであるが、自らの衣服、食糧、住居、社会的名声を手元に保存しておこうとして、本当の意味ではぎ取る作業をしないで済ますのである。あらゆるものを手に入れさせる貨幣、このゆえに一般的等価物と称される貨幣、これを手放さない限り、何も放棄したことにはならないのだ。「すべてを与えたのでない限り、何も与えたことにはならない。(*71)」

粗布を身にまとい、小川の水を飲み、路上でパンを乞い、でくの坊といわれ、定まった宿も家もないフランシスコ会士は、一切の見せかけを批判しこれを棄てさっているとうぬぼれるわれわれ哲学者のようには見えない。というのも、彼は貧しい人の仲間であり、貧しい人だけが、ありのままの人間と世界そのものを見ることができ、日盛りの最中にアレクサンドロス大王の栄光の陰りに気付き、小鳥たちの歌、狼の吠え声、澄んだ水、超越的な〈ことば〉をはっきり理解するからである。『聖フランチェスコの生涯』(*72)やそこに出てくる伝説的な動物たちのほうが、デカルトのであれ私のであれ、上述の『省察』よりもずっと本格的に意味や真理に接近しているのである。事物そのものに回帰するということが要求するのは、自分のシャツや靴を火に投じ、その素朴な装いでそれらに向かって出発することなのだ。

この貧困から哲学が生まれることであろう。

普遍

〈大いなる物語〉は時間の普遍性《ユニヴェルサリテ》を、あるいはもっと具体的にいって宇宙《ユニヴェール》の時間を展開する。地球のいくつかの場所は、このグローバルな持続のしるしを隠していて、示してくれる。われわれの身体の脱分化が〈普遍《ユニヴェルセル》〉に接近させる。何かある絵画、作品、文化の中で、時折、ある痕跡がその存在を指し示すことがある。私は悪の普遍性を嘆いたばかりだ。

よく耳にするが、使い方の難しいこの語の意味をはっきりさせてみよう。その元来の意味は、「共通の集まり（*unus*）を形成するように差し向けられた（*versus*）」である。力の場、魚の群れ、飛翔する鴨の一群、歩兵の一師団は、その各要素が互いに平行に、同一の方向に進む。同様に、体系のある状態においては、すべてがある原理から導出される。私は首尾一貫して、あるいは強迫的な仕方で考えるし、私の愛情はいつまでも忠実である。

それから、諸要素が拡散しているような分布した状態も存在する。ブラウン運動、嵐、迷ったり興奮したりしている同一の魚の群れ、飛翔する椋鳥の一群、パニックに襲われた群衆、私の散漫な思惟、おまえの気まぐれな感情。

次のようなものもある。突風が起こり、音を立て、うなる。高低さまざまの波や交差する流れのために襞が寄って、海は太陽光線の角度に応じてきらきら光り、変化する。これらは事物の状態のうち二番目のものである。揺れ動く、カオス的な、多色の、無数のざわめきに貫かれた状態。ところで、風がそよとも吹かない場合には、大海原は月あるいは太陽の下で、静穏に、うねりもなく、鉛色に、半透明に憩っている。これが第一の状態である。白く、安定し、無言で、白熱している。

無生物とわれわれが称するもの、海、地球と宇宙、大空と景色、時間、生き物、われわれとわれわれの歴史、文化と認識、抽象と体験、おまえ、私、われわれの魂、これらすべてが渦の中でこの二つの状態を通り抜けるのだ。この本にしても同じである。

……に向かって――〈普遍〉の根

「私はおまえを愛している」と誰かにいわれる以前から存在しているような人がいるであろうか。われわれが所有していようとは思いもしなかった力を、他者はわれわれのうちに発見してくれる。彼はまるで、われわれ自身よりもわれわれの近くに住んでいるかのようである。あるいは、こういったほうがいいかもしれない。われわれは、ある別の人間に話しかけることにより、この脱出がなければ自分について決して知ることがなかったであろうことを発見するのであると。要するに、われわれは自分自身について、これとは別の仕方では、何も発見しなかったのではないか。そう、関係が存在を創り出すのだ。

私とは誰か。このことをいい表わすために、共‐存在（être-avec）とか対‐存在（être-pour）(＊73)という表現を用いるのはなぜだろうか。空間的、時間的、可動的で、独自のまた揺れ動く意味の網目、主体を貫いてその位置を定め、それに光を当て燃え上がらせる運動し白熱する事物の状態を織りなすためには、先に立つ白い動詞がなくても、ほかのものを伴った前置詞だけで十分である。私は *de*〔…の〕と *à*〔…に〕と *avec*〔…とともに〕と *par*〔…によって〕と *pour*〔…のために〕を足し合わせ、意味のきらめきの縞模様がついたこの動く組み合わせによってわれわれの特異性をはっきりさせるように、それらを結びつけ、投げ出す。私は、配合においても変化する肩書きにおいても、*sans-avec-pour-par*〔…なしに－…とともに－…のために－…によって〕に等しい。

前置詞は、ちょうど石が積み上げられて壁を作っていくように、あるいは原子が生命のありなしを問わず対象を構成するように、それらが指示する空間的および時間的な感覚に意味を担わせて言語を組み立てるだけではない。これらの基本的な短いことば、これらの意味の原子は主体を合成するのである。われわれが「関係」という時、われわれは役にも立たない名詞化を行なっているのであり、de, avec, pour……が具体的に記述したり遂行している行為の全体を捨象しているのである。確かに関係は存在を創り出す。だがそれ以上に、前置詞は言語を、その意味を、そして語る主体を創り出すのである。

孤　独

それは何もなしで始まる。放棄された自我によって。白色。それは同じように、ある種の放棄によって終わることであろう。誰かが、われわれの母親あるいは神自身、自然あるいは種、われわれが何にもまして愛する誰かが——これに命名されることがあるだろうか——われわれを与えるのは確かなのであるが、われわれに布告（ban）を、追放令（bannissement）を、別離と自由を、孤独を、要するに放棄（abandon）

を与えるのである。われわれを与えて（donne）、放棄する（abandonne）。何も持たない自我（le je-sans）は、生まれるや否や生死をかけた戦いに投げ入れられ、生きながらえて、空っぽになる。あらゆる物事の前でも後でも、われわれは、何も持たないという疼くような苦痛の中で、思惟し、行動し、著作し、睡眠を取る。私の気に入っているのは、英語の *without* という語が、一緒に暮らしたいと私の思う彼または彼女はこの私の希望の埒外に生きているということをいい表わしているということである。私は、内在的であれ超越的であれ不在とともに生き続ける。われわれが、フランス語で最も頻繁に用いられる語であって、そのために高貴な語でもある de を用いて、…によって生きることを学ぶより前に、われわれは何も持たずに生き延びることを体験する。そして、この放棄こそが、傷口のように抉られ、縁のない穴をあけられ、関係を欠き、零の形をした自我を、突然、指示するのである。何も持たないということ（sans）が、他のすべての前置詞の不在を表わすのである。またもや、無差別もしくは脱プログラム化である。

会話

だから私は、これらの前置詞から単純に形成された横道（traverse）とか遭遇（rencontre）という単語が好きだ。好きなのがもう一つある。会話（conversation）は、生き生きしてくると、転換（conversions）を重ね、反転（renversements）、矛盾、ナンセンスの多様なあるいはいかがわしい混乱（bouleversements divers ou pervers）すら含めて、やりとりのめまい（vertige）と横道（traverse）を取り入れて、しまいには、まれなことであるにせよ、普遍（l'universel）に向かって流れていく。もうお気付きのように、この文章は、一群の語というよりはそれらに共通する語根 vers の周りで変奏を奏でているのである。椋鳥の飛翔は、個体数が多くても、変動してたちまち消え去る極の周りに常に結集して行なわれるが、それと同じように、会話（conversation）、つまり（*cum* プラス vers）は、各々が中心の役目と機能を代わる受け持つ注意深くて多弁な話者たちを数多く結び合わせる。

ラテン語の動詞 *vertere* が意味するのは、「方向を変える」や「回転する」、それに「変化する」であるが、時には「翻訳する」という意味も持つ。そこから派生しているフランス語の単語は、まずは単一の方向（avertir〔知らせる〕、vers〔…に向かって〕、および adversaire〔反対者〕。中世ラテン語の *versus* に相当）を、次いでその変化（inversion〔倒置〕、subvertir〔覆す〕、versatile〔移り気な〕、conversion〔転換〕）を、最後に le divers〔多様〕から l'universel〔普遍〕までの一切の可能な方向を指示する。空間的、時間的、あるいは意味論的な方向は、椋鳥の飛翔の場合と全く同様に会話において、産み出されて組み立てられ、分散しては集中し、まとまったり消え失せたりするのである。

……に向かって——方向の生成

矢印と水平線に対するその傾斜角を備えたベクトルである *vers*〔…に向かって〕は、前に進んで回り、並進と回転とを同時に実行し、フランス語では的に向かうが、ラテン語の語根からいえば向きを変える。ある方向に向かいながら、同時にそれを変更するというのは、ちょっと考えただけでは、矛盾のように見える。しかしながら、幾何学には極座標と称されるものがあって、そこでは方向の変更から方向が産み出され、扇子を広げる時のように、方向の輪がすべての方向を産み出すのである。また、文法においては、散文と詩という二つの対立する形式が存在するが、その語源は *pro-vorsus* および *versus* という同一の単語から来ているのである。コマと同じように、ジャイロ・コンパスは回転が速ければ速いほどそれだけいっそう不動の方向を保持するのである。

同様に、われわれが垂直線（ligne vertical）といういい方をするのは、それがまっすぐであって、水平面内の回転軸にもなるからである。たとえば、行儀作法が直立せよと教える脊椎（vertèbre）は、身体を回転させたり、前にあるいは斜めに身を屈めたりすることを可能にする。ベクトルはある方向を目指すが、その周りにはさまざまなベクトルが扇状に取り集められる。ベクトルはある方向を持っているが、それらのさまざまなベクトルをすべて生成するのである。ヘルメスの持ち物である杖の軸の周りでは二匹の蛇が絡み合っている。ここにはメッセージの運び手のまっすぐな方向があるわけだが、それが、翻訳者のさまざまないい回し、商人たちの駆け引き、盗人の奸智を横断しているのである。ＤＮＡの螺旋がこの二匹の蛇の後を追いかける。形式から現実へ、無生物から生物へ、言語から事物そのものへと進むこれらの例は、宇宙を占拠しているのだろうか、それとも宇宙を生成しているのであろうか。

おしゃべりな侯爵夫人は会話の話題を投げ入れ、邪魔とか沈黙とかの落とし穴にはまるや否や、さりげなく巧妙に話題を変え、別の話題を持ち出すが、それが面白おかしくまくし立てられるか、急いで包み隠され、密閉されるかも状況次第である。会話（conversation）はひっくり返る（verse）。真ん中にいる話し手の周りで扇が広げられ、突然、すべての人々との関係が生じる。だが、話のやりとりにつれて、この中心が変化し、移動するから、サロンの空間の中には、無数の多様な羽根飾りが軽やかに舞い上がる。椋鳥たちはここに群がっていたかと思うと、突然そこを離れ、別の鳥の周りに集まる。彼らの飛翔は脈動する。彼らのカオス的な旋回運動は、彼らにブレーキを掛けているのであろうか、それとも移動の目的地に速やかに到達できるように助けているのであろうか。

「彼らの本能は、いつでも群れの中心に向かうように彼らを仕向けるが、彼らの急速な飛翔はそこから外れたところへと彼らを運び去る。その結果、このように引力を及ぼす点に向かう共通の性癖によって結ばれたこの鳥の大群は、絶えず往来を繰り返し、あらゆる方向に輪を描いたり、交差したりしながら、非常に動きの激しい一種の渦を形成する。この塊は全体としては、はっきり決まった方向に向かうわけではなくて、その各部分部分に固有な個々の循環運動を合成して、自分自身の周りで一般的な旋回運動をしているように見える。そして、群れの中心は、始終自由に動こうとするのではあるが、そこにのしかかってくる周囲の隊列が及ぼす対立的な力に押され、押し返されて、これらの隊列のどれよりも絶えず稠密になる。それらの隊列にしてからが、中心に近づくにつれていっそう稠密になっているのであるが。このような奇妙な仕方で渦を巻いているにもかかわらず、椋鳥たちはそれでも希有な速度で周囲の大気を切り裂き、彼らの疲労の終わる時と移動の目的地に向かって、刻一刻、確実に貴重な前進をするのである」（ロートレアモン『マルドロールの歌』第五の歌、冒頭部、ジョゼ・コルティ社、一九六三年、二八五―二八六ページ）。

遠慮あるいは臆病さのために話題を変えて、われわれは無益な道草をしたり待避線に入ったりしているが、われわれの会話が盲目的に進んでいく先は、われわれの宿命が先回りして待つストレンジ・アトラクター(＊74)である。

哲学の会話

ルクレティウスのテキストの中で〈物理学〉が生まれる時、原子は篠つく雨のように落下しており、そこからいくつかが逸れていく。滝の急な斜面には角度が、あるいは垂直な水垂勾配、排水口には傾斜が続くようにである。前置詞 vers の、二つの関連した意味から、並進と回転の組み合わせである渦動が由来し、その中で、そしてそれによって諸要素が時を定めず、ここかしこで、ほとんど行き当たりばったりに絡み合うのである。こういうめまいのするような乱流から、事物そのものが生まれ、規模を変えていって、ついには宇宙が生まれる。内部で尺度の変換が行なわれるこれらの渦による世界の生成は、並行して幾何学と流体力学を、あるいは文法をやってのけるのである。事物は　意味と同じ仕方で出現するのだ。

この前置詞から、それが指し示す時間－空間的状況から、つまり位置や運動から、それが生命のない原子について描き出す多様体から、渡り鳥の航路やおしゃべりな侯爵夫人たちから、つまりそれが説明し記述する変動や変換から、物そのもの、生命、言説においてだけにとどまらず科学や哲学においても非常に多くのことが生じてくる。変換（conversion）といえば、ヘルメスの最初の仕事である『翻訳』のことであるし、気晴らし（diversion）といえば『離脱』である。通知（avertissments）は『信号』である。水垂勾配（verseaux）や雑多な多様性（diversités）は『混合体』である。それは『コミュニケーション』から『彫像』に至るまで循環する。羅針盤の軸にしろ、生物の個体や種にしろ、少なくとも一時的な安定性はすべて、vers の二つの意味を結合した渦動運動を保存しているのであって、あたかもこの乱流は、情報のポケットあるいはネゲントロピーの島に似て、非可逆的な時間の流れとエントロピーの増加にブレーキを掛ける効果を持っているかのようなのである。われわれが生き、存在し、思惟するのは、明らかに穴のあいたこういうポケットとしてであり、ちょっとだけ時間を引き留める渦動としてなのである。生命と主体は、意味や事物と同じように出現する。

イメージについて論じるためにちょっと一休みする。会話と同様にその運動がカオス的な、予見不可能な、決定論的な諸法則に従う乱流を単純化するというか、固定するためには、道路のインターチェンジを思い描いていただきたいものだ。vers という前置詞によって統制される多様体上に描かれたインターチェンジは、円運動的な方向変化によって三つないしは四つの方向に向かい、向きを変え、ついには、あらかじめ選択されたいくつかの方向の完全な『分布』を確保する。一般にあらゆる結び目に関しても同じことがいえる。運動を再開するためには、もう一度、こういう打ち紐、結び目、組み継ぎを動員することだ。そうすれば、流れ、生き物、飛翔、そして会話の渦がまた見つかることであろう。

これらの vers の、扇形の襞や広がりの動く総体、積分、総和が〈普遍〉に向かうのであるが、それと同時に、さまざまな線形的方向の陽の当たった全体がなめらかな平面に向かい、無数の方向の全体が体積に向かい、色の全体が白色光に向かい、前置詞、傾斜、屈折、曲用、活用の全体が言語に向かい、諸科学の総体が一つの〈大いなる物語〉に向かい、諸文化のモザイクがそれらの実測図に向かい、一切の具体的なものが抽象へと向かうのである。つまり、最初に私が区別した事物の二つの状態の一方が他方に向かうのである。だが、この完全な全体化の直前に、〈白熱するもの〉があらゆる色彩で振動する前に、『北西航路』の場合と同様に絶えずギザギザに方向を変える行程と、無数の向きの騒々しい混合である渦が発生する。

物理的な自然と同じように、というよりは生物の中で目覚める自然と同じように、言語は、多くの意味を統合する乱流の中に、尺度の変更を隠している。小から大へ、あるいは翼のある個体から集団的な飛翔へ、そしてその逆もである。会話というものは、何かある渦のように回転するのであって、あたかもそこでは各人が意味の車輪のみならず、この運命の輪の上での自分の役割、立場あるいは位置をもくるくる回転させることに熱狂しているかのようなのだ。そこでは霊的融合という強烈で希有な感動に包まれて、私、君、彼女、彼がわれわれに変化したり、あるいは逆に、集団の小銭が破裂して、無益な諍いのうちに消尽されたりもする。われわれはこの雑音の中で迷ってしまうかもしれない。われわれは意味の小原子の乱流に飛び込んでいくが、団結したり、分裂したりしてそこから出てくる。反転（inversions）、気晴らし（diversions）、退廃（perversités）、転覆（subversions）……といった、対立者間の論争を巡る上述の弁証法が、同一の前置詞に由来する単語を相変わらず反復する個別的状況として、この揺れ動く網状の領域から単純素朴に浮かび上がる。同様に、意味の変わり易さが解消されて一つにまとまり、われわれに普遍的な調和を味わわせてくれることが、ごくまれに生じる。

ここにあるのは、こういう両極端の間にヘーゲルとライプニッツを特殊事例として包含するがゆえに、彼らの哲学よりも、生命、歴史をもっとよく理解できる哲学である。

*

哲学的抽象の手続きが手本に選ぶのは、文法か幾何学である。プラトン、デカルト、スピノザは幾何学の厳密な証明に倣うのを好むが、他方、たとえばアリストテレス、ヘーゲルやハイデガーは言語に信頼を置く。この二つの道は、二千年前から対立している。

会話における多様な出来事を記述するために、私は今しがた、どちらも vers という不変の語で記述されるグラフおよびカオス的過程という揺れ動く網目を用いた。文法に関していえば、前置詞という用語は状況という語の同意語として使うことができるし、幾何学に関していえば、位置解析（*analysis situs*）という語がかつてはトポロジーを表わしていた。この二つの道は、言語の上でも、空間の中でも収斂する。時間がこの二つを結び合わせると、生命の出現が可能になるのである。

私はこの抽象の方法を用いることにするが、これはトポロジー的と称してよいものであって、その要諦は、ここでの網のように非計量的な多様体を描くこと、あるいは、先刻の例では vers だったわけだが、前置詞から出発して状況を記述することにある。この方法の後のほうの部分は、屈折言語でいうところのあらゆる曲用を予想し、理解することに帰着する。というのも、前置詞の使用は、非屈折言語における格に取って代わるからである。ところで、概念に頼る通常のやり方が行き着く先は主格的あるいは対格的な抽象であって、そこで考察されるのは、単なる主体あるいは客体という機能における、曲用も格も持たない名詞、名前や代名詞（エゴ、本質、存在……）、あるいは活用させず、往々にして名詞化された不定形の動詞（存在すること（l'être）、生成すること（le devenir）……）だけでしかない。哲学では伝統的に行なわれているこのような概念化を、今後、私は電報のようなしゃべり方と呼ぶことにする。植民地の片言語だとかピジン語だとかいう人種差別的な名称を避けるためである。以上が文法面だ。そのうえ、私の抽象の方法は計量的なものと純粋なもの、測定と抽象とをひどく混同する。というのも、今度は幾何学の話になるが、幾何学は前者が後者に等価であると考えるからである。哲学ではありふれたことであるが、哲学は融通の利かない頑固さを自慢するのである。ボクシングのグローブを着けた後に、ピアノに触れようなどとする人がいるものであろうか。素手でしなやかに弾いたほうがいいに決まっているではないか。

トポロジー的に抽象するということは、要するにこの不器用なグローブを脱ぎ捨て、さらには音を恣意的な単位に切り分けているピアノの鍵盤を乗り越えさえして、繊細で連続的な音の広がりの中に身を浸すことである。厳密性への関心を倍加しながらも、ここでは無用な測定のことはもはや意に介さずに、それゆえ一切の硬直性をなくし、言語全体を話すことである。曲用とか屈折とかいう語は、少なくとも硬直性との関係からいえば、うまい名前が付いたものだが、主格的な状態の周りに、周辺の状況を表わす一大景観を、変化し、変わりやすいが準安定的なこともある花冠を描き出す。それに対して、伝統的な抽象化は、原子価を奪われた原子の表、実数の中に埋め込まれていない整数、弾性を欠いた彫像、時間を持たないロボット、生命のない機械に似ているといってよかろう。

生格や与格、de〔…の〕、avec〔…とともに〕、à〔…に〕は、たとえば、「寄生的な」状態を解明するし、奪格、par〔…によって〕、à partir de〔…から〕は「土台」の年代を決めることができる。こうして、賛否が問題になる状況以外にも無数の空間－時間的状況が、権力や隷属とは隔絶した多くの立場が、帰属の論理とは異なる論理がいくらでも浮かび上がる。しなやかで、様態的になった哲学は、ようやく、現実や生き物に適応する。

前置詞の全体は、時空の中に普遍的な位相多様体を描き出すが、この多様体の様相が私の哲学を導いているのである。

*

会話する人々は、さまざまなチャンネルの揺れ動く網の中を動き回るわけだが、そのチャンネルは、移り気でおしゃべりな結び目や点で相互に連結されている。こういう流動的な中心の周りでは、不安定な腕が、つまりここで考察されている原子の原子価が活発になったり、沈み込んだりする。まるでルイジアナ州の変動常ならぬバイユーのようである。こうしたある種の樹状突起のようなものが、メッセージの通過に応じて作られたり消えたりする無数の変わりやすいシナプスと遭遇するのである。この点や結び目は、あたかもコミュニケーションがこれらを変化あるいは活用させているかのように、私、君、彼女あるいは彼として記述することができる。結び目は、与格的にいうと、点あるいは結び目に向かい、生格的あるいは奪格的にいうと結び目あるいは点から発している。結び目が進むのは点によって、つまり推移的にであり、結び目の後あるいは前に、つまり未来あるいは過去においてであり、受け身的に点を通してであり、結び目とともにあるいはそれに逆らってであり、点の空間的な前や後ろであり、あれこれの点や結び目の間であり、点をぬきにあるいは除外して、あるいは点に従ってであり、暗黙の了解によれば結び目のためにあるいは結び目にもかかわらずであり、常に置換の法則にさらされてなのである。結び目は無数のループ、打ち紐、繋索の中に折りたたまれる。位置を変化させているうちに、主体は前置詞で一杯になる。前置詞とはよくいったもので、それらは主体の諸状況に先立って、これらを組み立て、主体を基礎付ける。

　ここに記述されている場面が襞で、つまり私がトポロジー的な抽象化と呼ぶものと、動きの多い前置詞によるその標定とであふれているとはいえ、これは単純な例である。だが、私が多くの前置詞を数え落としているとは思えないのだ。ささやきによるコミュニケーションや長距離の目配せ、連続や裂け目や近傍のトポロジー、寄生者や新技術に対応するために、そこにproche〔…の近くに〕とかoutre〔…の向こうに〕などを付け加えれば、すべてが語られることになるであろう。してみると、ここでその揺らぎの中で記述した網の全体、あるいは前置詞によって分類される状況の空間以外に、別の普遍的なものが存在するであろうか。

　これらの柔軟な状況の揺れ動く全体を記述するのに、こういった傾斜をぬきにして済ませるであろうか。つまり、点状の位置の周りで回転し、それを変化させながらしまいに定義することになる角度をぬきにしてである。意味は状況に依存するだけではなく、状況にその位置と時間的な揺らぎを与えるのである。メッセージそのものの循環を記述するのに、点を道に、そして道を点に変換するような一種の反転を用いずに済ますことができるであろうか。まるで、昔の主体たちが、突然、相互にパスし合うボールに群がる巧妙な球技選手さながらに、メッセージや内容や不動の目標の周囲を急いで駆け回り始めたかのようなのだが。たとえば、ある種のバクテリアは、そのDNAを交換し合って進化し、適応する。私は君に私の自我を送り、君は君の内部で私を実体変化させ、彼らはわれわれや彼らの内部で混じり合うのである。存在は脱－存立（ek-sistence）であって、一切の平衡や不動の位置を破棄するものであるから、主体を動性、交換、移動の中に投げ入れる。会話はわれわれの身体を分かち合い、われわれの血を飲み、それらを実体変化させる。飛んでいるのは誰なのだろうか。椋鳥の一羽一羽か、椋鳥たちのある部分集合か、群れ全体か、それともカオス的な運動そのものを貫いている諸力なのか。飛翔中に、自ら主体であると公言できるのは誰であろうか。光ったり陰ったりするにせよ、どれもが、各々が、すべてがである。

哲学が諸概念を創り出している限り、それが組み立てるのは、何人も笑いをかみ殺さずには話すことのできないような不定法的で名詞的な言語である。さまざまな位置を条件付ける空間や時間を認識しようとして、哲学は前置詞を用いて、人々が語る現実の事物に接近した、表現力のある言語を組み立て直す。哲学が抽象的な知を扱うのは確かであるが、それはまた直接的な感覚、身体的な行動、生そのもの、ついにはあるがままの事物にも手を伸ばす。その時、哲学が創り出すのは概念というよりは、人物である。つまり〈ヘルメス〉、〈寄生者〉、〈両性具有者〉、〈教養ある第三者〉、〈アルルカン〉と〈ピエロ〉、〈アトラス〉、〈天使〉と〈主天使〉といったいずれも世界の風景の中を彷徨する人々、それに〈オミネサン〉と〈白熱するもの〉であり、いずれも、人格とシンボルの間を揺れ動き、個別を普遍に結びつけ、私が冒頭で区別した事物の二つの状態の間で旋回するという共通点を持つ連中である。

船上の水先案内人

水先案内の技術を原因と結果が反転する螺旋の反復に還元する時、サイバネティクス学者は、弁証法学者と全く同一の単純化の誤りを犯す。彼らが一度も航海をしたことがないのは明らかだ。というのも、船の舳先、竜骨、舵柄は液状のカオスに漬かっており、そこには予見できないことから生じる驚きがばらまかれているからである。いかなる波も、強さ、方向、高さ、風に砕けて広がる時の形のいずれの点でも、後から来る波にも、先に来た波にも似てはいない。各々の波は一頭の特異な野獣のように甲板長に飛びかかってくる。彼にいわせれば、危険な野獣である。船の位置と速度、それからその角度と上下動は、そのうえ、舵柄に頼り、しがみつき、結びつけられながら船にさまざまな決定を押しつける乗組員の状況も、海の以前の振る舞いや過去の状態に間違いなく左右される。こうした事態はすべて必ず角度の指定を必要とするが、その効果は諸条件の一つになる。結果でないとしても原因になる。だが、予見できないことが絶えず生じて、こういった条件を攪乱する。海は船頭右側部に続いて左側部を揺さぶるわけではなくて、船側後部、船尾、あるいは船体上部を、無数のさまざまな角度のもとで変動する力で揺さぶるのである。航行中の船は絶えず方向を変える。船は前進し、ローリングやピッチングをする。これらの運動のどれ一つとして規則的に行なわれるわけではない。これからの、そして現在の天候と同様に、ここでは不規則的に特異な、要するにカオス的な渦あるいは渦巻きが問題なのだ。だから、舵柄の各瞬間の位置と角度は、渡り鳥たちが各瞬間ごとにその周りに集まるあの点に類似している。甲板長が、ローカルに要約されている各瞬間のグローバルな要求にリアル・タイムで答えるべく、角度や位置をリアル・タイムで創り出すのと同じように、鳥たちも件の点を絶えず変化させているのである。自然の騒々しいデータが、このようにして組み立てられた渦の中に入ってくる。椋鳥たちが大きな体積の中に描き出すのは、もっと線形的な時間性の中で水先案内人が行なう多様な決定である。しかし、一方は空間の中、他方は線の上にある二つの分布は、互いに似通っている。脳波図の曲線も同様の飛び跳ね方をするのではないだろうか。生命のない天候、陰鬱な海、生きている椋鳥、個人的な思惟も同じように進行するのだ。こうして私は自我の、つまりド・スキュデリー嬢が『クレリー』の「愛情の地図」でしっかりした土地の上に固定した大海の、揺れ動く地図を描くのである。

焔と思惟

あらゆる感覚、はかない印象、一時的のものであれ深遠なものであれあらゆる考えは、自立したものとしてそして時には群れをなすものとして、一羽の椋鳥のように飛び回り、暫定的な中心に近寄り、そこから遠ざかり、また別の中心を目指し、同じことをやり直す。思惟するとはどういうことをいうのであろうか。このような鳥たちの厳密ででたらめな振動を生きることである。ラテン語の *cogitare*［考エル］から変化したフランス語の動詞 agiter〔揺り動かす〕は、飛翔や会話といった最前の揺らぎを記述する。私はすでにこうした思惟の多様性を『哲学を讃えて――フランス語で書いた思想家たち』で素描しておいた。そう、コギトということばが何よりもまず記述するのは、多数の雌羊の、つまり羊飼いによって集められ（*cum*）、導かれる（*agere*）羊群の振る舞いなのだ。数も多くて動き回る羊たちは、実際、揺れ動いて、山腹を占拠しているから、隠れた牧者の姿が目に入らない外部の観察者には、彼らがどの方向に進んでいくのかを正しく予想することは不可能である。真に思惟する者は驚くべき結果に到達する。哲学者の仕事とは、夕べには知られていなかった物語を、朝になって自らに語ることである。*cogitare* というこの牧歌的なことば以上に、思惟の活動をうまく記述することばはほかにない。ただし、牧畜に関する昔の慣習はその際道案内を割り当てるのではあるが。動物が自由に動き回れるような舎内飼育においては、不動点がカオス的に変動するから、羊たちは羊飼いなしで済ますことができる。こうして、ラテン語の *agere*［動カス］は *agitare*［揺リ動カス］に、すなわち単一の行動が多数回の動揺に変わる。一羽の鳥やある思惟が、ある予見し得ない瞬間に、最初の役割あるいは基準となることを引き受けるとしても、すぐさま次の瞬間にはそれらを手放してしまう。飛翔する鳥の群れの全部が、今ここで、中心にいる鳥に向かって、まるで最前の贖罪の山羊を目指すかのように殺到するであろうか。失礼、寝ぼけたことをいっていたようだ。してみると、安定した中心にいる者は、考えるというよりは、ある真の体系の中に安住しているか、ある憶測の中で凍えているのである。考えるとはどういうことをいうのか。羊飼いのいないこのカオスを引き受けることであり、主体の不在あるいは偶然的な存在、主体の点滅を受け入れることである。同じ語群に属する動詞 *ex-agere* は、誇張（exagération）とか厳密さ（exactitude）とか十指に余る単語を産み出すが、その中には蜂の群れ（essaim）という語も含まれている。だが、またもや、蜜蜂たちは、遺伝的にプログラムされていて、はっきり決まった一匹の女王蜂の周りに群れ集まり、飛翔するのである。こういう不動の位置が主体の役割を果たしていると考えるのは行き過ぎである。飛び回る思惟の多くが知っているプログラムやシェマは、一時的なものに過ぎないからだ。われわれは特定の瞬間にそれを写真にとって、映像として停止させる。すると、それが認識とか発見とか呼ばれるわけだが、それはまた、愚行、憶測、あるいは頑固さと呼ばれるものでもある。成り行きに任せて、あなたはまた考える。だが、考えるのは誰なのか。蜂の群れを指揮するのは、単独であるいは集団の中に入って動き回る、どの不在の蜂なのであろうか。どの部分集合、動く思惟のどの井戸であろうか。生きた渦、飛翔そのもの、揺れ動く前置詞の網。

このような揺らぎは、燃える暖炉の中に見ることができる。私は、その燃え上がる舞踊を『アトラス』の八四ページ〔邦訳九〇ページ〕に、あらゆる前置詞の助けを借りて記述した。それらの揺らぎが蒙る空間－時間的な分岐の網が、閃光や微光の自我を貫いている。〈白熱するもの〉は、これらの焔の中で生き、考える。

歴史

概括しよう。人間の歴史がこの焼尽する火災のように展開されていることを、否定するような人がいるであろうか。そのことをわれわれが少なくともぼんやりと知るのは書記法の発明以降のことでしかないが、その後、力、富、残酷さに応じて、あるいは位置の偶然性に応じて変動するいくつかの中心都市の周りで、ちょうど一時的に中心にいる椋鳥の周りと同じように、この火災が強まるのをわれわれは目睹する。私は以前にシロアリのブラウン運動の助けを借りて、ローマの運命を記述した。ウル、カルナックあるいはバビロン、アテネあるいはコンスタンティノポリス、パリ、ロンドンあるいはワシントンが順繰りに西欧のいくつかの鳥や昆虫たちを引きつけた。こうして生じる密集に、残余の部分は無関心を通したのであったが。都市に由来する政治という語は、たぶん、この一時的な集中と関係している。これらの集中を直線上に配置し、政治が精神の王国を目指して進歩すると見るには、よほどの楽観論とおめでたさがなくてはならない。実のところ、渦を巻く鳥たちの群れが、突然、世界地図上の特定の地点に向かって突進する理由など、誰にも分かるわけがなかろうではないか。どうしてある人々によってニュースと呼ばれるものが、突然、アルゼンチンあるいはアフガニスタン、東京あるいはシドニーから分岐してくるのであろうか。どうして飛翔する鳥の群れの全体はその努力の一部をある特定の場所に振り向けて、あたかもその力の場が力線の一部を特定の極に向かわせるかのようにするのか。すぐさま他の点に取って代わられてしまうのに、これらの中心は自分が、突然、主人になったと思いこむ。というのも、近傍内で最も稠密なこの地点が急速に揺らいでいること、案内者もグローバルな飛行の中央も存在しないことを忘れてしまっているからである。これと同じように、火花のカーテンが、私の思惟の構成を導くと思いこんでいる主体を貫いている。

これらの一時的な暴君の愚行が測れるのは、空間的には、彼らが飛翔に関して占めるアトラクターとしての位置が中心から外れていることによってであり、時間的には、その位置が気まぐれに脈動することによってである。世界の支配と所有は、雑報（faits divers）に還元される。というよりは邪な（pervers）営みに還元される。こうして、歴史はある不変な事実を提示する。すなわち、グローバルな飛行の方向は、今ここである特定のローカルなアトラクターにそれを引きつける方向とは、何の関係もないということである。独特で、遠隔地を目指し、瞬間ごとにフラクタルであるこの第一の方向を推し量ることが、われわれにできないのは、あるカオス的な曲線の断片の一つから、その曲線がどこに向かうかを知り得ないのと同じことである。この思惟の糸を引っ張って見てほしい。糸は切れるだろうか、それともひとりでに真理に導いていくであろうか。ここにあるのは積分を持たない十個の微分方程式系なのである。歴史の意味あるいはその終焉について語ることは、たぶん、われわれの経験によれば絶えず一時的であり、分岐し、中心から外れている歴史について語ること自体が、割り当て可能ないかなる意味も持たないのである。歴史の飛翔の外部にあって思惟し、観測するのは誰なのだろうか。神だろうか。

同様に、どうして高気圧がある特定の中心の周りに集まり、低気圧がここあるいはそこの周りで回転するのかを、ずっと以前からあらかじめ予測することが、われわれにできるであろうか。時間から天候に話を移すことにしよう。持続から気候にである。またもや、天気図は、その全体の形状、乱流、極の不安定な分布、そして予見不能性において、あの鳥の群れに似ている。私は二度にわたって、私という鳥から飛翔する群れの考察へ、すなわち、最初は個別性から歴史の時間へ、ついで風雨にさらされた空間－時間的な世界地図へと、それゆえ二度にわたってローカルからグローバルへと移行したところである。往々にしてこのように全体化する能力、そしていずれにせよ予見する能力をわれわれが欠いているというのが、私の結論である。

しかしながら、渡り鳥たちは目的地に到着する。彼らは到着できなければ絶滅してしまうことであろう。彼らがそこに向かうのは、そこで愛し、食糧を得、繁殖するためだからである。それでは、彼らは地磁気の場、太陽の動き、星辰の位置に導かれているのであろうか。こうした仮説は羅針盤や六分儀を手にした船乗りたちに彼らを近づける。ところで、かつて、鱈漁に出た漁師たちは、手の込んだ装備や装置も持たずに、色、頬を打つ風、ローカルな氷に頼ってニューファウンドランドへの航路を開いていたのである。前へ進むことにしよう。

舞踊

アボリジニは環境を踊る。彼らの位置や彷徨が、彼らの四肢の挙措や心臓の鼓動に具象化される。まるで、白人たちがオーストラリアと呼んだこの全体的な空間の地図が、どの部族も余すことなく彼らの舞踊集団全体を連結あるいは結合しているみたいではないか。各人のうちに、そしてこれらのバレエの中に、場所や旅の記憶が刻み込まれているのである。前に置かれた身体が踊るのを、あらゆる方向から眺めていただきたい。

椋鳥がある点の周りで渦を巻き、すぐにそこを離れて別の点の近傍に集まる時、書記法がないので思い出すために彼らもまた彼らの環境を、つまりローカルな居場所や一時的な滞在地やグローバルな地図を踊っているのだと私は夢想したくなるのだが、どうであろうか。もしわれわれが鳥たちの飛翔の揺らぎやわれわれの兄弟たちの舞踊を解読するすべを心得ているとしたならば、世界地図と彼らの休息地の網の中に埋め込まれている、彼らのたどたどしくもあれば自発的でもある航路を、難なく読み取ることであろう。デッサンを学び、書く習慣を身につけたために、こうした身体的かつ集団的な解読に向かうべきわれわれの視線は閉ざされている。筋肉や関節に密着した「政治学」、「社会学」、「地理学」である舞踊記述法は、身振りや姿勢によって、ここからよそへ移動させ、それゆえ今から明日への地図を描き、しかも個人から集団へと投影し、記憶にとどめる。それが踊ったり飛翔したりするのは、前置詞の時空の上なのである。もし私の飛び回る思惟の揺れ動く舞踊を読むすべを私が心得ていたなら、私はもっと正直に、また正確に、そしてもっと長く書けるであろうに。

多様であるわれわれは、ためらいつつ普遍を目指す。われわれの思惟が揺れ動きつつ真理を目指す様子は、竜巻のように激しく飛び回りながら目的地に向かう鳥たちに似ている。鳥たちは生き続けるからには、そこに到着する。われわれにしても、時には真理に到達することがある。〈普遍〉に向かうにはどうしたらよいのか。

〈普遍〉に向かって

一緒に（ensemble）踊るにはどうすればよいのか。われわれに似ている（ressemblent）人々の間に潜り込む、あるいは溺れることによってだろうか。とすれば、同一の語の問題にほかならないから、これは文法の仕事である。同一の語の反復が描き出すのは、平面の単調さであるから、幾何学の出番でもある。厳密性というと論理学の問題であるが、その厳密さにおいて情け容赦のない所属の情熱から、それゆえ模倣から、世界の一切の悪と歴史の犯罪が生まれるのであるから、人類学の出番でもある。同一の者たちの群れが異なる者を裁き、殺害する。われわれは決して暴力を手放すことをしない。これがわれわれという他の人間にとっての問題である。前もって方法があるわけではない。知性があれば十分である。これらの揺れはどこへ導いていくのであろうか。

他人とともに（*apud hoc*）あるいは他人のもとで一緒に暮らすということが前提にするのは、ルクレティウスの原子群、飛び回る思惟あるいはロートレアモンの鳥たちと同じ喧騒を経験することである。つまり、「われわれ」の平行性と模倣から離れ、それゆえ傾くか、不定の時にそして不定の場所で千個の多様な対象について百回の傾きを体験することである。その時、われわれは私が今引き合いに出した厳密な諸学問を後にする。だから、一緒に暮らすとは、絶えず位置、立場、動作、言語を取り替えながら、近隣から遠方へ、身近なものから見慣れぬものへ、未知のものから習熟したものへ、優雅な言語で話す人々から金切り声をあげる未開の人々へ、憎悪から愛へ、そして寄生から交流へと移行することであり、よく知っている人々の愛情と偶然に袖触れ合う人々の反発を理解し、はるか遠く離れた人々には抽象的で限りない情愛を、しかしすぐ近くで暮らしている人々には永遠の恨みを覚えることである。他人と愛し合えという教えは、仲間内で愛し合え、同じ仲間のうちでしか愛し合ってはならないという教えの、不可避的で甘美な、そして死を招くほど残酷なしきたりを改めてくれるし、隣人を自分自身のように愛せよという戒律は、自分の排泄物で近親者たちを震え上がらせながら人類を普遍的に愛することを可能にする崇高な諸理論を矯正してくれる。そして一緒に生きる可能性が始まるのは、自己愛の寛大な試みからである。自己とはいっても、本当のところ誰のことであるのか漠然としか分かっていないとしてもである。下手な踊り手は、近くにいる人の動きの多い身振りを愚直に模倣し、それを機械的なぎこちなさで再現するのが関の山であるが、宙に浮いているように見えるほどの軽さを持つ踊り手はバレエにとって外的な音楽に身を委ねることにより、これまた空気のように軽く、同一の外的なハーモニーに運ばれているリーダーたちと、リズム、テンポ、メロディーの特性では異なっていても見事なまでに調和して一体となる。

だから一緒に生きるということが要求するのは、遠方と近傍、延長と切断、忘却と思い出、連続と裂け

目、別離となれなれしさ、距離と近接性、沈黙あるいは放棄に関する繊細な聴覚と滑らかな運指法であるが、これらはすべて、学者たちがトポロジーと呼ぶもの、つまり近傍や区間、禁じられたあるいは延長可能な道、開いたものと閉じたものに関する繊細な科学が繰り広げたり秘めたりしている豪華絢爛たる出し物なのだ。腕を広げよというのはいいが、どの方向になのか、どれだけの幅でなのか、またどれだけの時間なのだろうか。だから一緒に生きるということが前提にするのは、sans〔…なしに〕とavec〔…とともに〕を同時にであり、注意深い沈着さと度はずれの放心、同一の瞬間における積極的な優しさと突然の仲違いであり、そして一番近いところに赴き、地平線を見張り、飛ぶ鳥の群れの中心を目指して飛び、好きなだけそこから遠ざかり、山や、岩壁の色合いや氷塊のギザギザ、海と沖合からの風のもとで虹色に光る水しぶき、身の回りにいる昆虫や他の種たちを絶えず視野に収めていることである。人間の集団と事物の世界。参加と離脱。私はおまえが踊っているのに気付くが、それは私が自然に耳を傾けているからである。外部、超越。

一緒に生きることが、時によると大きな幸せを創り出すことがある。それはコーラスが、思いも寄らぬ息吹を受けて、この音楽を取り戻す時である。斉唱であるのか、多声であるのか、複数の言語あるいは方言で歌われているのか、フーガであるのか、カノンであるのかには関係なく、重要なのは、音が突然、逃げ去り蒸発することであり、ハーモニーが融合して、声のシンフォニーを創り出すことである。すると、神が、安らいだ顔や心の真ん中に、というよりは溶融した身体の間に自ら降りてこられる。その時、親しい者どうしが奥の奥まで近付き合い、何にもまして神を愛すべしという第一の戒律が、我が身だけしか愛さないという、不可避的で不可欠な、愚劣で残酷な慣習を矯正してくれる。そう、われわれは完全に神を認識するのであるが、その神というのは、こういうさまざまな差異のハーモニーを超越するかその後に続

き、それを可能にするかそれから生まれ、それを産み出すかそれによって産み出される――いったいこの生成の秘密が誰に分かろうというのか――神なのである。この神が、きわめて複雑かつ巧妙にわれわれにこのハーモニーを吹き込んだり、組み立てたりするやり方ときたら、その結果、ほかでもなくきわめて遠く離れたものをわれわれの近隣に持ってきたり、近親者たちを、われわれの彼岸にしてわれわれとその小さな子供の創造者である神自身の奥底、〈愛〉の〈父〉と〈子〉と〈聖霊〉の奥底に入ってしまうほど非常に遠方に運び去ったりするのである。この奥底こそが、産み出すものとして神を創り出し、生成されるものとして神から生まれ、焔のように燃え上がり、その嵐の下でわれわれのうなじを垂れさせ、知恵、知能、助言、力、科学、おそれと敬虔を与えてくれる。それはありそうもなく、希有で、貴重で、豊饒で、未知のものであり、通常はわれわれの立てる雑音の下に埋もれているためまだ聴いたことのないものであり、醜い姿を装っているため人目につかず、往々にして死刑に処せられ、こういうさまざまな幸福の栄光の中で出現するものなのである。

一緒に（ensemble）生きる。このとてつもなく大きな集合（ensemble）の中心は至る所にあるが、その周辺はどこにもない。これでやっと理解が容易になるわけだが、神の遍在性は――その永遠性と同じく――前置詞によって指示される状況の総和によって解き明かされるのであって、それはとりもなおさず、とりわけわれわれというものが漬かっている空間でもある。常に、至る所にとは、いいかえれば、近隣にも無限のかなたにも、遠隔の地でも隣人が占めている場所でも、秘密に対しては閉ざされているが開けたところを駆け巡ってという意味であり、お望みならば直ちにということでもあるのだが、歴史の開闢以来、死に瀕しており、何世紀もが過ぎ去るまでわれわれの手の届かぬところにあるということでもあるのだ。

Per ipsum et cum ipso et in ipso est tibi patri omnipotenti in unitate spiritus sancti omnis honor et gloria, per *omnia sæcula sæculorum*［キリストニヨッテ、キリストトトモニ、キリストノウチニ、聖霊ノ交ワリノ中デ全能ノ神、父デアルアナタニ、スベテノ誉レト栄光ハ代々ニ至ルマデ］(*75)。三回繰り返していわれているように、普遍的な全体性は前置詞の網目から噴き出すのである。

＊

そして、もしわれわれが焔、風、息吹の中で、火の白熱することばの中で生き、考えているのだとしたらどうであろうか。もし会話が、希有な巡り会いの中でハーモニーに到達する時、聖霊降臨祭を祝っているのだとすれば。

「［……］一同が一つになって集まっていると、突然、激しい風が吹いてくるような音が天から聞こえ、彼らが座っていた家中に響いた。そして、炎のような舌が分かれ分かれに現れ、一人一人の上にとどまった。すると、一同は聖霊に満たされ、〝霊〟が語らせるままに、ほかの国々の言葉で話しだした［……］」（使徒言行録、第二章第一―四節(*76)）。

さあ聴いていただきたいものだ。これらすべてのガリラヤ人たちがいろいろなことばで語り、その結果、奇跡のようであるが、パルティア人やメディア人、エラム人、メソポタミアの人、ユダヤやカッパドキア、それにポントとアジアの住民、あるいはフリギアやパンフィリア、エジプトやリビアからきた人々、キュレネの外国人、ローマ人、ユダヤ人や改宗者たち、クレタ人やアラブ人に話が通じるのを。この溶け合った混合が意味するのは何であろうか。海図上の二十にもわたる位置や場所、方位盤上の同数個の方角や角度から出てきた人々のうち、遠かったものが近くなり、異邦人が隣人になるということでないとしたら。

測定も距離も――もはや幾何学もなければ文法もなしなのだ――消失するということでないとしたら。普遍的な多様性が転換し合うということでないとしたら。

目も眩むような花火であり、揺り動かされ、渦を巻き、消えたかと思うと活気を取り戻し、短くて長く、きらめき、近くて遠く、身近にあっても時には普遍的でもあるこれらのことばが、白熱したものたちを燃え上がらせる。

自然文化

人間関係の歳差運動

圧力グループの間の影響や競合の関係を記述する愉しみに熱中している、あの感嘆すべきサン゠シモンの本領は、席次が守られないのを批判するところで発揮される。宮廷の舞踏の間で、侯爵夫人たちのおしゃべりが何よりも優先するような、揚げ足取りや羨望の網の中にどっぷり漬かっている彼は、われわれが自らを投げ込んだ揺れ動く乱流から抜け出せないでいる。彼は決して寒さや雨、星辰、そして野菜については語らない。彼の『回想録』には貴族や都会は登場するが、農民の天候は決して登場しないのである。

それに私の知る限りでいえば、アッティカの弁論家たち、ローマの修辞学者や喜劇作者たち、プルースト、セリーヌあるいはサルトルにしても、こういう自然の事物を、曖昧な小細工の枠組み以上のものとしては、そのページの中に決して招き入れてはいないのである。風に言及するものがあるとしても、それは風が戦闘の始まるのを妨げたり、娘の供犠を覆い隠したり、イタカへの帰還の邪魔をするからに過ぎないし、またあるものは、たまたま行き当たった木の根っこに反吐を吐く。地震には揺り動かされるし、海底のカルデラに埋没した一文明の孤児であるのに、古代ギリシアが用いていた言語には火山という語が全く登場しない。このヴォルカンという語のもとでローマ人たちが理解していたのは、一人の神であった。重要なのはいつだって人間関係だけだったから、海や気候は好都合な、あるいは人を束縛するパラメータに還元されるし、動物たちは有用なものと有害なものとに分類された。優れた歴史とはどういうものであろうか。さらにいえば、大文字の〈歴史〉とは何であろうか。こうした関係の変身である。アリストテレス学派とルクレティウス、ラ・フォンテーヌ、モンテスキュー、コンラッド、ジオノ(*77)といった希有な例外を別にすると、私の属する文化は、自然を愛人や継母として賛美する時ですら、自然を知らないのであって、こうした活喩法はこの忘却を表現するものにほかならない。

古代ギリシアの立法者たちに〈物理学〉を受け入れさせることの難しさ、昨日のことでは政治に夢中になっている行きずりのフランス知識人にナイアガラ瀑布を見物させることの難しさ、今日のことでいえば政権担当者や哲学者たちに温室効果を説明することの難しさ、これが示しているのは、人文科学における明晰さが往々にして自然科学に対して人を盲目にするということである。これとはちょうど逆向きの盲目化があることを、私は知らないわけではない。われわれの歴史と同じく耐久性があり、法、政治、高級文化によって飾られた集団的ナルシシズムは、こう宣言する。「土地を持たない集まりの中、外部を持たない都市の中で、群衆と私だけがこの世に生きている。」このナルシシズムは「われわれの関心を引くものは何か」と尋ね、「われわれの隣人、われわれの競争相手たち、つまりお偉方や奴隷たちだ。宇宙は意図も持たず、われわれの事業にほとんど介入してこないから、全く関心の外にある」と答える。無宇宙論的なわれわれの文化は、生命や事物を見くびっているのだ。

私は文化の中に自然を入ってこさせるように努めている。伝統的には苛酷なもの、服従させるべきもの、どうでもいいものとして扱われてきた自然であるが、それが今日、われわれの地球規模の行動の影響のもとに、同盟者、脅威の対象、共生者、われわれの関心を引くものになった。自我はこれを無視してきた。私の課題は、客体が関与しているような主体を哲学の中に導入することである。以下のようにである。

本書の「主体」

ひと《オン》はロバや蟹のように愛の営みをするわけでもなければ、海藻のように繁殖するわけでもない。各々の生き物にとって、こういう行動はその種に依存して変化する。この最初の文章からしてすでに、私は不定のひと《オン》を用いてしまった。もっと具体的にいうと、まだ固有名前を持っていないこれらの女や男たちもある集団の一部をなしていて、ある言語をしゃべり、ある文化に参加しているから、むしろ彼ら自身、つまりわれわれについて語っているのである。われわれアラペシュ〔ニューギニアに住む部族〕の人間は、彼らガスコーニュ人やあなたがたアイヌ人と同じように生きているわけではない。もっと近付いてみれば、この勇敢な人々が諸個人になったのは、ごく最近のことなのである。聖パウロは「私は信じる」と、デカルトは「私は考える」と語り、私の隣人は「私は苦しい」と叫ぶ。ここにあるのは、個人的、社会的、生物学的な三つの主体である。これらの文章に署名している私もある言語を書き、人間という種の一部をなす。

私は考えるとか、私は存在するという時、私はこれらの最初の三つの主体を入り交じらせている。ここまでのページの内容が新しいものだと考えなかったならば、私はこれに署名しなかったことであろう。だが、私は喜んで白状するのであるが、私がフランス語で表現するということは、私に利点を与えてくれると同時に、もし私が広東語やグアラニ語〔パラグアイ先住民の言語〕で書いたとした場合には違った仕方で遭遇するであろうような困難の前に私を立たせる。私の中で、私の背後で、あるいは私の傍らで言語が私と同じくらい語っており、言語の特異な傾斜性と私が呼ぶものを傾けているからである。私の民族性、私の文化、私の社会的出自、私の両親の宗教も、全く同様にそれをする。もし私の生誕、私の青春期、私の教育が私をガスコーニュや数学や戦争から引き離して、よそにある別の環境、異なる専攻分野、別の歴史的瞬間に投げ入れたとしたならば、私はここ彼処でいっているようなことを決していったりはしないことであろう。農業、河川輸送、キリスト教、それに第二次世界大戦が、私の知らない間に書いたり考えたりしているのである。その後になると、私の属する大学という団体や科学者の共同体が私に規範と反抗とを押しつけてくるから、私は引証や統語法に関する厳しい統制に拘束されているのであるが、彼らの味気のないフォーマットとは無縁になろうと努めている。以上に加えてさまざまな状況、旅行、愛情や愛着、遭遇、偶発事、要するに生の冒険の時間的なカオスがある。

ここ半世紀このかた、人文諸科学はモンテーニュの多様で浮動する自我を細切れにし、観測者と観測対象のそれぞれの地位に関して大真面目に討論している。その結果、これらの学問はあれこれの条件の中に主体を投げ入れて、主体の純粋さを濁らすことになる。認知科学の助けを借りて、人文諸科学は、デカルトが梃子の支点にたとえた鋭敏なエゴに混ぜ合わせるに、浮遊する環をなした君たちやあなたがた、いくつかの彼ら、多数のわれわれをもってした。これ以外にも、いくつかのそれ（cela）、生物学的で生きている客観的な身体、身振りと遺伝子、ニューロンとシナプス、存在すればの話であるが無意識、言語と環境を付け加えたことを別としてもである。有機体、企業、社会階級、職能団体、政党や組合、告解、家族、都市、祖国、こういった同定可能な部分集合が、この浮遊する環の中で重なり合っているから、私が考えたり語ったりしていることの独自的な新しさが疑問に思われてくるほどである。それゆえ、主体という多変数関数が存在するのである。

そのうえ、私の言語の文法規則は自己陶酔的な階層性に私を縛りつける。ほかの場合と同じように、男性が女性に対して優位を占め、数の一致においても同様に、一人称が二人称にまさり、この二つが三人称にまさるのである。君と私〔われわれ＝一人称複数〕は芥子を好む。君と彼〔君たち＝二人称複数〕は海に行く。男性優位思想と虚栄心が手を携えているのである。

子供の頃には砂利を砕くことを教えられ、青年期には科学の訓練を受けた私は、事物の命令にはおとなしく従っている。素数にしろ、落下する物体にしろ、私が創り出すわけではないし、流水の濾過も船乗りの仕事ではない。実験助手がいかに巧みに実験をやったとしても、またわれわれがある方法の考案者をいかに聡明であると判断したとしても、依然として変わらないのは、対象が直観的な注意力に対して、極限的にではあれ、まず最初に姿を現わすということであり、対象をこの尊厳にまで高めないような意図などというものは、闇雲に探し回ったり、大口を叩いたり、拡声器に向かってわめいたりする以外には、まず何の役にも立たないということである。言語が何といおうとも、文法がどんな規則を押しつけてこようとも、私は事物に口述されて書き、われわれは事物の掟について考え、科学者の共同体は事物の支配下で語るのである。私は、われわれは、彼らは羞恥心をかなぐり捨てて白状する。ある意味では事物がわれわれに代わって、最前の主観的方程式に登場した私の階級、私の家族、私の子供時代、さらには私の言語さえよりももっと有効に考えているのだと。事物のうちには、私の協力者や思惟のうちの最善のものが宿っているのである。客観的な方程式が始まり、支配する。

上記の対象との親密性が増大していくにつれて、もうすでに述べたことであるが、事物の性質のうちのいくつかは、思惟に耽るのが人間的主体だけだと考える人々を驚かせずにはおかない。凪は、あたかもページの上に行を並べていくかのように、海上に波を立てる。河川は谷線に沿ってその行路を描き、氷河も渓谷で同じことをする。日時計の軸は目盛り盤の上にその場所の正確な高度を投影する。尖筆は蠟に切り込みを入れ、ダイヤモンドの先端はガラスの上にその跡を刻みつける。書くのはわれわれだけだと思い上がらないようにしようではないか。油と水は混じり合わない。物体は油と水の組み合わせの中からパートナーを選び出し、他の要素は排出する。不純物を含んだ結晶は、ある種の流れの向きを回復させる。選択という行為はわれわれだけの関心事ではない。大陸氷河、断崖、放射性物質は記憶の痕跡を持っているのである。記憶するのはわれわれだけだと思い上がらないようにしようではないか。結局のところ、生き物ばかりでなくて生命のない事物そのものも、元素やエネルギーや情報を交換し、情報を保存し、まき散らし、選別するのである。選別行為に熱中するのはわれわれだけだと思い上がらないようにしようではないか。ほかの例にも事欠きはしないが、この記述行為、これらの決定、これらの記憶、これらのコード化は対象にほとんど認知的といってもよい特性を与えている。「私は考える」や「われわれは考える」のと同等に、「(雨が) 降る」といういい方と同じ意味で〔無人称の〕「考える」という行為が存在するのである。

そのうえ、今日、不安をかき立てるような異様さを持つ新たな主体が世界全体に出現しているように見える。海洋を汚染し、排出物を大気圏に廃棄しているわれわれの地球規模の技術は、多かれ少なかれ、環境に干渉している。その結果、以前にはわれわれには依存せず、われわれの親たちのもとでは、偶然あるいは運命の象徴とさえ見なされていた気候が、われわれに依存し始め、その煽りを受けて、われわれのほうも、われわれに依存し始めたものに依存することになった。別のいい方をすれば、降水や温度変化の原因が法則と偶然との複雑な絡まり合いにあるのは確かであるが、おそらくわれわれが責任を持つべき行為もそこに関わっているのである。だから今後は、「雨が降る」というよりはむしろ「われわれが雨を降らせる」と、「暑い」というよりはむしろ「ひと《オン》が暑くしている」といったほうがよいとお考えにならないだろうか。この主体たちの新たな合体について一言しないわけにはいかない。

風景

したがって、本書が私に向かって提起したのは、この形式に関わる問題である。私が使用する動詞をどのように活用変化させ、それらにいかなる主体を割り当てたらよいのか。実際、私は種に、私の属する文化集団に、私が生涯に訪ねた人々に、私の生来の言語と私が学習した言語に、私の労働の対象に、風景に、そして世界の事物に対して私が負っているものを心得ているであろうか。私とは何か、考える私とは。おまえ、あなた、彼、彼ら、それ、われわれ、これらの事物なのだろうか。雲や雨が隣人や自分に入り交じるというような状態の中で、誰が自分を認識できるであろうか。哲学が主体と称し、通常の言語が人間といい表しているものは、変動する肩書きを持ったこれらの代名詞であって、私とか、おまえとか、彼とかいったその曲用が時間や空間の中を、状況に応じて揺れ動いているのである。

というわけで、主体の問題には不動の回答は存在しないのだから、私は本書を文法的にいってどのように書いたらよいのか分からないのである。この本を書いたのは誰だろうか。私だと、考えがちである。だが、間違いなくわれわれなのである。先ほど取り上げた私が所属するたくさんの部分集合に加えて、私の知らないことどもの無限開集合が、私の後押しをしているからである。それからまた、ひと《オン》でもあるのだ。私の二本脚、私の性器、口と脳、皮膚と涙が、この惑星上で自らを人間であると認めているすべての人々に私を近づけるからである。ここにあるのは、決まった解も定積分も持たない、一人称の私の主観的な方程式である。三次元の球の中を移動する主体は、時には私に、また時にはひと《オン》やわれわれに近接したぼやけた位置しか、決して見いだすことはないのである。だが、愛——おまえに向かってこそ、これらのページは書かれているのであって、おまえがいなければ誰もこんなことを書きはしなかったことであろう——、労働、認識、対話、そして社会的な絆が、第二人称および第三人称としてのおまえ、彼、あなたがたや彼らを介入させるや、このほかの者たちが一人称と全く同じ資格でペンを握るから、球は数次元にふくれあがる。

これに、もう一つ決定的な次元が付け加わる。というのも、認識とまたもや労働の、そして知覚や障碍や陶酔の客観的な方程式が、こういう「主体」の球を、世界の事物に、つまり言語や哲学により長らく隷従させられてきた上述の「三人称」の半分以上を占めている書記、決定機関、備忘録にして交換係に直面させるからである。われわれが生きているのは、客体が主体の尊厳を獲得する時代なのであろうか。繰り返していっておくが、われわれは、かつてはわれわれには依存しなかったが、ここ何年か前からわれわれに依存するようになっている事物に依存し始めているのである。メッセージを発信し、活動的で、ほとんど認識能力も備えたこれらの事物は、この主体という球、この代名詞的な風景、この変動常ならぬ事態の中に入り込み、こうして文法から哲学に移行する。文体や構成に関わる私の問題は、そこに由来する。この多次元の代名詞的空間の中にあっては、これらすべての主体が私あるいはわれわれを越えてあふれ出すから、私は活用の中で道に迷ってしまう。

もっと悪いことに、私には、以前には文体と呼ばれた客体や以前には作風と呼ばれた主体をどのように、またどこに位置付けたらよいのかも分からないのである。というのも、一方が他方の役割や機能をしばしば演じるからである。世界と私、われわれと事物の間の境界は、フラクタル的かつ流動的であって、曖昧になる。もし事物が何らかの仕方で書き、交換し、決断し、思い出すのであれば、プラエ－コギタートのざわめきが宇宙を駆け巡る一方、それに並行して、私は有機的な生命、言語や共同体の中で私の意識や自由の多くを失っていく。主体が眠り込み、客体が目を覚ます。それゆえ、世界の暗騒音が生命や言語や社会と力を合わせて、一人称のコギトを衰弱させる時、即自とか対自とかの古びた手引き紐は姿を消す。

古い哲学的で文法的な分割が溶けて消える。その明確な境界が、人格的な主体、諸集団、それらの言語、生物種、身体、無機的あるいは抽象的な事物そのものの間に、はっきりした区域を設定する様は、大陸や海洋や国々が識別できる世界地図を手本にしていたといってよいほどであったのだが。この失われた主体の風景が、この本の主題の一つをなしている。

地図

この新たな世界の風景を眺め、あるいは描くにはどうしたらよいのか、この本の主体あるいは、それが呼び出す奇妙な客体を記述するにはどうしたらよいのか。この新たな自然が要求するのは、別の地図作成法である。

この方法は、喧騒の状態ともう一つの白熱した状態の間を揺れ動く。だから読者は、そこに描かれている雑多なカオスがこの風景という巻き物の混乱状態を思い出させる数点の絵画の陳列を、ここに見いだされるわけだ。宇宙が流れだし、われわれもそこに由来する〈大いなる物語〉の諸時間の、多重で分岐する交差した束。フレンオーフェルの絵画『美しき諍い女』の混じり合った色のスペクトル。親指の指紋よりもずっとごちゃごちゃしたチップ・パスポート。きわめて多孔質であるため、各々が入り交じり、ほかのすべてに向かって伸びていく諸文化。パニックと全体性の古い神であるパンの名前を何回も活用させたいくつかの奇妙な名前。遠方の岸辺に渡るために旋回しながら飛行する椋鳥の群れ……。これらはすべて、個々の基本的な破片は識別できるが、図柄が絶えずそれらを越えてあふれ出していくようなモザイク模様なのだ。

点描的であって、濃淡に富んだこれらの地図－風景は私の魂に似ている。そこでは、私というものが君、彼女、彼、この場所、この時間、この集団、この世界の片隅、われわれ、あなたがた、彼ら、天候、植物、動物、周囲の対象に合体し、往々にして宇宙の事物のグローバルな集合にまであふれ出していくからである。確かに身分証明書ではあるのだが、同時に、世界と〈愛の国〉の地図でもあるのだ。ただし、そこには、われわれがかつて世界の中に投げ出していた客体と、そこから引きこもらせていた主体との間の分割が出現してはいないのである。

この枝葉に富んだ風景をぬきにしては、私であれ、世界であれ、生命であれ、認識であれ、何ごとも理解することはできないし、私が最前に喚起した滑らかな状態や、それらを結びつけている渦をぬきにしたらなおさらである。私とは何か、一方を他方に変換する演算子の集合でないとしたら。それゆえ、この二つの風景、この二つの状態、白熱状態とモアレ模様の間を揺れ動きながら、本書は白地図と模様に富んだ色の混淆を描くのである。そこではカオス的なものが不変なものに、不変なものがカオス的なものに向かって進む。静寂は暗騒音に向かう。重なり合った信号は溶け去って、無音になる。そこでは白色は分解されて色を帯び、多色なものは加え合わされて半透明になる。白色は不透明に、液体は固体に向かい、燃えているものは冷却する。連続的な混合は、そのアルゴリズムに従う不連続的な成分を露わにするか、成分を溶かして、透明化するかのどちらかなのである。このようにして、ひと《オン》は〈普遍〉に達するのであろうか。

われわれはすべて、最大限に充実してもいるが、極限的には同一律と同じくらい空っぽなこの普遍性への資質を備えている。苗字（patronyme）を持たないネモ－パノニム（*Nemo-Panonyme*）は、世界のすべての名前を担っているのである。彼にどのように名付ければよいのだろうか。私は時にはあらゆる代名詞を招集したし、先ほど、われわれの関係を説明するためには、すべての前置詞を呼び出しもした。私は自分をどう呼んだらよいのか、読者よ、あなたは自分をどう呼んだらよいのだろうか、宇宙のすべての客体と区別のつかぬすべての主体を、このように呼び出すのでないとしたら。

美術

普遍的に尊重される素晴らしい美術品がある。黒人の仮面、ホメロスのテキスト、仏像、エトラスカの宝石、イタリアやフランドルの絵画、中国の巻き軸、マイセンの磁器、ブル(*78)の象眼家具、盾形紋地の幾何学模様……。支配的な諸文化が尊ぶ芸術は、人間と規準的な関係を保った作品を産み出す。それゆえ、身体、容貌、姿勢、運動を、そして個人的あるいは集団的な、愛情的、闘争的、祝祭的関係を称揚するような作品である。それらは美術館で眠っており、美術館がそれらを保存する。

これとは逆に、アンディ・ゴールズワージー(*79)が創り出すのは、河川、潮汐、微風、水溜まりが生成する流れに密着した形である。作品が残ることはない。縫い合わされた葉や花弁は、曲がりくねった流れの底にばらまかれたカオス状の小石にねじで固定されたような乱流にもみくちゃにされながら、急流を下っていく。毛が何本か低い壁の天辺で寒風の中で震えている。小枝で出来た骨組みが引き潮の中で崩落し、四散する。一陣のそよ風がもつれ合った細枝や赤い粒子の霧を運んでくる。たとえば、啓蒙の時代に、パリの侯爵夫人たちは、会話の技術で至高のはかなさを競っていた。こういう花火のうち、残ったものは何もない。西欧文化の直系として、彼女らがきわめて繊細な人間関係を追い求めていたのは確かなのだが、まさにそうすることで、その最も貴重なものを、閃きが得られた瞬間の揺らぎの中に霧消させていたのである。アンディ・ゴールズワージーは、このもっぱら集団的な系統から遠ざかって、こういう揺動の中にある事物そのものを呼び出し、たぶん、ケルトの芸術の客観的で生き生きした意図を取り戻す。ケルトの芸術は、分かれ道にぐらぐらするケルンを積み上げ、木々の枝の中からオウシュウヤドリギを摘み取っていたのである。神官たちの間の戦争を意味する以前には、黄金の枝はありのままに存在し、生き、成長する。

フランドルの巨匠たちは、軍隊が彼らの国を荒廃させていた頃、静穏な風景や雌牛たちを描いていた。それにもまして、シャルトル大聖堂の青ガラスやブールジュの赤ガラスは、壮麗な輝きの中で、化学者の繊細な器用さと、夜明けと夕暮れの太陽の自然な光線とを協働させる。核反応に基づく星と、ガラス職人の猛火とが、あそこでその焔を結び合わせているのだ。ステンドグラスは太陽スペクトルの色の扇を復元しているのであろうか。それとも、太陽が聖書や福音書や聖人伝を細々と語っているのであろうか。

芸術は、事物そのものの、規則的なあるいは荒れ狂う時間に合流する。文字通りに革命的な感謝の念を込めて、作品は事物そのものを指し示し、作品としてそれらの仲間に加わるのである。

自然文化

ここ長らくの間、私が建設しようと努めている文化というのは、芸術作品でもある哲学が、社会的関係によって引き込まれていく不可避的な、そしてかなり安定的なブラック・ホールから少しばかり遠ざかり、文字通り超人間的な、人には理解してもらえない努力という代償を支払って、事物の形成そのもの、世界の時間、気候のカオス、生き物のおののき、要するにわれわれの忘却した地球規模の居住環境、それからその〈大いなる物語〉を取り戻すような文化である。われわれはこの世界で生きており、われわれの生命は、動物の心臓を脈打たせ、木々を生長させる諸瞬間とともに、変化する。われわれの持続は、空間の夜、濃密な昼、満ち潮や引き潮、乾季や雨季、河川の流れを硬くする氷と悲しげな音を立てる解氷、氾濫の拍子を取る。この持続は、諸器官の沈黙の中で、何十億年という地球の時間と合流する。われわれという種は、何百万年も前に遡るし、われわれの身体、行為、感情もまた、恐ろしいほど遠い源に由来しているのである。

都会的かつ政治的であり、洗練され文明化した、われわれの短い文化は、自然の世界と生き物の時間を忘却している。それらを立て直すというか、その向きを変えると称して、われわれの文化はこれらを抹消する。私がいいたいのは、自然が今度は文化を忘れなければならないとか、動物や岩石や植物が、権利や尊厳において、男女の人間に取って代わらなければならないなどということではなくて――こんな戯言を書いた輩がかつていたであろうか。ある濫用がこれと対称的な濫用に取って代わることで済むはずがなかろうではないか――、相互的な共生の関係において一方が他方とともに住まうことに同意すべきだということである。今日、多数のリスクがわれわれをこのような契約へと誘っている。だから、私は自然文化の建設に努めるものである。

こうして、私は事物に貫かれた自我を再構成する。ここでもう一つの努力が必要になる。それは、進化、つまり過程的《プロセシュエル》に進行するものという難しい事例に関わる選択である。四散する急流を下りながら、私はゴールズワージーの流れを追跡しようと努める。生成をどのように考えればいいのであろうか。

生成

われわれの先人たちは、生成に置き換えるに軌道をもってしていた。ここから投げ出された動体は、しばらくするとその軌道である線上のあそこに、さしたる変化もなく、到着した。だから、重要なのは初期条件だけであった。落下が始まったのがどの場所なのか、どの瞬間なのか、加えられた力がどれだけであったかに応じて、隕石は、少々の摩擦を無視すれば、不可避的に、ある特定の仕方で運動しなければならなかった。実際、その行程を記述する微分方程式は、積分をしてやれば、動体がまさにそのように運動することを示してくれるのであった。問題になっているのが一般力学の古典的な系であれ、あるいはもっと最近のカオス理論であれ、常にこのような出発点における条件が舞い戻ってくるのである。これらの条件がそれ以降のすべてを決定するという、人文科学にまで普及して、その後大衆化した考え方はそこに由来する。下部構造、社会文化的起源、幼児期のトラウマの類いである。ところで、これが妥当するのは、生成が固体の自由弾道に還元される場合だけである。このような前提はあまりにも単純すぎると、誰だって判断するのではなかろうか。ある技術的な過程、つまり大砲の発射による弾丸の打ち上げが、記述すべき現象に取って代わってしまい、見方によってはこの現象を修正するからである。もはや飛行する椋鳥の群れではなくて、爆弾なのだ。またもや、自然は文化の背後に消えてしまう。

それゆえ、生成に戻らなくてはならない。進化の過程にある一つの系の所定の状態があるとしよう。その素材については、いかなる仮定もしないことにする。固体や流体、液体や気体でもよければ、生物的あるいは文化的、社会的あるいは言語的、仮想的、神話的、芸術的な系でもよく、主観的な系であってさえかまわない。それは持続に応じて、変化し、発展する。進行過程の中にあるものは、滅多に単一の線に沿って進むものではなくて、むしろ数個の次元を持つ時空の中で発展するものである。そこでは、それを分岐させるような状況に遭遇することもあり得る。堅固なダム、ねばねばした支流、電圧、暑さ、寒さ、微生物、予期しなかった障碍物や補助物、環境の変化、ギリシア人たちがカイロスと呼んでいた好機、雷や愛の一撃、クレオパトラの鼻。このような状況が、現在の状態を組み立て直す。どのようにしてか。

硬い――最大限の状況

私がその両極端を知っている一つの例を挙げてみよう。あなたは、電気が点くようになる以前の農民の生活を想像できるであろうか。灯りなしの冬の夜、暗闇中での彼の挙動、防寒のための服装、移り気な彼の物思いを。今ではもう、このような長い空虚な時を過ごす者は誰もいない。われわれは同じ社会の中で同じ魂の状態を生きているのだろうか。農民の生活はどのように変化していくのだろうか。

ここで問題になっているのは、ランプの発明という、一つの孤立した技術的発明に過ぎない。この新しいものが一つだけという状態に、アスファルト道路、自動車、飛行機、冷蔵庫、電話を加えてみよう。文化を持ち、その伝統の中に固定されている集団は、こういう多数の新機軸を考案し、新しいものがたくさんあるという状態を、最初は、貨物が積まれる船のように平然と受け入れる。たとえば、フランスは数十年間にわたってこういう新しいもので覆われたが、依然としてカトリックで田園的、世俗的で反教権的、愛国的で料理好きであり、方言に富んでいても中央集権的である国であることには変わりがなかった。だがそれも、われわれにはどれだか分からないたった一つの新たな船荷の衝撃のために、船全体が船底を上に向けて転覆する、まさにその瞬間までのことであった。沖仲仕たちが、上部船体にあまりにも多くのコンテナーを積み上げてしまったためである。一九七〇年頃、われわれはフランスを変えてしまった。上記の新しいものが、それまでの文化やそれまでの集団にとっての許容水準を超えてしまったため、一切を変えなければならなくなった。最終的な状況は、さして重要ではない。それに取って代わるような状況をいくらでも想像できるからである。肝心なのは、その状況のもとで、この荷重が重心を高くして、それ以下でならまだ航行が可能であるような下限を越えてしまうことである。それを越えてしまういかにわずかな追加荷物であれ、これを輸送するためには、したがって貨物船を取り替えなくてはならない。全く新たに作り直された船は、もはや以前と同じやり方で操縦するわけにはいかないであろう。というのも、われわれはまだその船の海上での挙動を知らないからである。それゆえ、最終的な状況は、船体、機関、装置の全体を組み立て直す。私のいう意味は、社会、生活態度、宗教、政治、諸関係、スケジュールの全体をということである。最終の出来事として、この状況は決定権をもぎ取る。この状況は、ある系列の最高点の上でそれを完結しながら、誰にも予見できないような方向に、全く別の系列を開始するからである。まるで、突然に魚群の真ん中に置かれたたった一尾の魚が、魚群の決定権を掌握したみたいである。こうして、状況〔周囲に－立つもの《シルコン－スタンス》〕はその名に値する。それが描く円の縁は、安定性が揺らぎ始める極値を測っているからである。

　海や大陸氷河やある種の氷河は、その発展の過程で、この種の閾効果や、外力に対する応答に、往々にして長大な、時間的遅れを示すが、それはまるで、転覆に至る以前のこの積載容量が、ある別の隠れた記憶を表わしているかのようである。こういうわけで、忘却を伴う新しさは、突然に到来するように見える。緯度と気候に関しては同一の条件下にあっても、カナダとシベリアでは、グリーンランドにおけるような巨大な厚さの氷が見られないのはどうしてであろうか。この問いに対する地球物理学者たちの答え方は、きわめて繊細でまた複合的でもあるから、私はそこから、どうして文化と歴史がこれほどひどく分化した事例に満ちているのかを理解するための手本を取り出すのである。

たとえば、岩石は、長年にわたる水の絶え間ない落下とそれによる摩滅のために、突然、砕ける。たとえば、凪が終わると嵐が吠え出す。たとえば、冷たい水の中に投じられた小石は、氷原の凍結を引き起こしたり、恋愛中の魂を固まらせたりする。たとえば、鳥たちは爬虫類の上方に舞い上がる。たとえば、冬の夜、われわれの子供たちは、動きが速くて騒々しいコンピューター・ゲームに毒されたようにのめり込み、自分自身のことも、それから一人で冷たい暗闇の中で暖衣にくるまり、時折自分の魂の声に耳を傾けながら、静かに物思いに耽っていた彼らの先祖のことも忘れてしまう。

軟らかい——コード化された状況

状況や物は単に語るだけではなくて、コード化も行なう。こんな具合である。あなたは生まれた時、運命の分け前として、トランプの札の配分ではないが、ある手札を受け取ったわけだ。ゲームの途中であなたのところに一枚の新しい札がやってくるとすると、起きるのは次の二つのうちのどちらかである。その札があなたに何も新しいことをもたらさないか、あなたの平凡な手札をエースのフォアカードに変えてしまうかである。こうして、人生の各瞬間に、あなたは新たな札の配分を受けたり受けなかったりする。受け取る場合には、その繰り返しがあなたの持ち札を少しずつ変えていって、しまいには最初の持ち札が何であったのか分からないほどになる。あなたは、絶えず初期条件を見失い、消去するし、人生はそれらを摩滅させ、忘却する。今度はあなたが零の列を持っていたとしてみよう。あなたが数字の1に出会うとしても、それがその列の末尾にあるのならば、あなたの儲けはたいしたことにはならない。逆にそれが先頭にあるならば、あなたは百万長者だ。一個の文字、一個の数字、ほんのちょっとしたコードが、最初の持ち札を激変させる。あなたはもはや同一の続き物を追いかけもしないし、同一の文章を読みもしないであろう。あなたは幼年期を変えてしまったのだ。諸条件が変化するのである。サイクロンのような状況、ガロンヌ川やミシシッピ川の増水は、そのために生じる、往々にしてきわめて微細なシーソー運動のせいで、破局あるいは小康状態へと向かう。生物の新種、財産、大恋愛、世間を騒がす成功や失敗にしても、これと異なる生じ方をするわけではない。問題になっている状況や物は、もはや硬い原因としてではなく、軟らかなコードとして立ち現れる。前者には重さがあるから、秤で量ることができる。重さを持たない後者が指示するのは、アドレスである。

例を挙げよう。私がまだ若くて海軍勤務をしていた冷戦中のことであるが、ジブチ〔東アフリカのジブチ共和国の首都〕の港で夜間にわれわれが見ている前で、東側のトロール船の漁師たちが船から下りてきたものであった。それは、埠頭をやたらに埋め尽くしていたアメリカの貨物船から降ろされた食糧や医薬品の荷物の上に、巨大なスタンプを捺すためであった。夜が明けたとき、ソマリア人たちは木箱の上に、ソヴィエト人民からの贈り物とあるのを読むことになった。荷物は変わらないのに、その出所が変わってしまったのである。私がいっている状況が、こんなふうにスタンプを捺し、コード化し、そしてその通りに、差出人か受取人のアドレスを変えてしまうのだ。系の状態がほとんど変化しない場合でさえ、アドレスの書き換えが以前の状態を分からなくすることは、十分可能なのである。そこですべての位置付けが変わる。あるものは、それが誰から送られてきたかに応じて、もはや同一のものとしては通用しなくなる。こういうわけで、軟らかなコードが、力を用いずに物を変化させる仕方は、こちらは力を備えた、硬い原因の仕方とは異なるのであるが、変化の大きさには優劣はつけられない。ソマリア人たちはコーンベルトのトウモロコシにウクライナの味を見いだしていたのだろうか。

生物進化の変遷において、ブリコラージュの理論は、こういうコードあるいはアドレスの変更に比較すると、妥当性に欠けるように私には思われる。飛び立つことが決定的な利点をもたらすという条件のもとで、胸部の後ろにあって、熱平衡に役立つ襞を持つこの舌状の皮膚が、アドレスを付け替えられて、羽根に向かうのである。突然、みなが熱の交換という以前の状態、最初の機能、起源を忘れてしまう。このことは、恋愛、発明、椋鳥の群れが向かう方向、それにほかにも数多くある予期せぬ新事態について、成り立つことである。起源が揺れ、振動し、手探りをし、口ごもり、足踏みをする。状況に応じて、アドレスがためらう。

私は想像するのだが、たとえば、狩りの獲物が捕獲された後、われわれは何頭かの動物を、神々への生け贄として捧げるために、取り分けたのではなかったのか。その時、炉の周りにいた女たちは、囲いの中にいる動物のうち、ある種のものたちが他のものたちよりも新たな環境によく順応していることに気がついた。そこでそういう動物を生きながらえさせ、乳を搾り、毛を刈り込むことで、食物や衣服が改善された。結局のところ、家畜化の起源が供犠にあったことを、誰が思い出したであろうか。その機能に新たなアドレスがつけ直されてしまったからには。この過剰コード化あるいはこの訂正のもとで、各々の分岐は、その角度、方向転換、それゆえ直前の状態、その機能、妥当性、有用性を忘却する。ある方向に踏み出してしまうと、われわれは後ろを振り返って、ほかの方向からここには来られないと考える。青年期あるいは壮年期に生じる出来事次第で、幼年期に体験した不幸が病気に転化したり、アドレスを付け替えられるというか立て直されて大成功になったりするのである。場合によって、やむを得ずしたことで徳を施したり、優勢であったのに破局を招いたりしない人がいるであろうか。

明日、われわれの幼年期

こういうわけで、いくらでも細工可能な初期条件が今度は、今日では、遭遇したカイロスに依存することになる。カイロスの状況が以前の状態を、奇妙で予見不可能な無数の外形に整形してしまうからである。実際、遡って最初の状態を読み取ることの難しさは、生成という観念を困難にしているが、過去に向かって振り向いてみると、決して生じるはずもないような偶然的事象としか見えなかったことが、突然、決定済みの運命に転化し、時間の経過とともに、何回もその帰結を調整し直すだけになおさらである。

だから、もし占い師、ジャーナリスト、あるいは心理学者の類いがあなたに、壮年あるいは矍鑠とした老年のあなたに、幼年期のことを尋ねたならば、ためらわずに、幼年期なぞ明日にはどうなるかまだ私には分からないと、きっぱり答えてやることだ。飛翔する椋鳥たちや私の思索と同じように、幼年期は絶えずその帰結や集合を調整し直し、その要素を超コード化し続けるのである。あなたが幼年期の真の姿を発見できるのは、幼年期があなたにとって何の役にも立たなくなるその瞬間でしかないであろう。過去が存在することになり、未来が消滅することになり、ある人々にとって永遠が継続することになるのは、末期の時なのだ。始まりは終わりにしか存在しないのである。生涯全体が、試された運が、意欲が無造作に古い歴史を担い、それをゆっくり変形していくのである。あなたは永遠に若さを持ち続け、今日はそのことで苦しむが、明日になればそれを決定したり、それに値するものになれたりするのであろう。あなたは始終、恋愛の不幸や冒険の苦難を味わい続けるであろう。いかなる規定も、われわれの白熱する現在の息の根を止めるわけにはいかない。それは、流れ降っていく小川の流れのように輝いている。

ことばが物を作り直す

自我や生成と同じように、こうして自然は文化的になり、文化は自然化する。われわれはこの二つのそれぞれの上に他方の跡を刻みつける。これらは相互に立て直し合うであろうか。

たとえば、料理は大麦、小麦、トウモロコシ、ブドウ、ホップ、肉類をコード化し、その味を変化させる。歴史は海、鳥、山や、それに *farfalla, maripsa, Schmetterling, flutture, butterfly* 〔蝶を意味するイタリア語、スペイン語、ドイツ語、ルーマニア語、英語〕……と命名された昆虫――共通の語根を持たないのは、インド－ヨーロッパ語圏では希有のことであるから、言語的境界を越えたそれこそバタフライ効果である――をフィルターにかけ、色付けする。あらゆる文化は、何につけても、このようなアドレスの変更を積み重ねて自然を分岐させる。文化は自然をコード化し、そこに無数の略号を貼り付ける。そのうえ、それを止めることがないのである。同一のコード化されたことばを使ってはいるものの、私はデュ・バルタス、モンテーニュ、ラ・フォンテーヌ、あるいはアポリネールと同じ川を指示したり見たりしているわけではない。初期条件は、そこでもまた、来るべき状況に依存するのである。文化的になったわれわれは、われわれの幼年期を明日に先送りするだけでなく、自然を見失っている。

極度の有効性を備えたこのコード化は、思い出していただきたいのであるが、本書の冒頭で論じた忘却を誘起する。現象がひとたび刻みつけられると、われわれはもうその刻印だけしか見たり読んだりしないのである。ことばの持つ自動的な引力の大きさが見積もられたことが、今までにあったであろうか。この力をいくら大きく見積もっても、過大評価にはならないであろう。ことばには自分だけしか指示しない傾向がある。だから、言語やテキストは、物を指示するというまさにそのことによって、その物を隠してしまう。文字通り、それを消し去る《オブリテール》のである。記号は、その固有な機能に向かって自己言及する。どこに行ってもも目に入ってくるのは広告だけであるが、広告は景観をカムフラージュし、汚染する。体験し苦しめられた歴史よりも、語られた歴史のほうが人の心をかき立てる。計画は人を熱中させるが、実現は退屈にする。アメリカン・ドリームは、現地で生きたことがない人々の心を燃え上がらせる。神々しいまでに照らし出された豪華な景色の上方を飛ぶ飛行機の中で、乗客たちが舷窓のカーテンを閉めるのは、暗闇の中で愚かな映画にうつつを抜かし、自分たちの悲惨なイメージを眺め、生気のない話を聞くためなのだ。こうして、上空から、もはや画像の宇宙しか表現しない形象の井戸の中に、もはや言語についてしか話さないことばの穴の中に落ち込んでいくのである。スーパーマーケットで売っている牛乳パックの上に、あなたは販売者の商標や製品の優秀さを自慢する山のような嘘を読むことができるが、時折、牛乳ということばを探してみても見あたらないことがある。話してみられるがよい。いつだって、解きほぐしがたいことばの蜘蛛の巣に捕らえられた何らかの単語が残るものである。してみると、身振り、味覚、弁舌、それに会話は世界を満たすのではあるが、そこから事物を追い出してしまう。受肉したことばであるわれわれの身体は、その肉体を忘却する。われわれがこのことを再び思い出すためには、少なくとも一人の神と科学が必要であった。高原の農場の前で遊ぶ私の孫娘も〈物語〉に釘付けになっている私も、ともにコード化され、身体を消し去られていて、われわれの年齢を知らないでいた。それぞれの言語と同じくらい自己引力を及ぼす諸文化は、おのれの内部に閉じこもる傾向を持つ。われわれの魂の状態に命名するという行為は、すでに強度が弱くなったか全然感じなくなった感情の代わりに、言語の状態を生まれさせ、存在させる。ことばは事物の上に麻酔性の雲を蒸発させ、われわれを酔わせて、現実の恐ろしさを免れさせてくれる。言語という鎧をまとってわれわれが進むのは、エーテルで湿り、粘着テープで覆われた世界の中である。軟らかなことばが、硬い事物の背骨を削り取る。毒性のあることばが事物を綿のように包む。そして、人間たちはことばに酔いしれる。

その強力な証拠がここにある。それは、二人の男が殴り合いをしていると、仲裁者たちが彼らに話し合うように提案することである。議論は燃え上がって、拳の攻撃性を消失させる。法廷で行なわれるのは、もはや口頭弁論と宣告だけでしかない。いや、暴力が言語に変化するのではなくて、言語が麻酔薬に変化するのである。言語は薬局で売ったほうがいいのかもしれない。われわれが言語を発明したのは、われわれの闘争熱を冷却するためであり、したがってわれわれの根絶を回避するためなのだ。われわれは風邪を引かないようにするために言語を住処とし、われわれだけでそこにとどまっている。ことばによって事物を括弧に入れて。その強力な証拠がここにある。あるがままの世界、事物そのものを再び見いだすためには、もう一つの言語、すなわち数学という言語を経由しなければならないということが、それである。

宇宙論、地球物理学、生化学を学んでも、相変わらずミシュレ、ベルクソン、ハイデガーと同じように世界を知覚する人がいるであろうか。あらゆる独自的な文化が自然を作り直し、これを埋葬するとしても、諸科学は、普遍的言語の中で、これに共通で直接的なアドレスを与える。もう一つの文化がそこから生まれ得るのではなかろうか。われわれはそれに同一の名を与えるつもりなのであろうか。

第二の自然文化——生物文化

バクテリアの世界

文化の中に自然を導入しようという目論見のもとに、私は主体を再構成しようと試み、生成について考え直すことを提案し、言語について議論した。そのうえ、私は幸運だった。生命が生まれるというまさにその意味における生きた自然が、今日、科学、技術、道徳、そして普遍的な不安の中に入ってきているからである。生きた自然が文化の中に入っているのだ。

パストゥールがわれわれに教えたのは、われわれが微生物とともに生きており、その微生物はわれわれの中に住まい、われわれを糧にし、時にはわれわれを殺しもするということであった。一九五〇年代以降には、最初の抗生物質がある種の伝染性疾患を治癒していた。この勝利は、確かに一時的なものであるとしても、それ以前の手も足も出ない状態に比べれば決定的な勝利であって、この治癒と勝利の重みは、今日なお、この出来事についてわれわれが考えるのを邪魔しているほどなのである。というのも、医学の歴史と身体の人類学を、別の意味で重要なもう一つの発展から区別しなければならないからである。つまり、次のような事情である。

ファン・レーウェンフクとスワンメルダムが初期の顕微鏡のレンズの下で動き回る精子や他の単細胞生物を観察し、二世紀後にここでもまたパストゥールが、そして彼に続く人々がある種の微生物を病原体であると同定した時以降、われわれは敵とバクテリアとを混同してしまった。昔の教科書のいい方ではないが、「ばい菌《ニュイジブル》」を殺してしまうと、速やかに健康が回復されたので、われわれは、当時、茸や海藻といった動植物界にさえ先立つ新たな生物界、数え切れないバクテリアの世界、太古からの実践がビール発酵やワイン醸造過程で知らず知らず接近していたそういう世界を発見しつつあるという明白な事実に盲目になってしまった。目に見える生物より少なくとも二十億年は古くて基本的な、この目に見えない世界のただ中では、「有用菌」と「ばい菌」が入り交じっているので、科学はこのような分割には疑問を投げかける。ところで、肝心なのは次の点である。われわれが自らの悦楽のために酵素やジアスターゼを利用したり、あるいはこれとは逆にコッホ菌や青白いトレポネーマと戦ったりしていた時、われわれはこの新しい「自然な」生物たちの界を文化の中に導き入れていたのである。ところで、この文化ということばは、哲学者たちの使う高貴な意味においてだけではなくて、耕作者たちの使うつつましい意味〔耕作〕にも解していただきたい。深遠な思索のためには、この第二の意味だけが重要なのだ。

というのも、農業や牧畜が他の生物界から選び出したある種の植物や動物に対して行なっているのは、この新しい科学や新しい実践が行なっているのと同一の操作だからである。すでに見たところであるが、ここでもあそこでも肝心なのは、ほかのものを犠牲にしていくつかの変種の生育と発展を助長することである。耕されたこの区画は、大麦を毒草から守るし、この家畜小屋は鶏が狐に、仔羊が狼に襲われないようにする。一般にわれわれは家畜を野生種から分離する。これと同じように、ペニシリンという牧羊犬は悪疫を運ぶ寄生生物を追い払う。そこから浮かび上がるのは、耕された畑、搾り器、そして医薬の奇妙な類似性である。それゆえ、パストゥールからフレミングに至る間に、われわれが立ち会っているのは、健康の回復という単なる歴史的勝利や新しい物質の出現をはるか眼下に押しやって、歴史が始まりさえしない前の、農業の起源そのものにつながるような出来事なのである。その時、動物や植物のさまざまな種が、二重の意味での文化＝耕作の中に入ってきたのと同じように、一九五〇年代にはバクテリア界が人間の中に入ることになった。

ところで、これらの起源のうち最初のものはわれわれの条件を大きく分岐させたし、この発明の影響を受けているかいないかに関係なく、すべての生物の条件さえも分岐させた。放浪する狩猟者・採集者から田舎に定住するようになったわれわれは、さまざまな種を固定農場から管理した。この繁殖する目に見えないものを取り扱いながら、われわれはこの新たな農業の始まりを体験し始めたところである。人一倍農民であるパストゥールが、狂犬病や酒石酸塩と取り組む時には、犬の涎や圧搾されたブドウ果汁を相手に伝統的な意味での最後の農学者の仲間入りをするが、微生物を発見する段になると、彼が加わるのは、古くさくもあれば革命的でもある最初の現代的耕作者の隊列である。彼の後では、実験室が治療法と耕作器具を同時に取り替えるようになる。

生物文化

それゆえ、前世紀は生物文化の到来をもたらした。この生物文化ということばで理解していただきたいのは、海藻、茸、植物、動物、バクテリアなど目に見える見えないを問わずあらゆる界をごちゃ混ぜにした生物に関するさまざまな科学と実践である。その結果、創り出されるのは、生命一般を相手にする、変わりやすくはあるが単一の職業であって、博物学者、生化学者、医者、農民などはその特殊事例になる。過去においてわれわれが認識し、実践していたのは、そのごく一部に過ぎなかった。いまや、生命全体がわれわれの活動や責任の中に入ってくるのである。これは新たな普遍である。改めてわれわれをパンビオット（Panbiote）と呼ぶべきなのであろうか。

悪の問題に対する思いがけない解決に目を眩まされて、われわれは歴史の時間の中でしか治癒を考えてこなかったが、問題になっているのはヒト化次元のある出来事なのである。アダムは目に見える生き物にしか命名しなかった。農業あるいは狩猟によって、サピエンスが馴致したのは、このうちのいくつかに過ぎなかった。この挙動を生命あるものの全体に一般化することにより、われわれは起源を再び通過している。文字通り創始的なこの出来事は、農民と医者という世界で最も古くからある職業のうちの二つに関わっている。この二つは、見たところ、伝統的な職業行為を奪い取られているようであるが、それは単に財政的、法律的、あるいは行政的な寄生者たちのせいではなくて、とりわけこの進化的な衝撃のせいでもある。それゆえ、医学の危機は長大な持続と関係しており、こうして、伝統的農業の終焉というこの世紀の最大の事件に随伴しているのである。

新たな馴化

問題は、このバクテリアの世界が「文化」の中に入ってくることだけではない。われわれが今までに馴化し終えたのは、動植物相の種のうち、犬、大麦、羊、ホロホロチョウといったごく一部でしかなかった。われわれがまだ、野兎、鹿やイグチ、鱈、鰊、鯨といった他の少なからぬ種の狩猟・採集者であることには変わりがなかった。しばしばわれわれは残りの種を動物園や植物園で観覧に供していた。こういう描写が妥当するのは、オミネサンスの運動が始まる前の、第二次世界大戦までである。

ところで、われわれがバクテリアの世界の有用性や毒性と、おっかなびっくり取り組み始めていたまさにその時期に、他の生物たちの存続に関わるもう一つの不安な動きが、突然、われわれを突き動かして、これらの生物を管理しようとさせたのだった。十九世紀まで、生物学を前進させていたのは二つの推進力であった。その一つは有用性の観点から、農業の改良を試み、飢餓と戦っていた。もう一つは、どちらかというと審美的であって、ダーウィンのいうところによれば、ビュフォン流のやり方で動物の感情表現を目指していた。最近、われわれはこのような事態を一変させてしまった。われわれは管理しているのである。われわれが生命の深奥については無知なまま、もはや都会の中にしか住まなくなるまさにその時期に、われわれは生命の本源的なダイナミズムを発見し、生命を管理するのである。

われわれはサファリパークなるものを開設するが、動物を監視することで、彼らから上記の残酷さ、われわれの同類たちの残酷さを確かに取り去りはしても、そのうえ「自然」までも、私がいうのはそれが伴う生と死のことであるのだが、奪い去って、彼らを人間化していることを認めようとしないのである。その結果、われわれが彼らを「保護する」ようになってから、熊、象、鹿や狼の数は増加した。われわれは規準を満たさない種の数を勘定する。鱈や亀や帆立貝の群れが急速に減少しているのだから、漁網の大きさを制限し、漁獲割り当てを課す。抹香鯨、ペンギン、虎などのように絶滅に瀕しているすべての種に手を触れないようにする。象牙や毛皮の探索を禁止し、熱帯雨林のキャノピーに観測施設を吊り下げる。ク(*80)ストーのようにほとんど裸で、あるいはバチスカーフに乗って、深海の沈黙の中に潜る。高度九千メートルでヒマラヤ山脈を越えて飛ぶ渡り鳥たちを追跡する。蟻塚による空間の利用計画や蟻塚を結びつけている高速道路のことを知る。バイオマスを見積もる……。富者と貧者の間のもう一つの矛盾として、われわれは、飢えている人々に、環境保全と天候から来る地球規模の要求を突きつけている。

ある種の自己認識が人類を捉え、爾後、人類は自らが *Homo populator*［破壊スルヒト］であることを認める。グローバルな人間は、生き物に対する関係を普遍化すると同時に、自分自身および自らの行為を意識する。とうとう彼は自らの怒りの激しさを認める。すでに自らが根絶させたがために姿を消した種を、前史の中に再発見する。権力幻想に取って代わる慎重さに辿り着く。あらゆる属を罰するのに用いてきた死刑を、少しずつ廃止する。もはや殺戮というこの国王特権を自らに認めない。そうでない場合には、爾後、自己正当化が必要になる。だから、自分の家庭を大事にする家族のよき父として振る舞おうとする。今なお経済が彼を突き動かして世界の支配と所有に向かわせるとしても、ある種のエコロジーがこの支配を支配することを強要するのである。

その結果、生き物に対するわれわれの関係は普遍的な統合の地平を目指す。地球科学が地球全体を研究するのと同じように、生命を対象とする科学や政治学は、生き物の全体的な管理、生き物の相互受容に向かって進む。すべての種が、潜在的には、少しずつ飼い慣らされはしないまでも、少なくとも文化の影響下に入る。それは農場においてだけではなくて、動物園や実験室、狩猟鳥獣保護区の中でも、キャノピーの下でも、コンピューターの画面上でも、保護法によっても生じていることである。テレビの画像は居間の中に毒蛇や何をするか分からない熊を導き入れる。牛や鶏が寝ていた納屋や鶏小屋は、われわれの家族が眠るベッドの近くにあることもあったが、ンゴロンゴロ〔タンザニアの地名。自然保護区がある〕のライオンやハイエナがガゼルを追いかけて走り抜けていくわれわれの食堂で、われわれはディンゴや栗色ラクダとともにオーストラリア奥地を歩き回り、ナミビアの乾燥砂漠の爬虫類や奇妙な形をした昆虫たちに対面している。

それゆえ、この新たな生物文化には三つの出来事が貢献している。絶滅者という種としての新たな意識、あらゆる種を管理しようという目論見、そして最後に、われわれの家がそうなっているこの仮想的な農場である。自然史博物館の剝製種たちが増殖して、色鮮やかな形姿をまとい、われわれのスクリーンのピクセルの間で狩猟や交尾をしているのである。キュヴィエの時代に化石の骨格の前で目を見張っていた農民の血を引く孫たちは、耕すことを忘れ、テレビでチリのコンドルや南極のクラゲを眺めている。

要するに居住環境が変わったのだ。われわれが宇宙飛行士の目で、われわれの船を眺めた日以降、生き物の全体がひとしなみに船上生活を始めたのである。人類は自分のことと同時に、自分の住処およびそこに生きるものたちのことを意識した。共通の運命のもとに、われわれは、われわれのところで暮らすものたちのところで暮らしている。ダーウィニズムが教養になっているこの家には、少なくともさしあたりは、外部というものが存在しない。生物の多様性を管理し、消滅途上の種を保護するということは、生存競争に介入することをわれわれに強いる。農業と牧畜を発明することがすでにして、生存競争を停止させることであった。というのも、われわれは脆弱な動植物を、森林に残っていた強力な捕食者たちから切り離していたからである。自然を救済することが自然を変える。自然を耕しながら、われわれは自然を脱自然化しているのであろうか。自然が人間化するというだけの話ではない。もう一度いうが，われわれは自然をわれわれの法則に従わせようとしているのである。ところで、そのわれわれは進化の外に出てしまった。われわれは自然を丸ごと進化の外に引っ張り出そうとするのであろうか。

それゆえ、私が生物文化と呼ぶのは次のことである。すなわち、やがて情報の「人工的」媒体となった一連の酸から、かつては血液型の検査に使われた類人猿に至るまでの、あらゆる生き物が文化の中に入ってきたこと、つまりさまざまな種の人間化である。切断でもあり連続でもあるこの生物文化は、農業の一般化である。はるか遠くの祖先が農業を誕生させたが、われわれは、その農業を完成させる生物文化の始まりに立ち会っているのである。私は進歩万歳と叫びもしないし、不安の声を発しもしない。われわれにはもうどうしようもないことなのだ。われわれの前史がわれわれをここに連れてきたのだから。

幹的な種はあらゆる生き物と関係を結ぶ

なぜだろうか。またもや、われわれがプログラムを持たないからである。われわれがある日、幹的な種になったからである。われわれが生命との間に白熱する関係を維持しているからである。遺伝的にも仮想的にもわれわれが〈普遍〉に取り憑いていて、事実の上でも、少しずつそこに住まい始めているからである。万事のありようは、何たるパラドックスか、われわれの非‐プログラムを、まるでわれわれが充実させていたかのようなのである。

問題は、別の種類の支配ではなくて、別の種類の馴化であり、新たな共生である。『オミネサンス』においては、われわれの雑食性を想起し、そこから、生殖においても認識においても分化全能性に向けて進んだ。この球体全部を占有することが、環境を変化させるのは確かであるが、それはわれわれも同じくらい変えてしまう。全生物が少しずつ人間化されるのと同じように、われわれも少しずつ全生物になっていくのである。『オミネサンス』で論じたように、われわれの身体はビオソーム、つまりすべての生き物に共有される身体になる。別のいい方をすれば、われわれはこの生物文化の主体になると同時に、客体にもなるのである。われわれは知らなかったうちに、何兆個もの細胞から成り、同じくらいの数のバクテリアに占拠され、胎児の時期には多くの身近な生物にあれほどよく似た形態をしているわれわれを、すでにこの生物文化が侵略していたのである。われわれが生物文化を実現《レアリゼ》するというのは、認識と行為というこの動詞の二つの意味においてである。

生物文化と生物工学

どちらも単独で進むことができない文化と技術は時を同じくして生まれる。生物工学はこの生物文化の一部をなしている。互いに受容し合いながら、生き物はすべて、われわれの日常実践の中に入ってくる。われわれはこれに変化を加えたり、作り直したりするが、まさにその行為によって自分をも変化させる。遺伝子操作は植物、動物、単細胞生物だけでなく、人間にも関わってくるのである。

　不安を引き起こしているこの衝撃的な新しさは、その大変な古さを隠しきれないでいる。パストゥール革命やペニシリンの発見の直後にわれわれが急激に人口を増大させたのと同じように、牛類や大麦の馴化は、われわれの食生活、慣習、身体、そしてわれわれの数を変化させた。これらの生き物たちも、われわれと同じく、平均寿命、健康、体重、身長、挙動を変えていった。遺伝子型の最近の制御は、このように次々に行なわれた表現型の管理から生じているのである。

これらの新たな操作はわれわれを不意打ちにするが、その程度は、われわれのカオス的な〈大いなる物語〉におけるすべての出来事に優るものでもなければ劣るものでもない。すなわち、可能が不可能に接触していて、出現する前には予測できないのに、たまたま出現した後には必然性の仲間入りをする分岐のことをいっているのである。われわれが風に舞い上がる砂地を耕し、牧場を作るからには、いつの日にかわれわれがさまざまな生物種やわれわれ自身を変えてしまうような事態が不可避的に到来すると考えてしかるべきだったのだ。進化の働きの一つから別の一つに目を移すだけでも十分であった。つまり、ダーウィンが「自然」に適用する以前に畜産業者たちのもとで観察した淘汰から、われわれが実験室で実践する以前に「自然」の中に認識していた突然変異へとである。われわれは淘汰を行なっていたし、突然変異を生じさせているのだ。われわれは進化の二つの働きを手中に収めている。農業の変化は私の眼には二十世紀最大の事件のように映る。というのも、これらの変化が新石器時代の発明的行為を取り戻しているからである。生物文化は選り好みせずすべての生き物のために、これを補完し、完成させる。新石器時代が終わるのは今日なのだ。

自己進化あるいは受肉

敗　北

われわれは、人間に固有のものだと思いこんでいる性質を備えた生き物がほとんどいつでも見つかるものだから、人間の定義というものにはすべて疑いを投げかける。だから、われわれは特性のない人間というい方をする。私自身も以前に、能力のない人間といったことがある。現代的な敗北というべきか、否定あるいは批判の哲学は危険を冒すことなく、安易さに身を委ねる。考えるということは、相変わらず難しい。

そのうえ、人間は一つの定義を固定できないほど変化する。すぐさま定義をはみ出したり、それに値しなくなってしまうのである。ところで、われわれには、分岐したり向きを変えたりする時の運動の方向のほうがよく見える。もう一度ところでだが、われわれはこの五十年間にわたって、観察眼のある人々も気がつかなかったようなきわめて重要な変化に立ち会ってきたのである。この間に、変成作用を受けてきたこの動物はどのように変身したのであろうか。私が『オミネサンス』で論じたのは、グローバルな、新たな死、そして身長、平均寿命、痛みに対する関係に見られる身体の変化、牧畜と農業にとっての新石器時代の終焉、持続のスケールを縮小させる生物工学、それから遠距離通信と時間および空間の中での他者との関係であった。私は本書ではそれに認識の分配と拡大を付け加えた。

自己進化の途上にある人間

こうして人類の一部がこの半世紀の間にひどく変わってしまったので、人間は少なくとも急速な変身能力を備えていると考えられるようになった。人間は遺伝的には変化しなかったとしても、その世界、自分自身の身体、他人に対する関係は変異した。これらの変化のどれ一つとして、環境のせいで生じた諸状況の結果などではなかった。そんなものはわれわれにはどうしようもなかったことだろう。そうではなくて、これらの変化は、われわれが科学と呼ぶこの集団的な悟性にして意志の、経済的、社会的、そして最終的には認識的な諸過程から生まれたものなのである。

歴史が始まって以来、そしてわれわれが道具を発明して以降、われわれは大体においてわれわれの変化の積極的な主体になった。道具はわれわれから出たものであり、脱ダーウィニズムによってわれわれが絶えず変化を加えているのであるが、今度はその道具のほうが、加速されていく自己保持サイクルによって、われわれを変化させる。生物文化の時代にあって、このことがわれわれに及ぼす影響はきわめて大きい。

どのように人間を定義したらよいのだろうか。文化的で、おまけに合理的な自己進化の途上にある生き物としてである。ホモ・サピエンスは、それが産み出そうとしている進化に比べると、合理性の度合いが低く、豊かさではまさっているように私には思われる。進化にまして「自然な」ものは何もない。われわれは進化の同化に向けて進化している。人間は、自分に固有の進化的な自然を文化に、あるいは進化の時間を歴史的時間に変えようとする。彼は自己－受肉を目指して進むのである。

近代哲学が始まったのは、「自然に服従しながら、自然を支配せよ」というベーコンのあの教えからであった。つい最近の時期まで、ここにいう自然は、ローカルであって生命のない物質と物理法則に限られていた。だが、自然ということばは、冒頭でもいったことであるが、「生まれかけの状態にある」という意味をも持っている。われわれは生き物を生まれさせ始めているし、まもなくわれわれを生まれさせることであろう。そしてわれわれが実現する全地球的な環境の中でわれわれを生き延びさせることであろう。そこで、自然ということばは、地球規模の、気象学的な、そして世界的な第三の意味を受け取る。古い教えの中には自然は二回登場するが、それは生き物の誕生という意味と全体という意味においてであった。今日われわれは環境に対するわれわれの影響という地球規模の問題を自らに提起しているが、この環境が形成されるのに要したのが何百万年かであったのに比べ、われわれの生物工学は、放置しておけば見当もつけられぬ時間がかかる突然変異を、即座に操ろうとしているのである。

受肉の時代

こうして〈大いなる物語〉のとてつもなく長い時間を、きわめて短いわれわれの生存と歴史の上に投影しながら、われわれは、何十億年にわたってわれわれぬきで行なわれてきた偶発的進化の主要な要素を、この投影された淘汰、突然変異、環境を用いて、ますます大規模にまた合理的に支配している。これこそ、私が人間を自己進化に向かって進んでいる唯一の生き物と呼ぶゆえんである。進化の諸法則を模倣しながら、われわれは進化を支配しようとするのである。またもや、〈大いなる物語〉が分岐する。カントからサルトルに至るまでわれわれが人格的自立性とか自己による自己の創造と称していたものは、道徳から運命に、短い時間から長い時間に、形式的で抽象的な自我から生身の肉体に、個人から世界と人類に移行する。要するに歴史から進化に、精神から受肉にである。

長らくの間告知されてはいたものの、新たに出現し、それ以来、われわれの世界観に、とりわけわれわれの実践に現存しているこの運命が、われわれを不安にしたり、昂揚させたりするということ、この運命がわれわれを思いがけない責任、しかもその規模がわれわれの習慣、道徳、宗教、臆病な政治や哲学、さらには人文諸科学を揺るがすような責任に直面させるということ、このことを否定できるものがいるであろうか。われわれがこれを到来させたのであるからには、これを直視しようではないか。いや、われわれがわれわれを到来させたのだから、われわれ自身を直視しようではないか。

何をわれわれは恐れているのか。人間をか。われわれ自身をか。

パノラマ

この分娩中の〈普遍〉を恐れるのは誰だろうか。これはわれわれが時折、グローバリゼーションと呼んでいるものである。われわれが恐れるのは、一様な空間や時間、つまり人間の砂漠や氷原の中で生きることである。もちろん、暴力がその特異な例外を他の諸文化に強制すれば、環境は荒廃してしまう。だが、〈普遍〉はこのような一様性に還元されるのであろうか。

それに対する反例をいくつか挙げてみよう。

非生命的な普遍が至る所で特異を産出する

コスタリカのイラズ火山の山頂では、世界のうちでもきわめて感動的なパノラマの一つが繰り広げられる。一方の側は太平洋の大海原で、時折エルニーニョの流れが通過するし、もう一方の側はメキシコ湾あるいはカリブ海であって、両側とも世界の気象の輝く揺籃なのである。グローバルには予見可能だがローカルには予見不可能なカオス的な気候の乱れ、空間の中での、そして季節、年、世紀といった短い時間、あるいは何千年、何百万年といった長期的な時間の中での気候の変動は、力学、物理学、熱力学の単純で普遍的な法則から出発して揺れ動く。

今日、地球上のいかなる地点においても、天候が繰り返されることはなく、空間の至る所で異なっているし、時間的にも常に多様である。一様性のないこうしたローカルな相違を産み出しているのは、グローバルな気象系である。それゆえ、高度に特殊化したローカルな変異型を備えた普遍的な模型が、少なくとも一つ存在するわけだ。あるいはこういったほうがいいかもしれない。穏やかな変動、そしてサイクロンやハリケーンといった激動を貫いて一種のグローバルな平衡が存在すると。

宇宙を支配しているのは、たとえば引力とかエントロピーを始めとするごく少数個の法則でしかないのに、気候が生まれる何十億年も前に、生命のない宇宙は爆発して、単調な均質性からはほど遠い豪華な寄せ木細工に変わる。深遠な天空を眺めていただきたい。ブラック・ホール、準星、中性子星、渦状銀河、赤色巨星、白色矮星、太陽……が、特異で特徴的な無数の形態、色、速度、爆発、熱でもって天空を満たしているのだ。宇宙ほど一様でないものはない。

このモザイク状の〈普遍〉を、先刻のグローバリゼーションから区別することほど容易なことがほかにあろうか。強力な排他主義《パルティキュラリスム》による、いまや単調化した空間の侵略であって、昔の植民化とほとんど変わるところのないあのグローバリゼーションから。

生き物たちとその絶滅の普遍性

差異の噴出を産み出した、ほかにも普遍的な進歩がある。一個のDNAが形成されるや否や、わずか四個の要素とその組み合わせから作られた単一のコードから出発して、単細胞生物が急増した。時間とともに、淘汰、突然変異、気候や緯度に応じて、無数の種、個体、そして変種が出現した。転写の誤りが生じる場所としての普遍的な暗号を持った一つの生命が、ローカルな諸条件に適応しながら、地球上の至る所に広がり、こうして今日に至るまで四十億年以上も生き続けた。その分化した生態的地位は、さまざまな系統や科や属であふれ、そこでは、気候の場合にはるかにまさって、モアレ縞になった差異のモザイクが繰り広げられる。この偶発的な出現の厖大な集まりに、これまた普遍的な五つの破局的な事件を付け加えていただきたい。それはわれわれが年代を突き止めることができるし、その過程で大部分の生物が消滅した事件である。われわれはこのように、爆発的な増殖とそれに引き続いた根絶の後裔なのである。

遺伝コードの普遍性を源にしてはいても、他の種に類似しているような種は一つもないし、あらゆる個体は、それに最も近い親とも混同されることはない。自然なクローンである双生児にしてからが、区別されるのである。

自然と文化——伝播の波

このようにして、非生物から生物へ、生物から人間の出現へと〈大いなる物語〉は続いていく。アフリカを出発したホモ・サピエンス・サピエンスが、たぶん何回か試行を繰り返して、スエズを通過し、まず西方のヨーロッパに向かうものと東方のアジアに向かうものに分岐し、そのアジアでオーストラリアに侵入するために第二の、そしてベーリング海峡経由でアメリカに渡るために第三の分岐を行なった時、彼は初めての世界占領を完遂した。このようにまた地球のあらゆる気候に順応したのは、人間や蚊といったごく少数の種だけである。*Homo universalis*［普遍的ナ人］。そこから無数の多様な文化が出現する。

微生物、海藻、植物、動物などあらゆる生き物に普遍的な遺伝コードは、人間のＤＮＡの普遍性も含んでいる。しかしながら、われわれのうちのどの男女であれ、誰かほかのものに似るなどということはない。諸大陸の切り込みの形から気候に、夜空からデルタ湿地に、生物種から人間文化に、人間文化から諸個人に至るまで、決して均質性も単調さも出現することはないが、他方、物理法則は普遍的に支配しているし、その点では、生き物全体に遺伝コードが共通することや人間の出発点がアフリカ以外にないという事情も同じである。これらの普遍的なものは、差異を消滅させる以上に産出するのである。

〈物語〉と〈宣言〉

以前に奴隷であったり植民地の被支配民であったりしたわれわれの友人たちの何人かが、普遍性を、とりわけ人間の権利の普遍性を、抽象的なことばの下に隠されているだけにいっそう危険な、西欧の新たな帝国主義的支配であるとして警戒する時、この危惧は権利や人間からというよりは、むしろ〈宣言〉から発している。ラッパと同じで、宣言されるテキストは鳴り響く送信源から出てくる。栄光でふくれあがった、ある特殊な集団が全地平にその声を届かせようとして、それを朗誦し、それに署名するのである。

われわれの場合、〈普遍〉《ユニヴェルセル》は宇宙《ユニヴェール》にその源を発する。誰かがそれを宣言するのではなくて、それが自ら暗唱するのである。〈大いなる物語〉を物語るものなどは、誰もおりはしない。空から偶然に墜ちてきた隕石の中の鉛、乱流、生き物の中にふんだんに隠れている非周期的結晶が読んでくれといっているのだ。人間が普遍的になるのは、ひとりでにではなくて、世界の事物のもとで証言を求めることによってなのである。自然が諸文化を普遍化するのである。

トウモロコシ、小麦、羊、牛、果物、野菜、微生物

ブタモロコシから派生したトウモロコシの発明という点では南アメリカを起点にし、小麦の発明という点では中近東を起点とする農業、ついで羊や牛を馴致した牧畜は、広く普及した。農業と牧畜を採用しなかった集団だけが、手強い障碍に突き当たった。たとえば、イネ科植物や哺乳類、そのうちでも反芻類を欠いているオーストラリアのアボリジニは、この世界の第二の職業を営むことができなかった。今日、わ

れわれの食糧の十分の九以上は、農業活動から来ている。しかしながら、いかなる文化も同一のテーブル・マナー、同一の料理法、とりわけ同一の嗜好を持っているわけでは全くないのである。

後代になると、果物や野菜の普及が人々を飢餓から救った。アメリカ原産のジャガイモは、厳しい冬のために食糧不足に悩んでいたスカンジナヴィアや北ヨーロッパの人々の食糧となった。今日、パリ市民は四方八方からやってきたプルーン、サクランボ、トマト、柑橘類、アボカド、キウイを食べているが、これはこの第三の伝播のお陰なのである。サピエンスの旅には、彼がその気でやったかどうかに関係なく運搬される生物種の旅が重なっている。香辛料、果物、穀物、そして病原菌という具合に、益になるもの、害になるものさまざまである。軍隊の前進には疫病がついて回ったが、それは新たに馴致された動物たちが運ぶばい菌のせいだという。

われわれの最初の移動から始まり、多様な環境の中で飼育者と共生する動物たちの輸送によって実は増強されたこのもう一つの並行的な伝播、すなわちばい菌や疾病の伝播は今日もなお続いている。かつては目に見えなかったものの、その後、しっかり資料で裏打ちされたそれらの歴史が教えるところでは、遠征中の軍隊によってまき散らされたり、船舶からネズミともども陸揚げされたりしたペストは、血なまぐさく、自慢話の飛び交う公然たる戦争よりも、多くの人を殺した。私見によれば、ローマ人が世界を征服した理由は、彼らが不潔な湿地帯に住んでいたこと、そして父祖代々、彼らの身体には抵抗力が備わっていた瘴気を至る所に運んでいったことである。彼らの敵たちは、ローマ軍団の戦列の前で敗北したためよりも、感染のために死んだものが多かったのである。

書記法の非グローバリゼーション

私はここで、本書で何度も取り上げたテーマに関して悲劇的な余談を展開しなくてはならない。言語がわれわれのもとにやってきたのは〈自然〉からであるのか、〈文化〉からであるのか、われわれには分からない。私の好みをいわせてもらえば、鳥の歌声のような自然音楽である。それが、のちに知られることになるニューロンに結びつき、それに続いて分節言語が起こり、学習され、ついで分化していったというものである。気候という自然の場合と同じように、人間的な言語のシステムが存在して、それがローカルには多様なことばのモザイクを産み出すのである。これは、〈普遍〉が一様性をもたらすものではないことの、もう一つの証明である。そんなことをするのは、間が抜けた暴力だけである。アフリカにとどまったいとこたちや、そこから外に出た兄弟たちは、こうして幾重にも文化に彩られた、千変万化のスペクトルを産み出した。ほとんど限りなく類似しているDNAが産み出す表現型の中で、美があふれ、広がる。普遍的な農業と牧畜が、気候や生物種に応じて分化した地方色を産み出す。グローバリゼーションが差異に対立するのに対し、〈普遍〉は、反対に、差異を促進する。だが、われわれには諸言語の起源に関する情報や証明が欠けているので、私はこの過程を同様な地球占有として分類することはできないのである。

だが、書記法に関していえば、われわれが経験から知っているように、今日世界で話されている言語の大部分は、口承の段階にとどまっており、文字法には全く到達していない。確実なのは、ローマ人が地中海周辺、ゴール、あるいは大ブリテンにおいて、スペイン人が新世界で、フランス人がアフリカで、彼らの支配を確保してくれるこういう道具を用いて何百という口承文化を破壊したことである。それと同じように、今日でも新しい技術が同一の過程によって他の文化を滅亡の淵に追い込んでいるように見える。それゆえ、何人かの西欧の碩学たちが、歴史は書記法とともに始まると決めた時、彼らは、地球上で最も数の多い、これらの文字法を知らぬ人々を、歴史から排除したのである。彼らがアッシリア人、ラテン人、ルネサンス人について論じる時、これらの学者たちは歴史をやっている。ところが、他の人々がアラペシュ族〔ニューギニアに住む部族〕やクワキウトル族〔アメリカ大陸北部の西海岸に居住する部族〕の風習を記述する時、彼らがやっているのは民族学だというわけなのである。この残虐な切り分けがわれわれを糾弾する。人種主義的なカテゴリーであり、おそらく一切の人種主義の母体をなすカテゴリーでさえある歴史は、それゆえ、文字が宇宙に普及していない事実を神聖視する。歴史に、しかも往々にして最後の拠り所のようにそれにしがみついているわれわれという他の西欧人は、われわれの思考様式におけるこの原初的なアパルトヘイトを意識しなければならない。われわれは民族人類学あるいは人類学の対象を保護地域や特殊事例の中に放り込んで痛痒を感じないのである。実証された認識の下に隠れているだけにいっそう有害なこの人種主義が発生してくるのは、ほかならぬグローバリゼーションの欠如からなのである。全体に関する歴史などというものは存在しない。ローカルなものである歴史は、決して〈大いなる物語〉の普遍性に到達しないのである。

もっとよかったのは、技術の獲得から歴史を始めることであったろう。切石、銅あるいは青銅、鏝、こうした実践は、農業実践と同じように、四番目に難なく広がった。道具を持たないような文化は存在しない。こういうわけで、書きはするが耕さず、粉を捏ねることもしない連中が、われわれ西欧人に、人間の大部分がわれわれの同時代人として生きていることを拒否する年代学に荷担するというとてつもない特権を割り当てる。

普遍的文化――抽象科学の伝播

ギリシア人たちに始まり、私の知る限り帝国主義も流血もなしに伝播した幾何学は、人間たちに初めて、何と素晴らしいことか、普遍的真理を教えた。諸文化がいかに異なっているといわれようとも、言語の障壁がいかなる抵抗を示そうとも、主題がいかに嘘っぽく見えようとも、直角三角形の場合に斜辺の二乗が他の二辺の二乗の和に等しいことを否定できるものは誰もいなかった。こうして、ピタゴラス以降、西暦紀元前六世紀このかた、武器も金もなしに、ドグマも権力も持たずに、厳密科学は五番目に広がった。数学はあらゆる場所で、三重の意味で普遍言語として機能する。すなわち、数学は世界のすべての事物に当てはまり、引力法則といったようなこれまた普遍的な法則やエネルギーの恒常性といったような不変量に到達することを可能にしてくれる。それから、数学は証明の必然性によってすべてをわれわれに与えてくれる。最後に、数学は、今から何千年も前に発せられたメッセージと、われわれが後に続く者たちに伝達するそれとが同一不変であることを保証してくれる。だから、私はしばしば、数学に関してしか真の意味での歴史は存在しないのではないかと自問するのである。

三つのハードウェアと三つのソフトウェアの普及

伝説によると、マイダスが治めていた王国リディアのパトクロス川のほとりで、初めて貨幣が鋳造されたという。私に訊かれても、リディア人以前にあるいは同じ頃に他の地域が貨幣を発見していなかったどうかは答えられない。ある意味で抽象的な、この一般的等価物が出現するや否や、それは、しばしば社会的絆に取って代わって、普及する。西暦紀元前五世紀に始まったこの最後のグローバリゼーションは、ほかの何にもましてわれわれを魅了する。それはおそらく、われわれが自発的な奴隷として、富の神マモンの下部構造の支配下に生きているからであろう。

最後の三つの伝播はほぼ同時期に開始された。西洋史が語るところによると、書記法と科学と貨幣は、サモス島、エフェソス、ミレトス、クニドス、パトモス島など東地中海の島々と沿岸の間にある小さな地域で、一緒に生まれたという。算術家ピタゴラス、幾何学者タレス、自然学者ヘラクレイトス、代数学者エウドクソス、そして福音史家聖ヨハネに呼び出されたロゴスは、勘定と計算、証明、比、比例、啓示によって、思惟一般によって多様化しながら世界に広がる。

これらの伝播は、無生物や生命のエントロピー的技術に関わる最初の三つのグローバリゼーションとは区別される。農業、牧畜、果物、動物、野菜など、こちらのほうはハードウェア、つまり硬いものであるが、あちらはソフトウェアであって、軟らかいからである。ソフトウェアが逆にハードウェアを組織できることはいうまでもない。さまざまな知と思惟が宇宙を理解するのである。

至る所にいるヘルメスおよび天使たち

ずっと最近の話になるが、通信網の普及は、それに先立つ一切のものを組織し、総合し、消滅させるのであろうか。あらゆる伝達の化身にして、実に、オリンポスの神々の一人であるヘルメス、あるいはさまざまな一神教の無数の天使たちは、翻訳者と同じように人間関係に介入し、仲買人のようにあらゆる種類の交換の後押しをし、時には寄生者のように落ちぶれて、くすねたり盗んだりする。

網の見事なイメージがある。アカディア地方〔カナダ東部〕の人々は水路のことをバイユーと呼ぶ。陳腐なものを呼ぶのに、どうしてほかのことばを使うのだろうか。これらの水路が変わるからだ。季節、沈殿、最低水位水準に応じて、これらの水路は出現し、成長し、干上がり、消失するのである。そして、大量の水が落ちてくる場所を追って、左から右へと流れるが、流れの向きを逆転させることもある。だから、ポンチャトレーン湖〔ルイジアナ州東南部にある湖〕の南側やミシシッピ川の河口付近では、上記のバイユーが、安定にして不安定な、いずれにせよ準安定的な、錯綜した網を形成する。凪、そよ風、嵐、大気中の空気の小さな流れは、どれも透明ではあるが、自在に方向が変わり、裏表がなく、強さも気まぐれな、似たような織物を隠している。そここで、今あるいは明日、思いがけない嵐や増水の不意打ちを食らって、あなたは難を免れたり、流されたりすることになる。だから、乱流のようにもつれている、この二つの揺れ動く織物は、決して同一の模様も同一の流量も持たないし、同一のローカルな分布を産み出すこともない。にもかかわらず、流体の平衡に関する普遍的な法則がこれらを造形しているのである。現代のわれわれの輸送体系を、蜘蛛の巣と同じくらい誤ったイメージである交差する道路網あるいは固い電線として思い描くよりは、こういう水や空気のおしゃべりになぞらえて考えたほうがよい。

われわれは、それらが今日運んでくるメッセージを、本当に開封し、読んだのであろうか。どのような種類の新たな認識の伝播に、われわれは立ち会っているのであろうか。おそらくわれわれが現代世界について何も理解できないのは、この伝播していく新たな知に関する科学論がわれわれに欠けているからである。この新たな知というのは、先刻、パングノーズがわれわれに語っていたところによると、権利上は普遍的であって、原理的にはいつでもどこでもすべての人の自由になるのではあるが、各人にとってはその言語に応じて多様な仕方で具体化されるものなのである。

フランスのインディアンがあなたがたに言語について語る

本題に戻ろう。私の両親は、フランスでは特殊であり軽蔑されているオック語を日常的に話していた。食卓でも、畠でも、縁日でちょっとした買い物をする時でも、オック語を用いていた。街へ行ったり、ましてパリや外国に行ったりする必要などは、これぽっちもなかったのである。第一次世界大戦——これは、好き嫌いにかかわりなく、グローバリゼーションの暴力を表現するいい回しであるが――の間、連隊はしばしば同じ方言を話す歩兵を束ねていた。こういう農民の直系である私の教育は、あるローカルな民族性、ある特異な文化の中で、またそれによって行なわれた。幸いなことに、政治的な正しさなどということを知らなかった私の先生は、地方の違いを越えて意思疎通のできる言語としてまず満足できるフランス語を私に教えてくれた。今日、地方分権化に好意を寄せるパリ市民や政治家や行政官たちは、自分たちが一語も解しないような土着言語をもてはやすことがお好きなようだ。他方、これらの言語はもはや現地住民からは顧みられなくなっているのである。たとえば、このガスコーニュ方言ときたら、村の小集団の中だけでしか話されていないから、話し手たちは世界や認識や社会の中を旅することを禁じられてしまうのである。一切の知識を広東語、マレー語あるいはナヴァホ語で習得したインディアンや移民は、アメリカ合衆国の大学には受け入れてもらえないであろう。反生産的になった政治的な正しさという主張は、移動を禁じられた弱者や貧者を、その弱さや貧しさの中に隔離する。これは、私が人生から学んだ教訓の一つである。

これとは逆に、科学史が示しているのは、富や情報や特異性の交換を可能にするコミュニケーション言語における何回もの変化である。このような言語がなければ、普遍的なものには道が欠け、文化からは多孔性が失われてしまうことであろう。地中海地方はギリシア語を話していた。というのも、エジプト人はピラミッドというし、ユダヤ人は今なおシナゴーグに集まっているからである。次いで、ラテン語が都市や港に広まった。続いて、天文学者、医者、代数学者、記数法学者、それにイラン人までが、その学問をアラビア語で著わした。だが、ラテン語が息を吹き返し、十九世紀末まで生き延びた。古典主義時代はフランス語を用いて表現した。その後、われわれは一種の英語のようなものを話している。西欧の人口減少と、スペイン語や北京官話および広東語という二種類の中国語の力強さを考えると、明日になるとどの言語が使われることになるのか予想するのは難しい。

自然の文化と科学

そういう言語が一ないし数個必要であることには変わりがない。もう一度、星座を見上げていただきたい。夏のシリウス——これはラテン語だ——、美しいアルデバラン、赤いベテルギウスと青いリゲル——これらはアラビア語だ——、大熊座の尾部にあるアンタレスとアルクツールス——これらはギリシア語だ——に目を見張ってほしいものだ。科学史におけるコミュニケーション言語のすべてが、天空で入り交じっているのである。普遍的な、星座名の寄せ木細工は、寛容を教えている。もちろん、もっといいのは、このモザイクを拡張して、夜の蒼穹の下にアステカ人やベアルン〔フランス南西部の旧州名。ほぼ現在のピレネーアトランティック県にあたる〕人をも招き入れることであろう。

実際、天文学者、船乗り、飛行士、商人、化学者、博物学者たちは、その個人言語に関して共通の決定をしているわけではないのに、どうして相互に理解し合うなどということができるのであろうか。モールスやスコットのように、点と線を用いて、信号や記号を発明する者もいたが、これはソルフェージュが楽音を、記数法が数を扱うのに似ている。ラヴォアジエが、ついでリンネが、最後にメンデレーエフが化学分子、動植物界の生物、それから原子を、遺漏や重複なしに命名する方法を提案した。この遺漏や重複というのは、土着言語の中にとどまっている限り、ありふれた失態であった。実際、同一の魚を表わすのに、あちこちで数個の名称が用いられていることや、猛獣の数種類の変種に対して、あちこちで同一の語が用いられていることを、知らない者がいるであろうか。そうであってみれば、間違いを犯したくない人ならば誰でも、塩化物とか酒石酸塩、*quercus robur*〔ヨーロッパナラ〕とか *canis latrans*〔コヨーテ〕、マンガンとかウラニウムなどということばを認めないわけにいかないであろう。数学用語と同じく、無生物や生物に関するこれらのことばは、普遍的に話されているのである。これらのことばは、世界の国々の庭師、船乗り、坑夫、猟師を困惑させるであろうか。いや、彼らの交流や仕事を容易にしてくれるし、彼らを締め付けることなく結びつけてくれるのである。われわれはエスペラント語やヴォラピュック語[*81]の企てで挫折してしまったが、物理学、化学、博物学のこれらの語彙は、彼らを〈普遍〉に移行させるのに成功した。もっとも、さまざまな小教区や小島の中では、われわれは相変わらずモリバトとかマヒマヒ〔シイラ類の魚を表わすハワイ語〕とかいっていたのではあるが。

メートル、グラム、リットル

それゆえ、あなたが上記のグローバリゼーションに反対して闘いたいのであれば、むしろ強者の生活様式である排他主義と闘ったほうがよいと、私には思われる。われわれの自発的な隷属状態に対して、この連中はその金、世界観、それに廃れた慣習を押しつけてくるのである。今日、パリ市内の壁にあふれている英語の単語は、ドイツ占領下のドイツ語の単語より多い。誰かが、新たな協力者ともいうべき広告業者たちにポスターを貼れと強制するわけではない。こういう植民化の新たな形態に対して、われわれは普遍性に頼って闘うことができる。重要なのは、グローバルなものに抗してローカルなものを押し立てることではなくて、全く反対に、グローバルなものと協力してこのローカルなものと闘うことである。

たとえば、市場で、農民たちが秤や物差しを用いないで売り買いするにはどうしたらよいであろうか。村の外で商売をするには、空間と時間の諸単位を統一しておいたほうがよい。フランス革命の子供であるメートル法は、その最も成功したグローバリゼーションであるように私には思われる。世界の多くの人々が人権に異議を唱える。ヨーロッパの植民主義の最終の果実だというのである。だが、幸せにも十分に普遍化したメートル法に反対する国々はますます少なくなっている。分析すればするほど、移ろいやすく主観的な身長ではなくて、客観的で安定している世界の子午線を基準にした、その特質が明らかになる。メートル法の一貫性と単純さは、親指や肘を笑いものにしてしまう。その証拠に、アメリカの物理学者たちまでが、研究上はメートル法を採用することを余儀なくされている。もっとも、私生活では分裂症的にマイル、ガロン、オンスに戻ることはあるにしてもである。ことのありようはあたかも、普遍的な文化を創出するために、ほかならぬ自然が相異なる文化の中に入ってくるみたいなのである。

文化間の風通しが吸収によってしか生じていないからには、諸文化の例外性をどのように定義したらよいのであろうか。文化人は外国で教養を身につけるために自己の文化の外に出る。彼は隣人たちの言語や芸術を軽蔑しなければならないのだろうか。例外がグローバリゼーションに立ち向かう限り、戦いが対立させるのは、強いのと弱いの、侵略者と非侵略者という排他主義である。そのうえ、このような物事においては、闘争は創造を枯渇させる。戦争は、毎日のカブラの売り買いで強者たちを対立させることしかしない。美は脆いから、ゆっくり時間をかけて、ひとりで普遍的に広がっていくのである。

〈普遍〉は規模に適応するが、一様なものはそのせいで滅びる

宇宙はエントロピーによって、生命は不適応によって、文化は戦争によって、帝国は自己流のやり方で世界を支配しようという野望によって、そしてすべては一様性によって滅亡する。ある身長を超えた途端に大きさや持続に適応しなくなった同質のものは、剝離し、脱落する。一様なものは、空間の中で自らを支えることができないし、時間の中で自らを維持することもできない。

宇宙や気候や多細胞生物などの非生物および生物の系には、ある閾が存在していて、成長や持続を可能にするために分化を余儀なくさせるが、この自然な階段効果はまた、諸帝国の滅亡の秘密を明かしてくれるのではあるまいか。自らの排他主義を至る所に広げ、長きにわたって反復しようとして、帝国は疲弊し、虚弱になり、滅亡する。ナポレオンの軍隊はロシア国境のかなたで崩壊したし、アメリカの権威もヴェトナムで崩壊した。ここにあるのは、突然、歴史的時間のモーターになる空間の構造なのだ。つまり、少なくとも生き続けるために〈普遍〉は差異を抹消するどころか、これを助長するのである。有名な句「ピレネーのこちら側では真理、向こう側では誤謬」が語っているのは、差異についてというよりはむしろ差異を産み出す空間的距離についてなのである。山々を越えても法律が分岐しないのであれば、法律に含意されている〈普遍〉が崩壊する。十年過ぎてもあなたが自分の習慣を変えていないとすれば、あなたの先もそう長くはないであろう。一世紀を超しても不動の文化があるとしたら、その文化は地表から姿を消してしまうのである。自己保存を図るために、アイデンティティーは変動する。してみると、この階段効果が文化の多様性を説明してくれる。そして諸文化の普遍性をも。

権力者たちに教えるべき、これより重要な原理が存在するであろうか。強者たちは武装して、僻遠の地まで彼らの偏執を伝播して得意顔である。朝には支配者、だが午後には死に損ないというやつだ。弱者が待ち望むのは、空間と時間が豪勢に活用された〈普遍〉である。

自然と文化に橋を架ける〈普遍〉

私の知る限り、自然と文化に橋を架けた最初の普遍が出現したのは、エジプト旅行中のタレスが、その定理の中で、大きさの変動を貫く不変な形態を定義した時であった。ケオプスが建設した巨大なピラミッドは、それぞれに投射影を伴った、平凡なミケリノスのピラミッド、小さな私の身体、あるいは私の掌中に収まるちっぽけな縮尺模型と相似なのである。いいかえれば、形態の関係においては同一なのである。古代ギリシアのロゴスがその恐るべき独創性と普遍性を汲み出してくるのは、決してそれがことば、あるいは秘密の暴露――これは二つともすべての言語の中に存在するし、またそのことからして変わりやすいものである――を意味していることからではなくて、それが次の単純な二つの分数を定義していることからなのである。すなわち、五億ユーロに対する十億ユーロの振る舞いは、一サンチムに対する二サンチムの振る舞いに等しいということである。それゆえ、形態に関する限り、小と大、富裕と貧困、重さと軽さ、この巨大な投石の下でリンチにあったファラオとこの石の一つを切り出す惨めな貧農、空間を占拠するグローバルなものと垣根の後ろに隠れているローカルなものを等置する、このような関係の中にあって、富、大きさと力、さらには権力と栄光など何になろうというのか。何たる革命であろうか。最初の普遍的な抽象作用が意味するのが、人間の間の平等であるとは。後者が前者を要求するのである。

抜け目がなく、政治的な嘘に対して訓練されたギリシア人が民主主義を発明したのは、彼らが傲慢にも女性、奴隷、居留外国人を排除していた集会においてではなくて、流血も死の不幸も伴わずに電撃のように普及することになる、この新たな関係の幾何学的定義においてなのである。

〈大いなる物語〉

クロノペディー

あそこにあったのは、この上もなく美しい往古の驚異の一つであったが、ここにあるのは、他の一切の驚異をそれらの総和あるいは総合のように統合する現代の驚異である。私は本書を冒頭から始め直す。そして再び、私の文化から自然へ、特殊から普遍へと時間の偶然的な道を遡ろうと試みる。〈大いなる物語〉について、本書の展望の中ではその諸段階の復習が、新たに、だが違った仕方で行なわれたわけであるが、誰が百五十億年という持続を思い描くことができるであろうか。地球の成長あるいは生物の誕生から今朝に至るまで、私の存在とは共通の尺度では測れないほどの時間が延びているのである。

リズムの閉鎖

その時の私の歳をいいたくはないが、私の兄弟が死んで二年後、私は自分が生まれた土地への短い旅から戻ってくる。船台があった場所が畠や道路に変わってしまったこの空間に、私と同姓の生存者で住んでいる者は誰もいない。かつては川へ向かう船や街へ向かうトラックがこの場所を往来し、その地獄のような轟音が我が家の職業を周辺に告げ知らせていたものだった。われわれがいなくても、あそこに住むことが、あるいはあそこに行くことができたであろうか。周囲三十キロメートル四方には、われわれの誇りであった砂の壁が立っていて、固い砕石で出来た道がそこまで通じていた。あれ以来、地面と生い茂った雑草に埋もれた空家や壊れた道具、そして呼び名には沈黙が領している。そもそもわれわれはここで生きたことがあったのだろうか。十九世紀末に生まれた私の父は、何のために戦われたのかわれわれには分からない残虐な戦争に生命の危険を冒し、健康を損ねて、ここガロンヌ川畔で、今はもう何の痕跡も残さずに消え去った一企業を創設した。彼は自分が愛したこの地に、もはや誰からも思い出されることのない一人の女とともに、憩っている。しかしながら、何も少しも変わってはいないのだ。柔らかな地平線も、川の奇妙なコースも、沖積土のくすんだ色も、春先の桃の花のピンク色も、親しみやすい顔つきのガスコーニュ気質も。ずいぶん長く留守をしていたにもかかわらず、私は今までになく私がここの人間であると感じる。この安定した恒常性の中で、持続しなかった一時期が完結する。

私は子供の頃、農業と宗教心と言語を知ったが、三つとも今は死んだ。後になって航海術と文化と行儀作法を身につけたが、この三つも今は亡んだ。要するに、凶悪な二十世紀は一瞬の間に過ぎてしまったのだ。所々で屋根が崩れ落ちた農場の建物、閉鎖されたいくつかの教会堂、通じなくなったいい回し、崩壊した家族、こういう類いのものを目の当たりにするはめになるから、故郷へ帰ることは人を憂鬱にする。だが、錆びた船の墓場、オック語と同じく滅びたギリシア語とラテン語、不条理になったさまざまな風習、こういうものが刻んでいる時間間隔をほとんど零だと見積もるためには、ほかの場所である種のリズムの終焉を体験している必要がある。私の短い生涯を父親のそれに足し加えたとしても、一世紀という時間単位はほとんど持続しなかったも同然なのだ。

測定は時間を殺す

さて、農業や医学、そして現代の情報処理媒体は、千年以上も続いた他の時期を終わりに導く。新石器時代に生まれた飼育羊と栽培小麦は、西欧が今日では放棄している畦地や牧舎でヒト化を推し進めた。地上の楽園を追われて以来、苦しみに耐えてきた人間の身体は、有効な治療薬のお陰で変化する。書記法の発明は、われわれが今日の技術のもとで住みついている仮想性の中に、すでにわれわれを投げ込んでいた。遺伝子工学が種馬飼育場や苗床に、そして画像がページに取って代わる。何千年にもわたる他の時間間隔は終わりを迎え、他のリズムは永続きしない。名前や家族が痕跡を残さずに消滅するなどということは、たいしたことではない。だが、事物そのもの、道具、鋤、船と軛、技術用語と身体の動作、要するに世界に対する関係、他者に対する絆の集合、そして自己に対する深遠でひそやかな関係が不在の中に消え去ったのだ。何千年が一瞬のうちに。

われわれは回帰によって時間を測るから、われわれが時間の持続を見積もるのは、こうした期間が終わる時だけである。そこに到達した時、それらの期間はわれわれにとって空っぽも同然である。もう日没だ。私は今日一日をどう過ごしてしまったのか。年の初めは、あんなにも短かった昨年の初めにつながる。この女が死ぬ。私は彼女を十分愛しただろうか。作品の下部に記される署名が作品を完成する時、農場が荒廃している故郷へ帰る時、消え失せた文明の点在する石の前で百年祭と千年祭を併せて祝う時、農業の終わり頃に遺伝子組み換え作物が出現する時、これらすべてはきわめて速やかに終わるのである。

われわれは、時計のチクタクいう音、鳴っている太鼓、オーケストラの指揮者が振り上げる棒の運動を気軽に時間と呼んでいるが、そこから時間が排除されているように見えるこうした無言の動きを区切る節々の間にも時間は流れている。測定が時間を殺すのである。時間割の使用は人生を短くしてしまう。私の空っぽの街の中では、私の家族は消え失せる。組み換えられた遺伝子を持つ桃の花が咲く田舎で、新石器時代は終わりを迎える。百年あるいは千年という単位で時間を測ると、その時間間隔は両端を残すだけで吸い尽くされてしまう。その結果、私は到達不能と思いこんでいた階段を乗り越える。

私の知覚は、概日的な光のリズムの中で働いており、私の記憶は一年とか一世紀という時間に関わる。ところで、私が考えるのは私のニューロンや私の頭を使ってである。私の認識が、栄養の代謝平衡の中に、したがって種の交配の農作業の中に始まるとすれば、要するにもし私が自分の身体を用いて考えるとすれば、私は何千年という時間の中で気楽に生きられるし、私の古い農園の廃墟もその残骸を、農業の黎明期に現れたあのシュメール人の遺跡に似通わせる。私の筋肉はギルガメシュと一緒に労働し、私の心臓は、牧者にして族長であるアブラハムの妻サラと一緒に、脈打つ。

というのも、これらの多様なリズムは、その長短に関係なく、時間の本性については何も語りはしないが、時間を測るいくつかの単位を繰り広げてくれるからである。ところで、心拍から一日の長さへ、私の父の一生から屋根組の損耗へ、肥沃半月帯の森林に作り出された小麦畠から現代におけるこの農業の終焉へと、私はリズムを変える。それだけのことなのだ。だが、私はそれに対応する時間を知覚したであろうか。これほど不確かなことはない。というのも、私はこの時間を、その始まりと終わりを私が知っており、したがって支配し、測定することにより制御し、このようなやり方で消滅させている期間の中に押し込んでいるからである。時代から時代へと跳躍しながら、あるいは梯子の格の上を飛翔しながら、いまや私は、今日完結するヒト化過程の始まりにいる。

リズムのある測定は時間を殺す。区間の回帰を隔てる持続は、一瞬しか続かないのである。

記憶とリズム

しかしながら、われわれはそこに辿り着いた時、何を思い出すのだろうか。われわれが思い出すのはリズムである。というのも、過程的な流れはわれわれを貫き、ついでにわれわれを乗り越えて、自らのもとにもわれわれのもとにも決して戻ってこないからである。この非可逆性はいかなる財宝も貯め込みはしない。その反対に、非可逆性が財宝を浪費に当てるためには、バンクが存在する必要がある。というのも、非可逆性は始終、浪費しようと努めるからである。浪費されるのは、すでに蓄積された財産だけである。こういうわけで、記憶が結びつくことができるのは、可逆的なものだけ、向かい合った二つの対立物が作り出す襞だけである。たとえば、損失と回復、流れと逆流、逃げ去っていく〔ビッグ・バンの〕膨張と化石放射として戻ってくる光、スペクトル上に並んだ光の多様な振動を持つ色、凹凸の褶曲構造、タンパク質の襞、放蕩息子の帰還、われわれの書物や愛のやり直し、つまりダ・カーポ、歌の振動、ことばのおしゃべり、散文の中に秘められた詩、カデンツァなどだ。可逆的なニュートンの疑似‐時間は、リズムに従っている。彼の時間は流れの持続を測るのではなくて、いわば非可逆なものにブレーキを掛けているような惑星系の振動を記述するのである。たとえば、惑星と同じように、われわれのうちもでひどく心配性の人々は、息切れのするような時間割を用いて、死への落下を先送りしようとする。

記憶はたわみ、数や襞を積み上げ、財宝を島に、多様性をバンクに運び、染色体のようなポケットを探し、それをネゲントロピーで満たし、増大するエントロピーから岸辺を保護する島を構想し、数から作られ、ポケットの中に詰め込まれ折りたたまれたリズムに変わる。振動するすべてのものは、こうして、記憶を含んでいる。というのも、それらは、古代人やルネサンス人たちがエリスという名を与えた天空の螺旋階段と同じように、またDNAの二重螺旋と同じように振動しているからである。そして、強情で休むことのないレーズ（rhèse）、すなわち流れは、これらの財宝を浪費し、これらの襞をほどき、これらのポケットを開き、これらの島々の岸辺を浸食する。エントロピーがネゲントロピーの粒を扱き落とす。

代謝のリズムと非リズム的なゲノム

終身刑を科されて牢獄にいる賢者が、死ぬ間際になって、自分の衣服の上にジャガーの描き出す秘められた図柄に埋もれたメッセージをついに解読する次第を物語る時、(*82)ボルヘスは持続の中をそんなに遠くまで遡るわけではない。表現型の表面で、毛皮の毛並みを愛撫する時、彼はジャガーの肉体や生命の持続の中に奥深く分け入っていくわけではない。確かなのは、老人がニューロンだけに頼って思いを巡らしているのではないということである。彼は取っ組み合いでもしているかのように、この肉食獣の毛色を解読するのだ。私にはこの賢者の名前の見当がつけられる。動物の骨に記されている謎や動物の感情表現を初めて解読した、かのダーウィンである。

ところで、ジャガーに独自の装いを与えた自然淘汰の手前で、神の書き物がもっと前に、つまりゲノムの折りたたまれた深みの中に隠されていることを、われわれはいまや知っている。そして、われわれはその射程を読み取るすべを心得ているのである。われわれはＤＮＡの折れ曲がったリボンを時間的なゾンデとして受け取り始めている。こういう細胞核のポケットの中に詰め込まれている遺伝子は一パーセントを大きく下回る程度でしか人間のものとはいえず、まさしくボノボやジャガーのみならず、また鳥類や爬虫類を、要するに後生動物を、さらに遠くまで行って単細胞生物を作ったような、いくつかの遺伝子を組み合わせたものなのである。われわれの細胞核の中に横たわるこのリストによって、長い時間の秘密に分け入り、進化を遡って、今から四十億年以上も前の、最初の原核動物の生誕に辿り着く。

だが、この年ということばは何を意味するのであろうか。取るに足りない一年というリズムを持ち、その短さゆえに役に立たず、周期的な測度を表わすがゆえにほとんど有害でさえもあるこのことばは。ところで、新たなゾンデは一切のリズムから離れて、非リズム性の中に入っていく。極端なまでに単純化されたアルファベットを用いて、ＤＮＡのリボンは長いメッセージを繰り広げるのであるが、そこにはいかなる周期も現れないどころか、明確な意味や用途を欠いた無数の断片が登場してくるのである。そして私は、一瞬しか持続しない身体をこの巨大な時間の蓄積者である胚‐ゾンデに、短いリズムの表現型を部分的には最初のバクテリアまで遡るゲノムに、そしてこのゲノムを最初の原子に、心臓のように脈打つ代謝を周期のないバンクに結びつけるのであるから、私の生命は、その本性が眠るストックを備えた時間をリズム的に測定するのに適した表面的なサイクルを構成しているのであろうか。

染色体《クロモソム》、時間《クロノ》の‐総和《ーソム》？

それゆえ、くじ引きで取り出されたように見える音符の数珠から作られているわれわれのゲノムは、非周期的であって、特殊で個人的な要約のうちに、あるいは私が先に透視画法的と称したような断面図の一つに、生物たちの実測的な段階を積み上げているのである。こういうわけで、われわれの遺伝子の個別の楽譜を合わせた全体が奏でる交響楽によって、私は静かに、私を取り巻く存在の仲間に加わる。私の街の農民、兄弟のような石工やトラック運転手たち、家畜小屋の雄牛、裏庭の葦、ガロンヌ川のニシンダマシ、野原のピンクの桃、小麦、トウモロコシ、トマトにキウイ、それぞれがその特異な楽器を、狂ったリズムで奏でるのである。すべてが一緒に区別なく、同一の時間に浸っているのだ。

生命に不可欠なこの非周期性には、いくつかの特徴がある。すなわち、各々のテキストの特殊性は、生命そのものの独自性、これに加えて種の独自性、そのうえ個体の独自性を独特の組み合わせで結びつけている。それのみならず、あらゆる対称性の破れを意味する不安定性が、平衡からのずれ、存在の時間そのものを始動させるのである。というのも、これとは逆に、周期と対称性は、それらが始めたことを最後には消し去ることにより、持続を収縮させるからである。つまり、流れを安定化することにより、これを溶解してしまうのである。それゆえ、リズムによって時間を測定することが、時間を消滅させるとすれば、リズムを破壊することが、逆に、時間を始動させる。こうしてわれわれはみんな一緒に時間の冒険の中に投げ込まれているのである。そこで私は第二の記憶に入っていくが、それは、もはや回帰に頼ることをしない神秘的で、ほとんど逆説的な記憶である。それゆえ、非周期的で普遍的な遺伝情報は、生物相の時間を足し上げ、総和し、総計し、各個体の時間を出現させる。染色体《クロモソム》は時間のバンクあるいは総和であるのだから、これを時間の－総和《クローノーソム》と呼ぶべきではなかろうか。こうして、われわれのゲノムは進化の一部を、その展開の一部で覆われた井戸を含んでおり、そこから一切の共同性と各個体の特異性とが湧き出してくるのである。われわれは持続と個体化を、つまり私自身と、私が夢にも捉えることができるとは思っていなかったこの巨大な流れを、奥深いところで結びつけている絆を理解し始めている。

結合法は非可逆性の秘密を含む

そのうえ、この長い持続が稠密に、動きもせず巻き込まれている場所は、いくつかの要素を結びつけている。時間の測定がリズム的なものを要求するのに対し、時間の本性は結合法の中に横たわっているのではなかろうか。

私はそうだと思う。というのも、測定が示すのはいつだって、少なくとも形式的には自分の上に戻ることの可能な可逆的な時間だからである。惑星は太陽の周囲を、時計の針は文字盤の周囲を回転する。心臓は規則的な正弦曲線に従って動悸を打つ。私は並置された歯車に頼って年、世紀、千年紀を数える。目につくようないかなる変化もなしに、これらはすべて逆向きに回転させることができる。だが、もし私が非常に多数の要素を一挙に配列するとすれば、私が後で以前と同一の組み合わせを作り出す確率は、ほぼ零に近いといっていいほどに小さい。こういった事象の系列が自らに回帰するのは、想像を絶するほどの時間の後でしかないことであろう。並べ直すごとに、ある独自性が発生するのである。もはや脈動したり、回転したりするものは何もなく、すべてはほかのものになり、したがって変化し、変動する。そうなると、勘定や時間の系列は非可逆的になって逃げ去る。こうして、組み合わせが矢を産み出す。つまり、ゲノムは向きを備えた時間を含んでいるのである。

私が脳で考えたり思い出したりするのであれば、私は素早いリズムで点滅を繰り返す。私が身体で考えたり思い出したりするのであれば、身体がそれらのリズムを緩慢にする。だが、どちらの場合でも私がそれをするのは、さまざまな周期の内部にほかならず、したがって私に到達できるのは、科学や時には哲学者たちの場合と同じことで、測定だけでしかない。このような測定はすべて、周期であれリズムであれ、やはり可逆的であり、向きとは独立であって、向きを変えても不変なままである。しかし、私が染色体、遺伝子、そしてDNAの中で、またこれらによって考えるのであれば、私が発見するのはクロノメーター——この器具は計測や可逆性にはまだ有用であろうが——ではなくて、私がそれによって時間の本性そのものの中に、われわれが常に忘却している時間の非可逆性の中に入り込んでいける格好のゾンデなのだ。

そこで、私はもう一つの音階の上でも動き出す。世界の始まりに、つまりあったとしての話であるがビッグ・バンに遡る原子的な成分に切り分けられた私のゲノムの譜表は、それらを組み合わせ、結びつけ、編み合わせて、私と同様に予見不可能な別の個人たちをローカルに世に送り出す。あらゆる楽曲のソルフェージュをなす、この基本的な音符によって、ひそかに私は、かつてわれわれが太古の形態のもとにそこから出てきた大洋の水、私がかつてそこから出現したガロンヌ川の流れ——私を身ごもっていた母は、ある春、洪水に遭い、船乗りであった父の船に救い上げられたのである——、私が呼吸する大気の息吹、怒りっぽい雄牛やピンク色の桃を養う大地、私の家族の仕事からそして原初の時代から来ている砂や砂利、宇宙の水素そのもの、物質、光、最初の火の仲間に加わる。すべての合成物が、一緒に果てしもなく、世界の不調和と忘却を讃えている。

だが、この不安定な調和は、常に相異なる仕方で個別化される組み合わせに従って広げられるから、グローバルな偶然性を発生させる。偶然性とは何であろうか。非可逆的なもののこういう展開、時間という組み合わせバンクによる特異性のこのような生産。かつてライプニッツは世界を創造する前の神の悟性を舞台に登場させたものであった。この奇妙な「機関《オルガン》」は、要素として可能なものをも含んでいた。そこで、永劫の昔から神は計算を行なった。すなわち、この原子のようなものの組み合わせを作った。各操作ごとに一つの世界が出現した。それらはすべて相互に異なっていた。というのも、これらの配列の各々は、限りなく零に近い確率でもってしか、繰り返されることがないからである。それらの中から神は最善のものを選んだ。いや、この霊感を受けた哲学者は、生き物や物に存在を与えた命令《フィアット》を発する以前の〈創造主〉の心中に入り込もうとしたわけではない。彼はただ、自分がその法則を発見し、今日われわれが細胞核の内部でその詳細を解読している組み合わせ操作を先取りしていたに過ぎない。そのうえ、神は原子と諸世界を組み合わせることにより、特異性に特異性を重ねて、時間を創造した。神は時間を偶然的なものとして創造した。ある別の世界が結果として選ばれるようなこともあり得たであろうからである。偶然と創造という互いに他を前提し合っている二つの観念を、今日、われわれが対立させることができるのはどうしてであろうか。これと同じように、DNAの中に含まれている分子的アルファベットのでたらめな配列からは、お好み次第の制限を加えられたきわめて多様な有機体が生まれており、その連鎖は非可逆的な時間を辿っているといってよいほどである。このバンクからは、要素を自由に結び合わせることにより、さまざまな特異な時間が出現するのである。ライプニッツの古い操作は、相変わらず、あらゆる生き物と同じく宇宙に関しても成立する。個別の存在の非可逆性と発展する時間の偶然性は組み合わせ理論から生まれるのである。実のところ、この理論の特異性を、代数学やトポロジーは数や襞によって解きほぐしたり、組み立てたりして、複雑さという数と襞をいい直した素朴なことばが含んでいるようにみえる秘密を解消する。要素と順列が井戸、バンク、ストックを形成し、そこに時間が非可逆的な系列をなして集積され、その系列から、あれこれの配列、順列、組み合わせに応じて、時折、必ず異なる多様な事物の状態が繰り出されるのである。世界と生命の物理学にして化学。

生命は時間の可逆的なものと非可逆的なものを結びつける

そんなわけで、身体と胚からなっている生き物は、時間を測定する多様な表現型的、代謝的、有機体的なリズムと、時間の本性を隠すとともに暴き出す折りたたまれあるいは積み重ねられた非周期的組み合わせとを、結合している。すなわち、リズムと持続、周期と過程的なもの、可逆的なものと非可逆的なもの、測定と自然、記憶と忘却。またもや一枚の白地図がもう一枚の雑色の地図の上に重ねられているのである。

生命とは何であろうか。時間の普遍的なバンクと、時間の小銭を消費する多様な可逆性とを結びつけるもの。微小であったり巨大であったりする発信源は、点滅を繰り返して、目に見える世界の中に奇妙な物質塊を送り出し、それらが自らの多様なリズムで空にしあるいは破壊する束の間の時間を燃え上がらせる一方、ひそかにその稠密な襞の中で再生され、リズムからリズムへとすべっていく同一のバンクが、この時間を後生大事に守るのである。時間の本性がそのリズムを、したがってその測定を、それゆえその消費と消滅を産み出す。この過程を通じて、われわれの存在は狭隘なポケットの中に入るのであって、そこでは、ほとんど限りなく短い閃きと思われる間に、個人、家族、都市、何千年も続く時代、何百万年も続く種の誕生と死が継起する。これとは逆に、われわれが時間だと見なし、それについて思い出すもの――労働時間、修業時代、はかない人生と希望のないその優しさ、短い諸世紀と慌ただしい諸文明、ある種の事象が始まり、開花し、死んでいく一切の期間、隠された思想、秘められた愛、しがない作品、人目に立つ快挙、血なまぐさい帝国、伝統的な農業、目玉模様の毛皮、生命と地球――は、空間の中における何らかの短い対称的な平衡、何らかの電撃的な可逆性の出現に帰着する。

そう、生命は時間がとぐろを巻いている隠された系列を突然、後にして――なぜだろうか。時には愛のためである――、その測定可能な化身を、死に向かうエントロピーの滝の中に投げ出すのである。そうすると、循環的な反復運動、周期、韻律、サイクルが全くの無秩序へのこの転落をできる限り押しとどめようとする。たとえば、渦動の数珠が自らの上に回帰し、まるで水がその行程を延期するかのように、まるで乱流が非可逆的なものを先送りするかのように、勢い盛んな流れを横切って、橋脚の後ろ側に、ほとんど安定した形態を創り出す。たとえば、クリナメンが原子の雨の中に出現し、そこに、やはり落下しているとはいえ落ち方が少ないリズムを産み出す。これらの螺旋、時間の小節、音楽や言語のリズムは、死を遅らせる。生命の時間、回帰やサイクルの間隔の中に消え去る時間は、エントロピーがもたらす壊滅を抑え、阻み、妨げ、制動し、減速し、遠ざけ、遅らせる。われわれは足踏みをし、時間稼ぎをし、ジグザグ運動をしながらしばらくの猶予を求める。その様は、向かい合った二つの壁に交互に二日、二年あるいは二十億年の間、または二回の鼓動、二回の瞬きの間、衝突を繰り返し、手や足で代わる代わる捕らえられ、引き留められながら、谷のほうへ下っていくボールのようである。生命は、二面体上の二つの向き合っている面を交互に支えているが、この二つの面のお陰でわれわれは転落を先送りするのである。このリズムのある締め付けが、われわれの死を遅らせる。こういうわけで、時間割は生命を荒廃させると同程度に、それを引き延ばしもする。生命を破壊しながら、その速度をゆるめるのだ。

生命とは何か。一切の意味を欠いた非周期的なあえぎが湧き出てくる、いつもここにある井戸から産み出される律動的な小節。私の生命とは何か。本と文章と単語からなる意味のあるテキスト。この三つはすべて、始まりと終わりを持つが、いずれも、この井戸の中に無秩序に投げ出されたアルファベットから組み立てられたものなのである。そう、読者よ、あなたが読んでいるこの文章、あなたがすぐ忘れてしまうこの小曲もそうなのだ。故郷から戻った私を捉え、またどこかへ行ってしまうこの思いも。われわれとは何か、われわれの一生とは。沈黙に向かっていく希有な音楽、だがそれは、抑えきれない暗騒音の上に魅惑的に、律動的に、歌うように、軽快に、敏捷に、ゆっくりと、悲しげに立ち上ってくるのである。

その時、永遠は異常で電撃的な輝きの中に、脆弱にかつ安定して、歌のように引き延ばされた点として出現する。君の美しさ、この黎明の直観——三つとも輝いている——、雄牛とジャガー、雄鶏とピンク色の桃、ガロンヌ川の荒々しい川波の中を転がり、かつて私が砕くすべを心得ていた大理石の砂利、いくつかの断片的な文章、何人かの人々、軽音楽、多色の糸で織られたような詩、分、日、年、世紀あるいは時代。その間にも、時間は私の身体の奥底にある成分、遺伝子、原子の集まりの中の胚のように、くるまれ、折りたたまれ、丸まって眠っているのだ。こういうバンクの中に詰め込まれ、ひそかに守られている時間のことを知らないわれわれは、われわれの心臓と肉体、そして世界のつかの間の平衡の中で、そして往々にして逆に読んでも変わらない名前の均衡の中で、愉しげに踊りながら、リズムや拍子に身を合わせながら体験する永遠をいとも簡単に生きているのである。

組み合わせ理論家である神は、数が振ってあるさいころを手にした偶然的な時間の役割を演じる。笑い好きで、永遠ではち切れんばかりのわれわれは、自分のポケットの中にあるこのさいころを拍子に合わせて揺すっている。

〈大いなる物語〉再論

ダ・カーポ。ビッグ・バンというものがあったとして、それが無機物質や生物の構成要素である最初の原子を形成し始めてこのかた。諸惑星が冷却し、地球が、われわれの組織や骨を形成するもっと重い物質の貯蔵庫になってこのかた。約四十億年前、ある奇妙な酸の分子が自分を丸ごと複製し、ついで突然変異により変化し始めてこのかた。最初の生物が、その背後にわれわれが現代の生物について知るよりも多くの化石種を残しつつ、絶えず進化して、地表に広がり始めてこのかた。ルーシーと呼ばれる若い娘が、出現した大陸のすべてに跨り、偶発的で多様な文化と言語を持つ次の人類の爆発的な旅行をそれとは知らずに約束しながら、東アフリカの草原から立ち上がり始めてこのかた。威厳のある族長がブドウを植え、インドの英雄がビールを醸造して、酵母のような微小生物を初めて手なずけたことも忘れてはならないが、南アメリカと中近東のいくつかの部族がトウモロコシと小麦を栽培することを発明してこのかた。書記法が生まれ、いくつかの部族がギリシア語あるいはイタリア語で詩作し始めてこのかた……。それ以来、最も大きな物語の共通の幹が、われわれの眼前で成長し始め、とうとうその名にふさわしくなったヒューマニズムに、共通で現実的な、そして思いも寄らなかった時間的厚みを与えたのだ。というのも、あらゆる科学の百科全書的な言語で書かれているがゆえに唯一で普遍的なこの物語そのものから派生した、すべての言語と文化がとうとうそこに参加できるからであり、この物語は、排他主義とも帝国主義とも無縁で、どんな土着言語にも翻訳できるからである。

文化の寄せ木細工

だが、読者がおっしゃる声が聞こえてくる。この長い叙事詩の中にある何ごとも、われわれを慰めてはくれないし、同じ言語を話さないために相互に理解し合えないこと、同じ宗教を信じないために相互に憎み合うこと、われわれを搾取して、同じ経済的水準で生活していない者を丸裸にすること、統治機構が同じでないという理由でわれわれを迫害すること……などからわれわれを保護してもくれない。だから、こういったさまざまな理由でわれわれが相互に殺し合うのは、どうしても避けられないことであると。私にはあなたのおっしゃることが理解できるし、あなたは間違っていない。もっと悪いことに、ある種の人々が哀惜する昔の文化は、トロイ戦争の恐怖や一神教の父アブラハムの拳のもとでの人間供犠の禁止に基礎を置くとはいうものの、歴史の日常茶飯事である地獄のような暴力から決してわれわれを解放してはくれなかった。ガリア人、インディアン、カタリ派、アボリジニ、それにアウシュヴィッツやヒロシマの大虐殺からもである。学問は意味を論じないから、意味に言及できるのは文化だけである。

往々にしてあらゆる意味でヒューマニストである、われわれ残りの著作家には、政治権力も軍事力も金もない。幸いなことにである。そんなものを持っていたところで、おのおのがたや皆様がたよりも上手には使えないことであろう。そのていたらくは、悲しいかな、今までにいやになるほど人目にさらしてきたところだ。真の普遍的な文化は、それを身につけた人にその文化の重みでいかなる人をも圧倒しないように振る舞わせるということによって、それと知られるが、文化人といわれる人でこのことを弁えている人がいかに少ないことであろうか。それゆえ、われわれが持っているのは言語だけ、そして往々にして教育だけである。だから、われわれにできるのは長期的展望のもとに働くことだけでしかない。まさに〈大いなる物語〉の時間の中においてである。われわれがいつまでも心安らかではおられない悪の問題に関して絶えず繰り返される、例の痛ましい問いに対して、われわれの限られた手段をもってしてどのように答えたらよいのだろうか。一切の集団的な善のうちで最高のものである平和をもたらすには、どうしたらよいのか。新たな文化をどうやって創造したらよいのか。それについて考えるだけでなく、それについて語るだけでなく、いつも何の役にも立たない会議に参加するだけでなくて、そのことに本当に貢献するためには。

ここに私が提案するのは、またもや〈大いなる物語〉から引き出した適切な行動である。

共通の知のために——大学への呼びかけ

学生たちから始めて、すべての人間を少しずつ結び合わせていくような教育の共通幹があれば、平和の前進が助長されることであろう。そこで、世界の大学が、専攻の如何、国の如何を問わずすべての学生に、知と文化に関して類似した展望を与えられるようなプログラムに初年度教育を当てることは、考えられないであろうか。学生たちは、自分たちの出番がくれば、それを普及してくれることであろう。

この一般的枠組みの発想は次の二点からきている。——ハード・サイエンスはすでに白地図のように普遍性に到達している。それらは、いまや、クロノペディーの発展を辿っている。——文化のほうはどうかといえば、さまざまな形や色をした寄せ木細工状の地図をなしている。教育はこれらの差異の全部を受容する。

この枠組みは三つの部分に分けられ、その一つは志望する専攻分野（医学、法学、自然科学あるいは人文科学）に、残りの二つがこの共通のプログラムに割り当てられる。

大学の初年度向けの共通プログラム

Ⅰ　専攻分野の通常のプログラム

Ⅱ　すべての学問に共通する一元的な〈大いなる物語〉

物理学と天体物理学の初歩——ビッグ・バンから惑星の冷却に至る宇宙の形成。
地球物理学、化学、生物学の初歩——地球の誕生から生命の出現および種の進化まで。
一般人類学の初歩——人類の出現と伝播。
農業と医学の初歩および文化への移行——地球、生命、人類そのものに対する人間たちの関係。

Ⅲ　人間文化の寄せ木細工

一般言語学の初歩——語族の地理学と歴史。
コミュニケーション言語——その発展。
宗教史の初歩——多神教、一神教、汎神教、無神論。
政治学の初歩——統治形態の種々相。経済学の初歩——世界における富の配分。
美術と叡智から選び出された傑作。サイト——ユネスコによる人類の世界遺産。

訳注

（＊1）ベルナール・ボヴィエ・ド・フォントネル『世界の複数性についての対話』（赤木昭三訳、工作舎）第五夜を参照。

（＊2）旧約聖書「創世記」第二八章第一二―一五節を参照。ヤコブは、地上から天に達する梯子の上を天使が上り下りする夢を見る。

（＊3）パスカル『パンセ』（ブランシュヴィック版Ⅲ二〇六）に、「これらの無限の空間の永遠の沈黙は私に恐怖を与える」とある。

（＊4）バラの時　エルネスト・ショーソンの曲で知られるモーリス・ブショールの詩「愛と海の詩」の中に、「今春、リラの時とバラの時は戻ってこない。リラの時とバラの時は過ぎ去ってしまった。」という詩句がある。

（＊5）一番よく知られているのがキケロのものである。同種の他の著作については、キケロ『老年について』（中務哲郎訳、岩波文庫）の訳者による解説を参照されたい。

（＊6）『おじいさんになる方法』　ヴィクトル・ユゴーにこの題の詩がある。

（＊7）『バクテリアの宇宙』　リン・マーギュリス、ドリオン・セーガン『ミクロコスモス　われわれの微生物の祖先から始まる四十億年の進化』（邦訳『ミクロコスモス　生命と進化』田宮信雄訳、東京科学同人）のフランス語訳。

リン・マーギュリス Lynn Margulis（1938-　）はアメリカの生物学者、その現代的な内部共生理論によって知られる。

ドリオン・セーガン Dorion Sagan（1959-　）は、リンと前夫カール・セーガンの間の子供で、科学ジャーナリスト。

（＊8）フローラやポーモーナ　ローマ神話でフローラは花の、ポーモーナは果実の女神。

（＊9）　ラテン文は、ウルガタ聖書詩篇第二六章六節からの引用。邦訳は文語訳聖書の当該箇所をカタカナ表記した。

（＊10）　断続的な均衡という理論　一九七二年に米国のS・J・グールドとN・エルドレジが提唱して論議を呼んだ新しい進化説。ダーウィン説が個体の自然淘汰に基づくゆるやかな進化を主張するのに対し、種の淘汰に基づく、断続的で急激な進化を主張した。

（＊11）　ラブレー『第二之書　パンタグリュエル物語』（邦訳　渡辺一夫訳、岩波文庫）第二〇章を参照。

（＊12）　ヘーゲル『小論理学』（邦訳　松村一人訳、岩波文庫）「哲学体系への序言」一五を参照。

（＊13）　パリシ Bernard Palissy（1510-1589(90)）　フランスの陶工、学者、著述家。地質学、地理学、農学の仕事がある。

（＊14）　ブシェ・ド・ペルト Jacques Boucher de Crevecoeur de Perthes（1788-1868）　フランスの先史学者。この学問の創始者の一人。

（＊15）　ウェルギリウス『アエネーイス』（邦訳　泉井久之助訳、岩波文庫）第六巻一二六。ジュール・ヴェルヌは『地球の中心への旅』（邦訳多数）第一八章で、これを引用している。

（＊16）　ウェルギリウス『牧歌』第五巻四四の句 formosi pecoris custos, formosior ipse［麗シキ羊群ノ、ソレ自身イッソウ麗シキ羊飼］を、ヴィクトル・ユゴーが Immanis pecoris custos, immanior ipse［恐ロシキ獣群ノ、ソレ自身イッソウ恐ロシキ番人］と変えて、『ノートル・ダム・ド・パリ』第四篇第三章の章題にした。ジュール・ヴェルヌは、これをウェルギリウス自身の詩句と思いこんだままその一部を、『地球の中心への旅』第三九章で引用したものらしい。

（＊17）　パターソン Clair Cameron Patterson（1922-1995）　アメリカの化学者。地球の年齢の決定によって知られる。その仕事は化学のほか、地質学、気象学、海洋学、考古学など多方面にわたった。

（＊18）　libido dominandi［支配シヨウトイウ欲望］　アウグスティヌスは『神の国』（邦訳　服部英次郎訳、岩波文庫）第一巻三一章において、これをローマ人の悪徳の一つに数えている。

（＊19）　シャンソンの歌詞　ギュスターヴ・ナド作詞作曲の「もしガロンヌ川が望んだならば」というシャンソンの第四節。

（＊20） プラエ－コーギタト（præ-cogitat） præ-cogitat は、「あらかじめ考える」を意味するラテン語の動詞 præ-cogitare の直説法現在三人称単数形である。セールはこれを名詞化して、フランス語の不定冠詞をつけている。cogitare の一人称単数形のコギトを名詞化して用いたデカルトに対抗したものか。

（＊21） ミッシェル・セール『愛において、われわれは動物なのか』、ル・ポミエ社、二〇〇二年。

（＊22） 生物の分類で種の上位を表わす属 genre と動詞「一般化する」généraliser は、共通の語源を持つ。

（＊23） 新約聖書「マタイによる福音書」第二六章第二六節、「マルコによる福音書」第一四章第二二節、「ルカによる福音書」第二二章第一九節などにみられるイエスのことば。

（＊24） アリストテレス『詩学』第四巻一四四八b。

（＊25） デュ・バルタス Guillaume de Salluste du Bartas（1544-1590） フランスの詩人。戦闘的なユグノー派に属した。「創世記」に想を仰いだ詩『一週間あるいは世界の創造』によって知られる。

（＊26） ラスペド Lacepede, Bernard Germain Etienne de la Ville（1756-1825） フランスの博物学者、政治家。アジャン生まれであるから、セールの同郷の先輩である。

（＊27） アダム・スミスの見えざる手 『国富論』第四巻第二章参照。

（＊28） 新約聖書「ルカによる福音書」第二二章第一九節および「コリント信徒への手紙一」第一一章第二四節にあるイエスのことば。

（＊29） 旧約聖書「創世記」第二二章第一二、一三節参照。

（＊30） ウルガタ聖書「詩篇」第二五章第六節および第七二章第一三節からの引用。邦訳は文語訳聖書の該当箇所をカタカナ表記した。

（＊31） オミネサンス hominescence 「成人状態への移行」を意味するセールの造語。（コレット・ミュルシア、ユベール・ジョリ編『科学技術新語辞典一九八二―二〇〇三年』、パリ、CILF発行、二〇〇五年、を参照。）セールはこの語をタイトルにした著書を刊行した（邦訳『人類再生』、米山親能訳、法政大学出版局、二〇〇六年）。

（＊32） プレローマ 充満を意味するギリシア語。グノーシス派は、至高神から放出される神的実体が充満している状態を表わすのにこの語を用いた。

（＊33）新約聖書「ヨハネによる福音書」第一三章第三四節を始め、新約聖書に頻出するイエスのことば。

（＊34）キケロ『トゥスクルムでの対話』第二巻一三。

（＊35）ピレエフスを人間だと勘違い　フォンテーヌ『寓話』の中の「猿と海豚」における猿の知ったか振り。

（＊36）アステリックス　ルネ・ゴシニ（文）アルベール・ユデルゾ（画）によるシリーズ漫画の主人公。ローマ軍の占領下にあったガリアの寒村における村人の抵抗運動からストーリーが展開される。一九八九年には、パリの北方プラーイの地に、彼を主題にした遊園地パルク・アステリックスが開設された。

（＊37）ヘロドトス『歴史』一―一九五。

（＊38）「ピレネーのこちら側では真理、向こう側では誤謬」　パスカル『パンセ』ブランシュヴィック版Ｖ二九四。

（＊39）「人はどのようにしてペルシア人になることができるか」　モンテスキュー『ペルシア人の手紙』書簡三〇。

（＊40）古代ローマを舞台にしたコルネーユの戯曲『オラース』を参照。

（＊41）ラ・フォンテーヌ『寓話』「雄鶏と猫と仔鼠」からの引用。

（＊42）ミストラル Frederic Mistral（1830–1914）　南仏のプロヴァンス地方に生まれ、生涯をそこで過ごした詩人。一九〇四年にノーベル文学賞を受賞。

（＊43）ジャスマン Jacques Boe Jasmin（1798–1864）　南仏のアジャン生まれの詩人。

（＊44）ラテン語の成句 *Post coitum omne anial triste.*［性交ノ後デハ、スベテノ動物ガ悲シゲナ顔ヲスル］のもじり。

（＊45）黄色の高い調子　一八八九年三月二十四日、サン・レミイの病院にいたゴッホが弟のテオに宛てた手紙の中で、前年のアルルにおける制作活動を振り返って用いたことば。なお、このことば（La haute note jaune）をタイトルにして、アルル時代のゴッホの画業を描いたアラン・ジョベール監督の映画がある。

（＊46）ボシュエの「死についての説教」の一節。

（＊47）ミッシェル・セール『五感』、米山親能訳、法政大学出版局、一三八ページ以下を参照。

（＊48）聖フワン・デ・ラ・クルス Juan de la Cruz，本名 Juan de Yepes y Alvarez（1542–1591）　スペインの修道士で神秘思想家。カルメル会修道会の改革に当たった。著書に『カルメル山の登山』、『魂の闇夜』などがある。我が国では「十字架のヨハネ」として知られる。

（＊49） トマス・ア・ケンピス『キリストにならいて』第三巻第五十六章にある句 Sine via non itur, sin veritate non conoscitur, sine vita non vivitur.［道ガナケレバ行カレズ、真理ガナケレバ知ルコトハナク、生命ガナケレバ生キラレナイ。］のもじりか。

（＊50） ラ・ペルーズ Jean-Francois de la Pérouse（1741–1788） フランスの海軍士官、探検家。北アメリカ西海岸の地図を作製した。

（＊51） パントープ、パンクローヌ、パニュルジュ、パングロス、パングノーズ、パントロープ すべてを意味する接頭辞パンと、それぞれ場所、時間、技術者、言語、認識、人間を意味する語要素を合成して作った（擬）人名。なおパニュルジュ、パングロスはラブレーが『ガルガンチュアとパンタグリュエル』で、ヴォルテールが『カンディード』でそれぞれ創造した人物。

（＊52） セールはしばしば月の皇帝に言及するが、これはライプニッツ譲りであるように思われる。ライプニッツの典拠は、彼が『中国最新事情』で引用する芝居『アルルカン　月の皇帝』であるが、ノラン・ド・ファトゥヴィル作のこの芝居の内容は、セールや、ライプニッツ注釈者の描き出す皇帝像とはかなり異なっている。パリ市内の医師の小間使いコロンビーヌに気のあるアルルカンは、さまざまな人間に扮装してこの医師宅に入り込もうとする。最初が召使い女、薬剤師、月の皇帝の大使、最後が月の皇帝である。月の皇帝を装って現れたアルルカンは、一座の人々に月の世界の様子を尋ねられて、苦し紛れにいい加減なことをしゃべる。それを聞いた質問者が順繰りに発するのが、「それではここと同じではないか」ということばである。つまり、月の皇帝アルルカンは旅行もしないし、まして月の住民に帰朝報告をするわけでもなく、「すべてはどこでも同じだ」などと発言するわけでもない。

（＊53） ピュテアス・ル・マッサリオト Pytheas le Massaliote　紀元前四世紀の航海者。マルセーユ（ギリシア名マッサリア）に生まれ、スペイン、ガリア、ブリテン東岸を経由して、バルチック海沿岸にまで到達したと伝えられる。

（＊54） ロンサール『続恋愛詩集』の中のソネット「可愛い鶯よ……」の一節。

（＊55） ユク神父 Evariste Regis Huc（1813–1860）　フランスの宣教師、旅行家。モンゴル、チベット、中国を歩いて著わした旅行記によって知られる。

(＊56) ル・ナン Le Nain　十七世紀のフランスで活躍した画家の三兄弟。作品には苗字しか署名しなかったので、それぞれの寄与が区別されていない。

(＊57) フォーサイト　英国の作家ジョン・ゴールズワージーの小説『フォーサイト・サガ』の主題となる名家の苗字。

(＊58) クリスチアーヌ・フレモン Christiane Frémont（1951-　）　フランスの哲学者。本文で論じられている事項に関しては『ライプニッツの体系における個別的特異性と関係』（パリ・ヴラン社、二〇〇三年）二九六、二九七頁を参照、ほかに『存在と関係　付　デ・ボス師への三五の手紙』（パリ・ヴラン社、一九九九年）などの著書がある。

(＊59) プレグナンツ　知覚像が簡潔で安定した形に落ち着き易いことをいうゲシュタルト心理学の用語。

(＊60) 旧約聖書続編「トビト記」第六章第四―九節。

(＊61) ルネ・ジラール　René Girard（1923-　）　フランスに生まれ、アメリカで活躍する文化人類学者。著書に『暴力と聖なるもの』、『世の初めから隠されていること』、『身代りの山羊』、『ミメーシスの文学と人類学』、『邪な人々の昔の道』（いずれも邦訳は法政大学出版局刊）などがある。

(＊62) スエトニウス『ローマ皇帝伝』「クラウディウス」二一にある句。のちに、戦いを始める前の剣闘士の挨拶のことばになる。

(＊63) キケロ『神々の本性について』第三巻四〇。

(＊64)『オルラ』　モーパッサンが一八八七年に発表した短編小説。邦訳は、たとえば青柳瑞穂訳が『モーパッサン短編集（三）』（新潮文庫）に入っている。セールはすでに『アトラス』の中で、かなりのページを割いて、この短篇について論じている。同書、邦訳、及川馥・米山親能・清水高志訳、法政大学出版局、五九―九一ページを参照。

(＊65) セヴェソ　イタリア北部の都市。一九七六年この地の農薬工場で爆発事故が発生し、周辺地域に大量のダイオキシン類が飛散した。

（＊66）エルジェ『タンタン、チベットへ行く』（邦訳 川口恵子訳、福音館書店）の一場面。この漫画についても、セールは『アトラス』で詳しく論じている。同書、邦訳二九三ページ以下を参照。

（＊67）ミッシェル・セール、ネラ・ファルキ共編『ル・トレゾール 科学の事典』、フラマリオン社、パリ、一九九七年。

（＊68）ギゲス Guges（紀元前687年頃—651年頃） 魔法の指輪のお陰で羊飼いから王位に昇ったと伝えられるリディアの王。メルムナド王朝の創設者。

（＊69）中世フランスのファブリオに登場する人物。『フランス中世文学集3 笑いと愛と』（新倉俊一・神沢栄三・天沢退二郎訳、白水社）に所収の「コンピエーニュの三人盲者」を参照。

（＊70）ポルツィウンコラ アッシジ市外にあるサンタ・マリア・デッリ・アンジェリ聖堂の中にある小礼拝堂。

（＊71）長年の間、パリ選出の代議士として活動し、労働者の福祉に尽力したアルテュール・グルシエ（Arthur Jules Hipolyte Groussier, 1863-1957）のことば。パリ十区に彼の名前をつけた街がある。

（＊72）一九七七年にフランシスコ会ヴェネツィア管区が聖フランチェスコ没後七百五十年を記念して、刊行した書籍。邦訳に『聖フランチェスコの小さき花』、石井健吾訳、あかし書房がある。

（＊73）サルトルは『存在と無』の中で、être-avec（共にある存在）、être-pour-autre（対他存在）、être-pour-moi（対私存在）などの用語を用いている。

（＊74）ストレンジ・アトラクター 数学用語で、流体力学の基本方程式であるナビエ＝ストークス方程式の解のうち、乱流に対応する解の集合を指す。

（＊75）この邦訳は、カトリック中央協議会発行の『ミサの式次第』によった。ただし、ひらがなをカタカナに改めた。

（＊76）「使徒言行録」、第二章第一—四節。邦訳は日本聖書協会発行の新共同訳『聖書』によった。

（＊77）ジオノ Jean Gicno（1895-1970） フランスの作家。プロヴァンス地方の出身で、この地を舞台にした多くの小説を書いた。映画『河は呼んでいる』、『木を植えた男』、『プロヴァンスの恋』などの原作者。

（＊78）ブル André Charles Boulle（1642-1732） フランスの家具製作者。ルイ十四世のもとで、ヴェルサイユ宮殿の室内装飾に携わった。

（＊79）アンディ・ゴールズワージー Andy Goldsworthy（1956-　）　英国の環境芸術家。自然を舞台にした多数の彫刻や写真を発表している。

（＊80）クストー Jaques-Yves Cousteau（1910-1997）　フランスの海軍士官。一九三〇年代にアクアラングに頼って海底探検を行なった。

（＊81）ヴォラピュック語　ドイツの牧師シュライエルが十九世紀後半に考案した人工国際言語。

（＊82）ボルヘス『エル・アレフ』（邦訳　篠田一士訳、集英社）に所収の「神の書跡」を参照。

訳者あとがき

本書はMichel Serres : *L'Incandescent*, Editions Le Pommier, 2003 の全訳である。副題の「宇宙の中の人間」は、出版局と訳者が相談して付けたもので、原著にはない。

二〇〇五年に出版されたリーヴル・ド・ポッシュ版を参照して、それにしたがったところがある。本書の数個所で宇宙の年齢を百五十億年としているのがそれで、元版では百三十億年となっていたものである。二つの版にはこれ以外の変更はないようである。

原著において、固有名詞以外の単語であるのに、語頭を大文字にして表記してある単語は、本書では〈 〉で挟んで表した。ただし、フランス語でそのように表記するのが慣習になっている語、たとえば神、宇宙、太陽、地球などについてはその限りではない。また原著の《 》は「 」に置き換えた。この「 」は会話を表すのにも用いた。原著でイタリック体で表記されているラテン語やその他の外国語の句や単語は、少なくとも初出の場合にはそのまま掲げることとし、フランス語訳がついていればそれを翻訳し、ついていなければ［ ］に和訳を記した。数は少なくなるが、イタリック体で表記されている通常のフランス語の単語は、訳語に傍点を施した。原著に注は一切なく、本訳書中の割注や巻末の注は訳者によるものである。地理的事項に関するものを中心に比較的短いものを割注にした。ページを節約するために、百科的項目も取り入れた標準的な国語辞典などで容易に検索できるような事項は取り上げないようにした。

セールは二〇〇六年に刊行された『ヒューマニズムの物語』（*Récits d'Humanisme*, Editions Le Pommier）の巻頭で、これは『オミネサンス』（二〇〇一年）〔邦訳『人類再生』米山親能訳、法政大学出版局、二〇〇六年〕、『白熱するもの』〔本書〕、『小枝』（二〇〇四年）〔邦訳『小枝とフォーマット』内藤雅文訳、法政大学出版局、二〇〇六年〕に続く、四部作の完結編とみなさるべきもので、これらを貫くテーマあるいはタイトルは〈大いなる物語〉であると述べている。とはいえ「大いなる物語」という語は『オミネサンス』においては小文字で、数回、登場するにすぎない。大文字の〈大いなる物語〉が最初に登場するのは、二〇〇二年十一月にリヨンで開催された学際コロキウム『伝達する—われわれの分裂の代償はなにか』におけるセールの演題としてである。この講演の内容が本書三—三五ページにそのまま収められている。

一九七〇年代末に「大きな物語の終焉」を論じたジャン゠フランソワ・リオタールは、その原因を第二次大戦後の科学技術の飛躍的発展に帰していたが、セールが新しい世紀の冒頭にわざわざ大文字の〈大いなる物語〉と名付けて提出するのは、現代の諸科学がここ二、三十年の間に非常に正確な年代決定を行なってきた一連の科学的出来事の集まりである。すなわち、宇宙の誕生、物質元素の生成、惑星の冷却と地球の誕生、地球における生命の出現、さまざまな種の進化、人類の誕生、ルーシーのアフリカ出発などである。上記のような細部での変更はあるにせよ、大筋では変わらないと考えられるこの物語が明らかにしたのは、人間の歴史の新しさ、短さに比し、人体を構成する物質の途方もない古さである。それと同時に、従来、人間を他の生物から区別すると考えられてきた活動が、多かれ少なかれ他の生物はおろか無生物の中にも、原初的な形で存在することである。この物語は前もって決められた筋書きを持たず、時の流れの中で、一本の樹木にも似て不定の時に、不定の場所で分岐を繰り返すことにより展開される。これを解明していくには、あらゆる学問の協働が必要であるが、それを統合するものはもはや、閉じた円の中を徘徊するアンシクロペディー（百科全書）ではありえず、広大な時間の中に開かれたクロノペディーでなくてはならないと、セールはいう。

このように宇宙の片隅に追いやられた、はかない存在である人間は、進化の過程で生得の能力を失い、徒手空拳でこの世に生まれてくることになった。しかし、無能で無力に生まれることを逆手にとって、人間は、特定の目的に合わせて、四肢の延長としての道具をつくりだすことにより、無限の可能性を開いた。人間には依存しないと考えられていた事物にも影響を及ぼすばかりか、今や遺伝子を操って自己進化の道を歩み始めて、〈大いなる物語〉の共著者となるにいたった。このような現代の人間の状態を表す色彩や形象として、セールが用いるのが「白さ」であり、本書のタイトルでもある「白熱するもの」である。さまざまな色の光を抹消しないで統合する白色光は、セールにとって普遍性の象徴でもある。

しかし、現代にあっては大量破壊兵器の発達、多発する戦争や犯罪、拡大する不平等など、人間の行なう悪の可能性にも限りがないようにみえる。本書でも多くのページを費やして悪の問題が論じられるゆえんである。人間が集団として行なうことに警戒の眼を向け、われわれ一人一人がうちに抱えている悪に対決して、これを自ら燃え上がるための燃料に転化し、普遍を目指して進むことに人類の未来を見、教育の力に頼ってこれを実現しようとするセールは、やはりライプニッツの衣鉢を継ぐ楽観論者なのであろうか。

セールのその後の著書としては、いずれも二〇〇六年に刊行された『日曜の夜の時事対談――ミッシェル・ポラッコとの対話』および『橋の芸術　ホモ・ポンティフェックス』がある。前者は二〇〇四年九月から二〇〇六年二月までラジオ・インフォで毎日曜日に放送された七分間番組をまとめたものであり、後者は『天使の伝説』（一九九三年〔図版を省略した「シャン叢書版」九九年が法政大学出版局から邦訳されている。及川馥訳、二〇〇二年）や『身体のヴァリエイション』（一九九九年）と同工で、写真や絵画を豊富にちりばめたエッセイである。

末筆ながら、訳稿の成るのを忍耐強く待って下さった法政大学出版局の平川俊彦氏、編集を担当され、貴重な助言をして下さった藤田信行氏に厚く感謝する。

二〇〇七年二月

豊田　彰

《叢書・ウニベルシタス　866》
白熱するもの
——宇宙の中の人間

2007年 7 月 7 日　　初版第 1 刷発行

ミッシェル・セール
豊田　彰 訳
発行所　財団法人 法政大学出版局
〒102-0073 東京都千代田区九段北3-2-7
電話03(5214)5540／振替00160-6-95814
製版，印刷　平文社／鈴木製本所

Printed in Japan

ISBN978-4-588-00866-5

著者

ミッシェル・セール（Michel Serres）
1930年フランス南西部アジャンに生まれる．海軍兵学校，高等師範学校を卒業．数学，文学，哲学の学位を取得．1958年からクレルモン＝フェランの文学部で10年間教鞭をとり，ライプニッツ研究で文学博士となる．1969年からパリ第一大学教授として科学史講座を担当．数学，物理学，生物学の研究の上に人類学，宗教学，文学等の人間諸科学に通暁する百科全書的哲学者としてフランス思想界の重要な一翼を担う．科学的認識と詩学とを統一的な視野に収め，西欧的思想の限界に挑む．著書に，『ヘルメス』5巻（1969-80）をはじめ，『ライプニッツの体系とその数学的模型』(68)，『青春　ジュール・ヴェルヌ論』(74)，『カルパッチオ論』(75)，『火，そして霧の中の信号―ゾラ』(75)，『ルクレティウスのテキストにおける物理学の誕生』(77)，『パラジット』(80)，『生成』(82)，『ローマ』(83)，『離脱の寓話』(83)，『五感』(85)，『彫像』(87)，『両性具有』(87)，『自然契約』(90)，『解明　M.セールの世界』(91)，『アトラス』(94)，『天使の伝説』(99)，『人類の再生』(01)，『小枝とフォーマット』(04）などがあり，その多くが邦訳（法政大学出版局）されている．

訳者

豊田　彰（とよだ　あきら）
1936年愛知県生まれ．名古屋大学大学院理学研究科博士課程修了．物理学専攻．茨城大学名誉教授．訳書：セール『コミュニケーション〈ヘルメスⅠ〉』(共訳)，『干渉〈ヘルメスⅡ〉』，『翻訳〈ヘルメスⅢ〉』(共訳)，『分布〈ヘルメスⅣ〉』，『青春　ジュール・ヴェルヌ論』，『ルクレティウスのテキストにおける物理学の誕生』，『幾何学の起源〈定礎の書〉』，チャンドラセカール『真理と美』(以上，法政大学出版局)，バシュラール『原子と直観』(国文社)，同『近似的認識試論』(共訳，同）ほか．